窪田涼子　著

中世在地社会の共有財と寺社

同成社　中世史選書　26

目　次

序章　本書の課題と構成

一　村落と在地社会

本書は、日本の中世に普遍的に存在する、民衆が日々の生活を営む在地社会における寺社と寺社にまつわる財について、その形成と運用の実態を解明し、寺社と財を紐帯としてつながる在地社会のあり方について考えるものである。

まず本書が対象とした在地社会をどのようにとらえるかということを考えるにあたり、その前提として日本中世史における村落論を中心とした研究の軌跡をたどってみたい。

おもに中世前期を対象とした村落論は一九六〇年代に、黒田俊雄[1]・戸田芳実[2]・大山喬平[3]・河音能平[4]らにより、中世前期農民的経営には上層農民（富豪・名主）と小百姓（散田作人）があり、その二重構造が村落共同体を形成していたことが明らかにされ、それについて田村憲美は、領主制への批判的検討として「平安後期から鎌倉期にかけての村落は、ここで「発見」された」と整理する。[5]また中世後期村落については、鎌倉期の惣荘から南北朝以降の惣村の形成という発展段階説が石田善人[6]により提示され、その後仲村研[7]、峰岸純夫[8]らにより「惣郷」と「惣村」の二重構造論として定式化された。それとともに石田により①惣有地の存在、②灌漑用水の自主管理、③年貢の地下請、④村落法の制定、⑤自検断といった惣村の概念が提示された。[9]そして一九八〇年代には、村落景観の復元、村落間相論、村内身分、年中行事など様々な角度での中世の村落に関する研究が増加してくる。[10]

なかでも藤木久志は、戦国期の村は百姓にとっての「生命維持の装置」であり、村は領主といわば契約的な関係として対峙していたことを、村が備えていた「自前の武力」と主体的な紛争解決能力の豊かな実態を掘り起こすことで明らかにした。[11] さらに勝俣鎮夫は、年貢の村請の成立により村が社会体制のなかで公的な存在として承認されるようになったとし、村という「公」を運営維持する費用としての村独自の財産の重要性を指摘した。[12] ここに中世後期の村は歴史の主体としてとらえられることになった。[13] この視角は、田村憲美、[14] 蔵持重裕[15] 等がおしすすめる中世前期における村落形成過程の研究にも及んでいる。

一個の村落は主体であり独自の社会秩序があることは、以上のようなこれまでの研究により明らかにされてきた。それに加え、村落だけでは終わらない社会関係がいくつも存在することもまた先学の成果により明らかにされた。酒井紀美は「在地」「在地社会」を「中世村落を基軸にしながらも、村落相互の「あいだ」に取り結ばれている様々な関係」と位置づけた。[16]

在地社会におけるこのような関係は、あるときは近隣と武力的緊張状態になり、連携して領主に対等に対峙し、一方で、その日常は様々に形作られた人的関係の輪が連なり、生活者の知恵が蓄積された、緩やかな時間をかけて変化する場ともいえる。

そのような場を本書では在地社会とした。「在地」について正面から論じた田村憲美は、史料にあらわれる「在地」の語が鎌倉期に「現場・現地に身を置く人間自身がそれを取り巻く地縁的社会関係と空間を自ら「在地」と呼ぶ」ようになる過程を詳細に明らかにし、さらに研究概念としての「在地」について研究史を整理した上で、全体社会のなかの「地方的・村落的・民俗的・民衆的・都市下層民的」な部分を「在地」とよぶとしている。[17] 本書で取り上げたのは、村落あるいは村落を越えた社会関係の広がり（それはときには荘園制の枠組みの場合もあり、それを超える場合もある）であり、本書ではとくに寺社を中心においたときにみえてくる在地社会をとらえていきたい。

二　在地社会における寺社の機能

日本の中世社会のなかに寺社を位置づけたのは黒田俊雄による権門体制論[18]とそれにもとづく顕密体制論[19]、寺社勢力論[20]であるが、この寺社勢力の基盤になったものが「中央大寺社よりもはるかに広い空間的・社会構造的ひろがりをもった地方寺社」で、黒田はそれらを①聖・上人の住処である草庵や別所、②在村の寺社（在地領主一族の氏寺・氏社、および村落の鎮守や寺庵）、③村落的な規模を越えて一地方的な規模で勢力をもつ地方有力寺社（勅願寺、諸国一宮二宮など）の三つの側面をもつと類型化した[21]。黒田自身は神社や在地寺院についての具体的研究はあまり行わなかったが、この寺社勢力論を契機として、在地の寺社に関する研究が活発に行われるようになり様々な論点が提出された[22]。とくに田中文英[23]により、十一世紀以降農民層を担い手とする「村落寺院」の成立、そこでの「現世安穏」「後世善処」などの民衆の宗教的願望を成就するための種々の儀礼、祈祷呪法—葬礼・法要、雨乞い・虫除けなど生産と結びついた年中行事や豊饒祈願など—が行われ、宗教イデオロギーの鼓吹ではなく上記のような民衆的要求に応えることが顕密寺社にとっても必要となったという重要な論点が提出された[24]。

さらに浅香年木[25]、三浦圭一[26]、林文理[27]らにより、一つの村落だけではなく国郡レベルの広がりをもつ「政治的な地域空間とは異なる地域空間」[28]としての地域信仰圏の存在も明らかにされ、これらの研究の進展により、寺社がもつ社会的機能を明らかにすることが日本の中世社会を考える上での重要な課題の一つとなった。その成果はいわゆる「地域社会論」[29]として、榎原雅治[30]、宮島敬一[31]らが、寺社における仏神事などに在地領主のみでなく百姓や村も参加していることから、在地の寺社から広がる重層的な信仰圏の存在に注目し、ここから従来の政治的枠組みとは次元の異なる枠組みが複雑に関係しあった中世後期の地域社会[32]を描き出し、その秩序形成には地域の在地仏神が深く関与していたことが明らかにされた。

宮島、榎原の視点は、在地寺社を分析対象とすることでその諸寺社を中心として形成される地域社会を見出した。しかし、その一方で両氏は地域社会に基盤をおこうとする政治権力と地域との関係を主題とし、権力に力点をおいた議論を展開しているため、地域そのものへの関心が相対的に希薄となった。守護公権が最終的に把握しようとした在地秩序の内実をさらに掘り下げることが必要であると考える。

このような研究状況をみたとき、社会秩序の形成と維持という寺社の機能に関して、在地社会に視点を据えた研究が等閑視されていることに気づく。村落論が達成して得られた歴史の主体として法人格をもつ自立した村落、「自前の武力」と主体的な紛争解決能力をもつ生命維持装置としての村落を含み込んだ在地社会において、寺社の位置づけを明らかにすることが重要な課題となる。

この課題に取り組むにあたっては、黒田の「座」の議論に立ち返ってみたい。黒田は小百姓を含む全農民を規制する共同体が、組織としては一部上層農民の閉鎖的組織形態をとることが中世村落共同体の特質であるとし、これを村落の「座」的構造としている[33]。そして多賀社や叡福寺に結集する座のあり方から、座は集団的支配の形態であると位置づけ「在地社寺なるものは、そのような集団的支配の場なのであって、農民的な座とおなじく、それを構成する個々の権限（職）に分解すれば社寺の本体なるものはほとんどのこらない」と述べる[34]。

黒田の主張については、閉鎖的組織である村落上層が排他的な特権をもち再生産条件を独占するという点が「座的構造」として定式化されたが[35]、氏が同時に主張した「座が集団的支配形態である」という論点はこれまでほとんど継承されてこなかったといってよいだろう。本書ではこの論点に学び、在地における寺社を対象とする場合に、寺社をめぐる任意の社会集団（座、講、結衆など）が機能を分掌して在地社会を支えている仕組みにも注目していきたい。

本書で扱った事例では、信仰という宗教的機能は寺社のもつ基本的枠組みであって、むしろそれを前提とした社会秩序の形成と維持の機能が、実態としてのおもな役割であるとみえる。寺社は在地社会で交差する領主も含めた様々な社会集団が連携や結集する場であり、あるいはある種の「媒介」「変換」の器でもあるとも考えられる。このことは、黒田が在地寺社を集団的支配の「場」と位置づけたことと通底し、在地社会を解明する際の有効な視角になりうると考える。(36)

三　在地社会の寺社と財について

以上のような連携、結集の場としての在地社会の寺社には、様々な財が蓄積された。はやくに石田善人は、鎌倉期の紀伊国相賀荘柏原村では村堂である西光寺に村内居住の富裕な村人（有力名主）達により「燈油田一結講衆」が構成され、彼らが買得した田畠や寄進された田畠が西光寺阿弥陀仏の「仏物」として南北朝〜室町期にかけて次第に集積され、柏原村の惣有地が形成されたことを明らかにした。(37)

この柏原村の西光寺について市川訓敏は、柏原村を含む紀ノ川流域の村落による村堂への寄進行為の分析から、中世社会において人的団体が結成されそれに法主体性が付与されるためには抽象化を行う必要があり、その抽象化をひき起こすために「架空の存在たる阿弥陀仏が前面に押し出され、それに信仰団体と重なり合った自治組織が付属するという形態がとられた」とし、そのことと西光寺阿弥陀仏に寄進・売却されたものが「仏物」(38)としての「特権的性格」を帯びることとは、深い関わりがあると指摘した。(39)

この市川の指摘は重要である。市川がいう信仰団体とはまさに前節で述べた「寺社をめぐる任意の集団」であり、それが「村人」として寄進・売却の管理を行うということは、寺社が自律した在地社会を形作る「場」であったことを意味する。さらにその寺社を拠点として形成されてくる財は「仏物」（あるいは「神物」）であり、それは「何人の財産にも属しない独立した存在」であったということになる。[40]

また藤木は清水三男を受け、[41]「村の惣堂」とよぶ中世の村堂の「寺物」は村の「惣物」（共有財産）であり、村の「仏物」は「村の惣物について、あくまで村としての共有を保証し保持しつづけるための、すぐれて中世的な村の英知であった」と評価し、[42]また同時期に三浦圭一も「神の物・仏の物、また鎮守社の物・村寺村堂の物、すなわち村落住民が信仰する神仏の財が、村落住民の共有の財産と結合していた」と述べている。[43]さらに川端泰幸は同じく西光寺等を分析対象として、村落寺社は日々の生産活動と信仰を同時に取り結ぶ場であるとし、領主は村の主体的な信仰秩序に対して寄進行為などでその存在を追認せざるを得なかったとする。[44]

本書で分析を行った事例でも、座、講、村落、荘郷などの社会関係のなかで行われた寄進行為や勧進奉加により、家族や自身の死後の安穏を願い往生をより確実なものとすることを目的として、小さな単位の米銭が大量に集まることとなった。[45]そして集まった米銭は、寺社を拠点とした憑子《たのもし》や出挙などのかたちで人々へ貸しつけられ、同時に利殖された米銭は蓄積されて、小は村落の寄合時の酒飯、大は寺社の修造の費用という「公（おおやけ）」[46]に使用された。このような在地の共有財を本書では「在地財」と位置づける。

この「在地財」と近似の概念として薗部寿樹が提起した、村落の運営・収支と宮座の運営・収支とが一体化した「村落財政」がある。薗部は、中世村落の中核的な運営組織として宮座を位置づけ、その収入が免田・惣有地の収入と宮座役からなり、宮座の恒例祭祀や村落寺社の修造などの臨時的・世俗的な支出をまかなっていたとする。薗部の主な関心は中世村落の中核的な運営組織として位置づけた宮座を中心とする「村落内身分」にあり、中世前期、後期、中近世移行期の三つの各段階ごとの「村落内身分」が、村落財政の各段階と深く関連していたとする。[47]

この薗部の「村落財政」は首肯できるものであるが、本書ではこの村落財政の運用管理の拠点となっていたものが村落にある寺社であった点を重視したい。秩序維持・相互保障組織の場としての寺社は宮座や講による出挙や憑子の場ともなり、勧進奉加の拠点ともなる。村落のみにとどまらない村落を越えた社会関係の紐帯・結節点としての寺社には、独自の「在地財」が形成されたと考え、その仕組みを明らかにしたい。

四　本書の構成

本書は、三部構成として一〇本の論考を収めた。

第Ⅰ部では寄進などの契機による在地財の形成に関して考える。

第一章「村の寄進状」は、中世地下文書研究会の成果である春田直紀編『中世地下文書の世界―史料論のフロンティア』に収載されたものである。中世地下文書研究会へは発足当初より原文書調査や研究会に参加する機会を得たことから、同書を編集するにあたり依頼を受け執筆した。伊勢成願寺や近江国大嶋社奥津嶋社等の寄進状を分析した際に気にかかっていた寄進状の構成要素の共通性と、寄進状に記された二つの契約（物件移動に関する世俗間の契約と、寄進者・仏神間の契約）について考えた論考である。

第二章「寄進状にみる在地寺院と地域」では、在地徳政で著名な伊勢小倭成願寺の寄進状を主な素材として、在地寺院に財が寄進される契機やシステムを考える。一九九六年に当時の立教大学日本中世史研究会の一員として原文書調査や一石五輪塔の現地調査を分担するなかで、成願寺の寄進状に記された個別具体的な寄進者の意趣に興味をひかれ、本書のテーマに至った最初の論考である。

第三章「如法経信仰と在地寺院の収取」では、中世後期に興隆する如法経信仰に集中する財を、寺社勢力のあらたな収取システムとしてとらえた。また第四章「如法経信仰と在地財」は如法経信仰に集中する財を、今度は在地の視点からみたもので、いわば第三章と対をなす論考といえる。

ついで第Ⅱ部では、出挙、憑子という在地財の管理・運用システムに関する論考を収めた。

第五章は「在地社会における寺社の出挙」として鎌倉期以降に在地の寺社において行われた肥後国海東社、大和国下田村、山城国多賀郷の出挙の事例を扱う。これまでの中世の出挙に関する研究は、おもに出挙米借用状を史料とした出挙米を借用する側に視点があったが、ここでは貸しつける側からみた出挙のもつ特性について考える。

第六章「中世村落における宮座と出挙」では近江国大嶋社奥津嶋社の宮座で行われていた出挙について、出挙米借用から弁済の繰越し、利分の計算方法、最終的な利分を含めた借用米の弁済処理に至るシステムを具体的に跡づける。

第七章「戦国期在地社会における憑子の機能」は、近江国栗太郡に鎮座する小槻神社・神明社で行われた憑子の具体的なシステムを検討する。

第Ⅲ部は「在地財の社会的機能」として、寺社に集積された在地財が、在地社会とどう関わり、どのような機能をもっていたかを考える。

第八章「寺社造営にみる在地財の機能」は、山城国綴喜郡禅定寺で鎌倉期に頻繁に行われていた堂社造営を取り上げ、禅定寺周囲の杣山を生産と生活の拠点とする在地社会が、禅定寺とどのような関係を取り結んでいたかを明らかにする。

第九章「中近世移行期における荘鎮守の復興と在地社会」は、奥能登の岩倉寺堂社の再興や開帳を契機として集中する財から、中近世移行期の地域の変容と在地の信仰の関係について検討する。

第十章「在地社会における地頭支配と寺社」では、丹波国和知荘に入部した地頭が戦国期に行っていた在地支配の具体像をおもに帳簿を史料として分析し、在地社会が寺社を通じて地頭をどのように取り込もうとしたのかについて検討する。

以上のように、主体としての村落から形成される在地社会が、寺社やそこに集積される在地財によってどのように維持・運営されていたのか、その実態にアプローチしていきたい。

註

（1）黒田俊雄「中世の村落と座―村落共同体についての試論」（初出一九五九年）、「村落共同体の中世的特質―主として領主制の展開との関連において」（初出一九六一年）、いずれものちに『日本中世封建制論』（東京大学出版会、一九七四年）。
（2）戸田芳実「山野の貴族的領有と中世初期の村落」（初出一九六一年、のちに『日本領主制成立史の研究』岩波書店、一九六七年）。
（3）大山喬平「中世社会の農民―特に初期の農業経営と村落構造をめぐって」（初出一九六二年、のちに『日本中世農村史の研究』岩波書店、一九七八年）。
（4）河音能平「中世社会成立期の農民問題」（初出一九六四年、のちに『中世封建制成立史論』東京大学出版会、一九七一年）。
（5）田村憲美「中世村落論と本書の課題」（『日本中世村落形成史の研究』校倉書房、一九九四年）。
（6）石田善人ａ「惣について」（初出一九五五年）、同ｂ「郷村制の形成」（初出一九六三年）、いずれものちに『中世村落と仏教』（思文閣出版、一九九六年）。
（7）仲村研「中世後期の村落」（初出一九六七年、のちに『荘園支配構造の研究』吉川弘文館、一九七八年）。
（8）峰岸純夫「村落と土豪」（初出一九七〇年、のちに『日本中世の社会構成・階級と身分』校倉書房、二〇一〇年）。
（9）石田前掲註（6）、黒田弘子『中世惣村史の構造』（吉川弘文館、一九八五年）。
（10）田村憲美は村落論を①景観論的アプローチ、②社会関係論的アプローチ、③社会集団論的アプローチの三つに類型化したが（前掲註（5））、坂田聡はこの分類を是認しつつ社会関係論を社会集団論に含めることも可能であるとした（坂田聡『日本中世の氏・家・村』校倉書房、一九九七年）。
（11）藤木久志『戦国の作法―村の紛争解決』（平凡社、一九八七年）、『村と領主の戦国世界』（東京大学出版会、一九九七年）、『戦国の村を行く』（朝日選書、一九九七年）。

(12) 勝俣鎮夫「戦国時代の村落」(初出一九八五年、のちに『戦国時代論』岩波書店、一九九六年)。
(13) 宮島敬一「移行期村落論と国制史上の村落―『社団国家論』の視点」(『歴史評論』四八八、一九九〇年)、「中世後期の権力と村落」(『日本村落史講座四　政治I』雄山閣、一九九一年)。
(14) 田村「中世村落の形成と「隋近在地」「在地」」、「初期中世村落における山林の所有・開発」(初出一九九〇年)、「山林の所有・開発と村落「領域」の形成」(初出一九八九年)、「畿内中世村落の「領域」と百姓」(初出一九八五年)、いずれものちに田村前掲註(5)。
(15) 蔵持重裕『日本中世村落社会史の研究』(校倉書房、一九九六年)、『中世村落の形成と村社会』(吉川弘文館、二〇〇七年)、『中世　村の歴史語り―湖国「共和国」の形成史』(吉川弘文館、二〇〇二年)。蔵持は危機のなかで形成される戦闘と防御の態勢を「村落」とし、その緊張が弛緩した状態を「村」＝生活の場とする。
(16) 酒井紀美『日本中世の在地社会』(吉川弘文館、一九九九年)。
(17) 田村憲美は、研究概念としての「在地」という語が、本来は領主制の追求のなかで導入されたものであるが、最終的には領主制理論とは離れた概念となったとする(「在地論の射程」〔『在地論の射程』校倉書房、二〇〇一年〕)。田村前掲註(5)。
(18) 黒田俊雄「中世の国家と天皇」(初出一九六三年、のちに『日本中世の国家と宗教』岩波書店、一九七五年)。
(19) 黒田「中世における顕密体制の展開」(初出一九七五年、のちに黒田前掲註(18))。
(20) 黒田「中世寺社勢力論」(『岩波講座日本歴史六　中世二』岩波書店、一九七五年)、『寺社勢力―もう一つの中世社会』(岩波新書、一九八〇年)。
(21) 黒田前掲註(20)。
(22) 浅香年木「中世における地方寺院と村堂」(初出一九七二年、のちに『中世北陸の社会と信仰』法政大学出版局、一九八八年)、石田善人「中世村落と仏教」(初出一九七四年、のちに石田前掲註(6))、田中文英「中世前期の寺院と民衆」(『日本史研究』二六六、一九八四年)、坂田聡「中世在地寺院の村堂化の過程と在地住民の動向について」(初出一九八五年、のちに『日本中世の氏・家・村』校倉書房、一九九七年)、細川涼一『中世の律宗寺院と民衆』(吉川弘文館、一九八七年)、中野豈任『忘れられた霊場』(平凡社、一九八八年)、広瀬良弘『禅宗地方展開史の研究』(吉川弘文館、一九八八年)、千々和到『板碑とその時代』（平凡社、一九八八年）など。

(23) 田中前掲註(22)。

(24) 苅米一志（『荘園社会における宗教構造』校倉書房、二〇〇四年）は、中世前期における「有機的な地域を形成する起点」として荘園公領制を重視する立場から荘園制における宗教構造を追求し、戸田芳実「中世文化形成の前提」（初出一九六二年、のちに戸田前掲註(2)）、河音前掲註(4)、河音「王土思想と神仏習合」（初出一九七六年、のちに『中世封建社会の首都と農村』東京大学出版会、一九八四年）、そしてそれらを受けた平雅行「中世仏教の成立と展開」（初出一九八四年、のちに『日本中世の社会と仏教』塙書房、一九九二年）らによる荘園制的宗教支配による民衆へのイデオロギー支配という図式を批判し、領域型の荘園を一個の地域として扱い、領主における荘鎮守の超越性を認めつつも、それが在地の仏神の吸収と寺社の編成を伴い、領主支配を直接体現する場としての限界性を指摘するが、析出したその宗教構造が「民衆を取り巻く」ものであることの指摘にとどまる。

(25) 浅香前掲註(22)。

(26) 三浦圭一「日本中世における地域社会」（初出一九八一年、のちに『日本中世の地域と社会』思文閣出版、一九九三年）。

(27) 林文理「地方寺社と地域信仰圏」（『ヒストリア』九七、一九八二年）。

(28) 榎原雅治「地域信仰圏」（『日本中世史研究事典』東京堂出版、一九九五年）。

(29) 「地域社会論」については、歴史学研究会日本中世史部会運営委員会「「地域社会論」の視座と方法」（『歴史学研究』六七四「小特集「シンポジウム日本中世の地域社会」、一九九五年」）、榎原雅治『日本中世地域社会の構造』（校倉書房、二〇〇〇年）、湯浅治久『中世後期の地域と在地領主』（吉川弘文館、二〇〇二年）を参照。

(30) 榎原「若狭三十三所と一宮」（初出一九九〇年）、「中世後期の地域社会と村落祭祀」（初出一九九二年）、いずれものちに榎原前掲註(29)。

(31) 宮島「戦国期地方寺社の機能と役割—近江国の寺社と地域社会」（『佐賀大学教養学部研究紀要』第二二巻、一九九〇年）、「戦国期近江における地域社会と地方寺社」（『宗教・民衆・伝統—社会の歴史的構造と変容』雄山閣出版、一九九五年）、『戦国期社会の形成と展開—浅井・六角氏と地域社会』（吉川弘文館、一九九六年）。

(32) 田村は歴史上の地域社会を「歴史的全体社会に一般的に存在した地方的・村落的・都市下層民的・民衆的・民俗的・内発的・在来的なセクターである「在地」（在地社会とも）を、具体的実在的な地理的空間に即して分節化しつつ把握しかえしたもの」としている（田村前掲註（17）「「在地」の問題系」）。
(33) 黒田前掲註（1）「中世の村落と座」。
(34) 黒田前掲註（1）「村落共同体の中世的特質」。
(35) 坂田も指摘しているように（坂田前掲註（10））、その前提として小百姓が共同体成員という位置づけがなされている点は重要である。
(36) 「座の集団的支配」といった場合、支配それ自体に強権的高圧的な属性があるということではなく、黒田も在地領主としての支配を経営と置き換えているように（黒田前掲註（34））、支配は「運営」「経営」という位置づけをもつと解される。本書でも「支配」の意味を、その実態から、在地社会の機能を分掌するという意味内容としてとらえる。
(37) 石田b前掲註（6）。なお紀伊国柏原村についてはその後、原田信男「南北朝・室町期における「惣」的結合の成立―紀伊国伊都郡相賀荘柏原村」（『地方史研究』二八―二、一九七八年）、藤木久志「村の惣堂」（初出一九八八年、のちに藤木前掲註(11)『村と領主の戦国世界』）、蔵持重裕「村落と家の中の女性」（初出一九九二年、のちに蔵持前掲註（15）『日本中世村落社会史の研究』）、川端泰幸「村落寺社と百姓・領主―地域社会の公と宗教―」（初出二〇〇三年、のちに『日本中世の地域社会と一揆　公と宗教の中世共同体』法藏館、二〇〇八年）、小倉英樹「惣有田考」（荘園・村落史研究会編『中世村落と地域社会　荘園制と在地の論理』高志書院、二〇一六年）、松本尚之「中世村落における「仏」についての基礎的考察」（小林一岳編『日本中世の山野紛争と秩序』同成社、二〇一八年）などの研究が蓄積されている。
(38) 笠松宏至「仏陀施入之地不可悔返」（初出一九七一年、のちに『日本中世法史論』東京大学出版会、一九七九年）、「仏物・僧物・人物」（初出一九八〇年、のちに『法と言葉の中世史』平凡社、一九九三年）。
(39) 市川訓敏「村堂への『寄進』行為について―紀ノ川流域の村落を中心にして―」（『關西大學法學論集』二七―四、一九七七年）。
(40) 市川前掲註（39）。
(41) 清水三男『日本中世の村落』（初出一九四二年、のちに『清水三男著作集』第二巻、校倉書房、一九七四年）。

(42)　藤木前掲註(37)。
(43)　三浦圭一「中世村落生活と信仰」(初出一九八八年、のちに『日本中世の地域と社会』思文閣出版、一九九三年)。
(44)　川端前掲註(37)。
(45)　阿諏訪青美は中世後期に発生した巡礼・参詣という信仰形態によって生じた不特定多数から発生する財(賽銭、勧進銭など)を「信仰財」と位置づけ、それは荘園収入に匹敵する莫大なものであったことを明らかにした(『中世庶民信仰経済の研究』校倉書房、二〇〇四年)。
(46)　この場合の「公」は藤木が指摘する「村と村人のレベルでの、私(わたくし)と公(おおやけ)」の意。藤木前掲註(37)。蔵持「村落と家の相互扶助機能」(初出一九九二年、のち蔵持前掲註(15)『日本中世村落社会史の研究』)。
(47)　薗部寿樹『日本中世村落内身分の研究』(校倉書房、二〇〇二年)。薗部は、十一世紀中期に在地における住人等による土地の開発と維持、古老住人等による勧農請負がなされて村落独自の勧農と村落財政を生み出し、村落財政は古老住人集団による荘園領主現地財政である政所財政のとりこみと領主の在地年中行事用途の在地留保により成立したと規定した。そして中世後期には、村落成員の増大・村落集団のミニマム化により新たな財源として免田畠・買得地・寄進地・開発田畠・山野などを包括した惣有地の形成がなされ、併せて宮座役(頭役および直物)の充実がはかられたとする。
(48)　二〇一四年度から開始された共同研究「日本中世「地下文書」論の構築―伝来・様式・機能の分析を軸に」(科学研究費助成事業、基盤研究(B))を基礎とした研究会。
(49)　春田直紀編『中世地下文書の世界―史料論のフロンティア』(勉誠出版、二〇一七年)。
(50)　本書第Ⅰ部第二章。
(51)　本書第Ⅰ部第四章。
(52)　矢島有希彦・福原圭一・窪田涼子「成願寺・城・五輪塔」(『荘園と村を歩く』校倉書房、一九九七年)、立教大学日本中世史研究会「戦国期小倭成願寺と村の復元」(『三重県史研究』第一四号、一九九八年)。

第Ⅰ部 在地財の形成

第一章　村の寄進状

神仏に聞き届けてほしい願いがあるとき、中世の人々は寄進状を認め寺社に寄進をした。中世社会で膨大に作成された寄進状には、これまでの研究では様式がないとされているが、まったく無定型に作成されたとも考えられない。本章では村に暮らす人々が作成した寄進状を取り上げ、寄進状を構成している要素に一定の共通性があることを明らかにする。

それでは、寄進状について先学達はどのように述べているだろうか。相田二郎は「神仏に物を供へて祈請し、又諸願成就して、その報賽の誠を致す為めに物を捧ぐる時、その品目を列ね、その意趣を記して奉る文書」(1)と述べ、須磨千頴は「神仏に対し祈願・報謝の誠をあらわすため、土地・所職・金銭・布帛その他諸種の財物を寄進する場合に、その品目・趣意などを記して作成される文書」(2)であると述べる。同時に須磨は「寄進は本来神仏に対する行為であるが、平安時代末期以後は、地方の領主が所領の保全をはかるため、それを権門勢家に寄進して本所領家と仰ぎ、自身はその庇護下に預所として実質的支配権を維持することが盛んに行われた。その場合にも寄進状が作成されたが、それらは形の上で通常のものと何ら相違がない」とも述べる。そうしてみると、寄進状という文書は、神仏あるいは権門へ物件を寄進する際に作成される文書であり、その意味では寄進状の作成者や宛所の身分や階層、立場あるいは作成年代などにかかわらず広汎に作成される文書であるといえるが、本章では筆者の問題関心から、とくに村に暮らす中世人が神仏に捧げた寄進状について検討する。

一　寄進状の様式

前近代の文書ではその様式が大きな意味をもつが、寄進状についてはどうであろうか。中村直勝は寄進状を含む私文書について、「何となく一つの型があり、形式がありそうに思える」「型が有って、無い」といい、「私文書の形式論は、ことによると、成立しないかもしれない」とも述べる(3)。須磨も「文書の様式の上からは、勅書や御教書となることが多く、奉書や朱印状の場合もあり、充行状や下知状に似たものもあって一様でなく、文体もさまざまである」とする。

また日本中世における寄進行為について数多く発言している湯浅治久も、日本の中世社会にとってありふれた行為の一つである寄進を意味する文書が多様かつ膨大に存在しているが、寄進行為や寄進状の背後に隠された関係を把握、寄進行為の意味を掘り下げることこそ必要なことであり、文書様式の統計的・一律的処理による検討方法は有効たり得ない、としている(4)。筆者もこれまで寄進状を素材の一つとして地域寺院の有り様を検討したこともあり(5)、湯浅の指摘には肯首するものである。

しかし一方で、村の寄進状を整理すると、どの地域の寄進状にも共通するある種パターン化された文言に気づく。その意味で、中村直勝が「何となく一つの型があり、形式がありそうに思える」「型が有って、無い」と述べていることを改めて検討することにも意義があろう。そこでまずは中村が寄進状の代表的なものとしてあげた史料からみてみたい。

【史料一】(6)

寄進　春日社因明講御供料用途事

合五貫文者、
右河内国点野庄者、二条右（左）大臣家佳代之御家領也、而当社御尊崇之余、被相宛于条々御願料足、限永代被寄付社家畢、然者所務無相違者、当庄御年貢到来之時、為社頭因明講御供料、毎年無懈怠可令奉送納所之状如件、
建武元年六月　日　　権預従五位上中臣連祐康

【史料一】は、時の左大臣二条道平家累代の家領である河内国点野庄が[7]、春日社崇敬の御願料足として永代社家である中臣家に寄付したなかから、毎年五貫文を春日社因明講御供料用途として寄進するとした中臣連祐康の寄進状である。

【史料二】[8]

奉寄進　私領水田事
合二段者、
在美濃国大井庄里坪付等、本券文面在之、
右件水田者、地作一円道育多年知行無違乱者也、然今為二親聖霊幷自身滅罪、大仏殿御燈油方ェ、限永代、相副本券文、奉寄進事実正明白也、向後更不可有他妨候、但道育一期之間者、令知行之、没後之時、可有御直納候、仍為後日寄進状如件、
応永廿九年壬寅四月五日　　道育（花押）

【史料二】は、道育が私領の水田二段を二親聖霊幷自身滅罪のために大仏殿御燈油方へ寄進する旨の寄進状である。
この二つの寄進状を比べると、地域も年代も異なるが、その寄進状を構成している文言の要素は似通っていることに気づく。まずは当該文書の要旨を記す事書にはじまり、寄進する物件の数量や所在地、寄進意趣など、それぞれの寄進状により具体的な文言や記される順序はもちろん異なるが、記されるべき項目は共通しているとみられる。

二　寄進状の構成要素

このことは、村落に残された文書ではどのようになっているのであろうか。[9] そこで次にいわゆる惣村に残された文書群として著名な近江国蒲生郡の大嶋神社奥津嶋神社文書および今堀日吉神社文書の寄進状をみたい。

【史料三】[10]

（端裏書）「若宮寄進状」

寄進　涌出新社修理田事

合　一段者、□（今損　三斗本加地子　三斗寄進）

在蒲生下郡岩崎神田也、

右件田地者、僧円□（実）相伝私領也、然而為没後追善、永代所寄進新社宮修理料足也、未来際不可有他妨也、仍為後日寄進状如件、

貞和三年丁亥二月十八日　　円実（略押）

【史料四】[11]

奉　寄進山事

合一所者、

在奥嶋御庄内字涌出西在之、

東ハ堂山限、下ハ岸限、北大道限、

右件山者、左近大郎先祖相伝私領也、然而涌出若宮殿へ寄進所在地明白也、雖経後々代々、更不可有他妨、仍寄進状如件、

応安五年壬子十二月　日

左近大郎（略押）

【史料五】(12)

（端裏書）「道祖神林寄進状」

寄進今堀郷道祖神林事

合小四十歩者

在蒲生上郡今堀郷内西大路

四至　限東左近三郎林　限南道　限北七郎大郎作定　限西大道

右件林下地、元者左近太郎幷左近三郎兄弟先祖相伝私領也、雖然、為現世安穏後生善所幷生々父母世々兄弟頓證菩提、寄進道祖神之所在地明白実正也、更雖後々代々、不可有他妨之者也、仍為後日亀鏡状如件、

至徳元年甲子二月十日

左近太郎（略押）

左近三郎（略押）

【史料六】(13)

（端裏書）「大将軍　きしん」

奉寄進　田地之事

合大者　得分三斗内　二斗大将軍　御酒一斗山神御酒　小枡定

在蒲生上郡得弥保字今堀郷檜原南横道面在之
限四至　東図師殿様作　南藪兵衛作　西横道　〻　北次良衛門作
右件田地、元者僧真乗坊雖為先祖相伝私領、為後生菩提現世安穏悉地成就、大将軍二季御酒、山神正月七日御酒仁
奉寄進者也、但本證文一通相副畢、然上者、雖経後々代々、不可有違乱煩者也、仍為後日寄進状如件、
　文明十四年壬寅十一月十六日　　聖成《真乗》（花押）

やはり具体的な内容や表現、文脈は異なるものの構成する項目は類似している。どうやら中村が「何となく一つの型があり、形式がありそうに思える」「型があって、無い」と述べたことの意味はここにあるものとみられる。そこでこのことをもう少し明らかにするために、先の二つの村落文書群にみえる寄進状を検討し、寄進状の構成要素を抽出してみたのが、次の①〜⑫である。

① 書出文言…文書の冒頭に置かれる事書。「(奉)寄進(申)〇〇事」
② 寄進意趣…寄進を行うに至った事情、意向。「父母自身為現世安穏・後生善処・出離生死・頓證菩提」[14]「為没後追善」[15]
③ 寄進対象…寄進先の寺社等。「奥嶋之馬場之念仏堂」[16]「嶋之大座中」[17]
④ 希望する供養内容…「七月十五日の御とう」[18]「毎年二月彼岸中日老若会合而勤行念仏」[19]
⑤ 寄進物件内容…寄進する物件の所在地、土地種別（田・畠・屶・山・屋敷等）、面積、得分、升など。「奥嶋御庄内字鞍崎新田二十歩　加地子四升、又嶋郷内市井畠地九十歩　加地子一斗八升」[20]「畠一所一反廿分者、なう一せまち、四至ハ本證文ニ見ヘタリ　在得弥保今堀之北ニアリ」[21]

⑥　寄進物件由来…寄進物件の由来。「右件田地、元者正伝庵相伝之私領也」(22)「右件新田者、岩石女相伝之下地也」(23)

⑦　寄進物件付帯事項…寄進物件に関しての但し書き。「此下地両庄大座村人毎年検見可有、下作式《職》等両庄村人計として可取沙汰者也」(24)「但我々一期之後ヨリ可進者也」(25)

⑧　「在地明白」文言…寄進をした事実が「在地」で承認されている事を示す文言。「所寄進在地明白也」(26)「奉寄進在地明白実正也」(27)

⑨　担保文言…寄進する物件が他からの妨害がないことを保証する文言。「雖経後々代々、更不可有他妨者也」(28)

⑩　書止…文書の末尾に置かれる。「如件」「仍寄進状如件」

⑪　年月日

⑫　差出

以上から、二つの惣村文書群に属する寄進状は、それぞれに背景のある個別に異なった事情を、①〜⑫の要素にあわせた文言とし、それを組みあわせて成り立っているといえる。つまり様式という意味では確立されてはいないが、必要な要素には共通性があるということである。

ちなみに、先にあげた史料を構成要素でみてみると、

【史料一】　①⑤⑥②⑦③⑩⑪⑫
【史料二】　①⑤⑥②③⑦⑨⑦⑩⑪⑫
【史料三】　①⑤⑥②③⑨⑩⑪⑫
【史料四】　①⑤⑥③⑧⑨⑩⑪⑫
【史料五】　①⑤⑥②③⑧⑨⑩⑪⑫

【史料六】　①⑤⑥②③⑦⑨⑩⑪⑫

となり、寄進状の書出部分は、冒頭の事書～寄進物件内容～寄進物件の由来と続くパターンが定型であるといえそうである。

三　寄進状の内容

寄進状はこのように共通した要素によって構成されていることがわかったが、この構成要素はさらに大きく三つの部分に区分けすることができる。

（1）文書の体裁を整える要素＝構成要素①⑩⑪⑫
（2）寄進意趣と寄進対象、被寄進者に期待される祈祷・供養の実行に関すること＝構成要素②③④
（3）寄進物件に関する確認事項＝構成要素⑤⑥⑦⑧⑨

次にこの（1）～（3）ついてもう少し細かくみていこう。

（1）寄進状の体裁

書出文言、書止文言、年月日、差出、宛所は、文書の体裁を整える要素として不可欠なものである。先の二つの村落文書群をみると「寄進　涌出新社修理田事」[29]、「奉　寄進山事」[30]、「寄進今堀郷道祖神林事」[31]、「奉寄進菜地之事」[32]などで書き出し、「仍為後日沙汰寄進状如件」[33]「仍為後日亀鏡状如件」[34]など「如件」で書止めている。

寄進状と並ぶ私文書の代表といえる売券について佐藤進一は、土地売買については律令の「辞」あるいは「解」という公的な上申文書が源泉であるが、平安期中期以降売買行為の私的性格が強まるにつれて上申の必要がなくなり様式が変化していくと述べる[35]。その売券について網羅的に古文書学的な分析を行った瀧澤武雄によれば、平安期は「辞」

「解」の様式を残しつつも書止が「以辞」「以解」から「如件」に変化し、鎌倉期とくに弘安年間以降にはほぼ「如件」のみになるという(36)。

また宛所についてみると、村落文書の寄進状ではすべての文書に記されていない。これについても瀧澤が「売券は解より始まっているので、私状化した後も宛所は文末に記さなかった」と述べていることが参考となろう。

以上のことから村落の寄進状の体裁は、売券に準じたかたちで整えられていったと考えることができそうである。

（2）寄進意趣と寄進対象、期待される祈祷・供養

ここは寄進状の根幹をなす部分であると考える。寄進するという行為には、寄進者個別の寄進する理由、その理由に応じた具体的な寄進先があり、さらに寄進行為によって寄進者が期待する供養や祈祷があり、この部分にはそのことが記されている。

村落文書の寄進状では、「比丘尼性慶幷母儀従二為後生菩提」(37)「過去彦二郎幽霊往生極楽」(38)など、自身や親族の追善・逆修供養を意趣とするものが多く、寄進先としては「奥嶋之馬場之念仏堂」(39)「嶋之大座中」(40)「薬師堂」(41)「如法経道場」(42)など村落にある寺社や宮座に宛てたものが多い。

また寄進を行うことで寄進者が期待するのは「毎年二月彼岸中日老若会合而勤行念仏」(43)「如法如説一品為回向」(44)「毎年無懈怠御経一品回向可在之」(45)「七月十五日の御とう」(46)などといった個別の供養である。これについては伊勢小倭郷の成願寺文書が興味深い(47)。成願寺文書の寄進状では「現在にてハ二きの彼岸霊供、御心得被成候て可給候、又死去至候ハヽ、位牌立毎月之名（命）日霊供、幷しやう月ニ霊供、同風呂御たゝせ候て可給候」(48)のように、寄進先の成願寺に対して実に詳細な供養の方法を指示している。

つまり寄進者は寄進先の寺社に対して、個別の供養期日や供養内容などの要望を寄進状に明記し、間違いなく寺社がそれを実行することを期待し、それを前提として物件を寄進するのであり、寄進状は、供養や祈祷に関して寄進者

と被寄進者（寺社等）の間に交わされた一種の契約書ともいうことができよう[49]。

（3）寄進物件に関する確認事項

村落の寄進状の多くにある寄進物件は、村内あるいは近隣の田・畠・山・魞等に付随する得分権である。そのため物件の所在地、土地種別、面積、職（作職か下作職かなど）、升（寺升、村升など）寄進物件に付帯する事項が詳細に記される。「但無未進解怠者、作色（職）ヲハ可当（宛）行鶴女者也」[50]、「此下地両庄大座村人毎年検見可有、下作式（職）等両庄村人計として可取沙汰者也」[51]のように加地子や下作職の進止権に関する事項の細かな取り決めが記されている場合もある。

また物件が合法的所有であることを証明するため物件の由来、「雖経後々代々、更不可有他妨者也」[52]といった、他からの妨害がないことを保証する文言、また物件を寄進した事実が「在地」で承認されている事を示す文言である「在地明白」[53]「庄内明白」[54]「庄家明白」[55]などの文言もみられる。この「在地明白」文言は寄進状だけはなく売券にも数多くみることができ、田村憲美は鎌倉期の「在地明白」文言は売券に記される例が多いとするが[56]、時代が下ることで寄進状へも記載されるようになったものか、この点は今後の検討課題である。

いずれにしても村落の寄進状に記された寄進物件に関する事項は、売券に記載された内容とほぼ同様といってもよい[57]。物件、とくに土地に関する権利の移動に際して作成されるという意味においては、売券も寄進状もその機能は類似しているといえよう。

このように村落の寄進状をその構成要素に分解してみると、文書の体裁（1）と物件の確認事項（3）については売券との類似が特徴といえる。やはり物件の移動に関する文書である売券が「辞」「解」という公的な上申文書に源泉をもつことと通底する原理が寄進状にもはたらいているといえそうである。

しかし寄進状の本来の作成意図は（2）にあると考える。寄進者は寄進先の寺社に対して、個人的な供養あるいは一族や庄内の安穏などの要望を寄進状に明記し、物件を寄進する。それは寄進先の寺社あるいは仏神が、その願望を必ず成就させ、往生や庄内の安穏が達成されるはずであるという期待・確信が前提となっている。その意味で寄進という行為は、寄進物件と仏神のもつ聖なる力の交換であるといえる。

つまり村の寄進状は、寄進物件の移動に関する世俗間の契約と、寄進者と仏神との契約という二種の契約が含まれた文書であるということができよう。このような属性をもつ寄進状により、在地の寺社には様々な財が集中し、在地財が形成されて社会の共有財として機能したことを次章以降で検討していきたい。

註

（1）相田二郎『日本の古文書　上』（岩波書店、一九四九年）。
（2）須磨千頴『国史大辞典』（吉川弘文館、一九八四年）「寄進状」の項。
（3）中村直勝『日本古文書学　中』（角川書店、一九七四年）「私文書」の項。
（4）湯浅治久「日本中世の在地社会における寄進行為と諸階層―近江大原観音寺をめぐる13世紀～16世紀」（『歴史学研究』七三七、二〇〇〇年）。
（5）本書第Ⅰ部第二章。
（6）建武元年六月日権預辰市祐康因明講供料寄進状（『春日大社文書　第二巻』四八二）。
（7）河内国茨田郡にあり近世の点野《しめの》村域に比定される。鳥羽院政期の関白藤原忠通以降建長期まで九条家に伝領された経緯が九条家文書に残る。以後の動静ははっきりしないものの、「兼仲卿記」紙背の弘安八年十一月十八日某言上状案に、当時九条左大臣家領であった点野庄と某寺とが境相論を起こしていることが知られる（『大阪府の地名』平凡社　一九八六年）。その後の経緯は不明であるが史料一のときにはすでに二条家領となったことがわかる。
（8）応永二十九年四月五日道育田地地作一円職寄進状（「東大寺文書東大寺図書館架蔵文書」四一、『大日本古文書　東大寺文書之六』）。
（9）本章で取り上げた寄進状を含めた在地の文書については近年研究が進展している。春田直紀「中世地下文書論の構築に向けて」（春田編『中世地下文書の世界―史料論のフロンティア』勉誠出版、二〇一七年）、薗部寿樹「村落文書の形成―荘園公領制との関連から」（初出一九八八年、のちに『日本中世村落文書の研究―村落定書と署判』小さ子社、二〇一八年）など。

(10) 貞和三年二月十八日僧円実田地寄進状（『大嶋神社奥津嶋神社文書』滋賀大学経済学部附属史料館編・発行、一九八六年〈以下『大嶋』〉三三）。

(11) 応安五年十二月日左近大郎山寄進状（『大嶋』七四）。

(12) 至徳元年二月十日左近太郎等連署林寄進状（仲村研編『今堀日吉神社文書集成』雄山閣出版、一九八一年〈以下『今堀』〉四三六）。

(13) 文明十四年十一月十六日真乗房聖成田地寄進状（『今堀』四二九）。

(14) 応永九年二月九日尼昌慶家屋敷田畠寄進状（『大嶋』九七）。

(15) 貞和三年二月十八日僧円実田地寄進状（『大嶋』三三）。

(16) 延文五年三月九日尼法心田地寄進状（『大嶋』五一）。

(17) 永和四年正月二十三日明阿弥陀仏田地寄進状（『大嶋』七七）。

(18) 延文四年七月二十一日平光定畠地寄進状（『大嶋』四八）。

(19) 応永三年三月二十四日馬二郎畠寄進状（『今堀』二一三）。

(20) 応安三年十二月十六日信阿弥陀仏田地寄進状（『大嶋』七〇）。

(21) 応永二十五年四月二十九日藤原性金女等連署畠寄進状（『今堀』四三五）。

(22) 大永二年卯月吉日正伝庵永邦田地寄進状（『今堀』二〇八）。

(23) 嘉慶二年八月晦日岩石女田寄進状（『大嶋』八一）。

(24) 永享八年正月十六日定泉房覚勢田地寄進状（『大嶋』一二五）。

(25) 文明十五年四月二十二日大善宗秀畠寄進状（『今堀』二一〇）。

(26) 応永元年八月一日性慶田地寄進状（『大嶋』八五）ほか。

(27) 応永三十二年十月十七日僧堯勢茶畠寄進状（『大嶋』一一〇）。

(28) 延文五年三月九日尼法心田地寄進状（『大嶋』五二）。
(29) 貞和三年二月十八日僧円実田地寄進状（『大嶋』三二）。
(30) 応安五年十二月日左近大郎山寄進状（『大嶋』七四）。
(31) 至徳元年二月十日左近太郎等連署林寄進状（『今堀』四三六）。
(32) 享禄二年三月十二日正伝庵永邦菜地寄進状（『今堀』四三一）。
(33) 応永二十四年卯月六日乙女田地寄進状（『大嶋』一一二）。
(34) 至徳元年二月十日左近大郎等連署林寄進状（『今堀』四三六）。
(35) 佐藤進一『新版古文書学入門』（法政大学出版会、一九九七年）。
(36) 瀧澤武雄『売券の古文書学的研究』（東京堂出版、二〇〇六年）。
(37) 応永元年八月一日性慶田地寄進状（『大嶋』八五）。
(38) 応永二十六年十二月十八日左近畠寄進状（『今堀』二一五）。
(39) 延文五年三月九日尼法心田地寄進状（『大嶋』五一）。
(40) 永和四年正月二十三日明阿弥陀仏田地寄進状（『大嶋』七七）。
(41) 享徳四年三月六日今堀道立仏田寄進状（『今堀』二〇五）。
(42) 文明十五年四月二十二日大善宗秀畠寄進状（『今堀』二一〇）。
(43) 応永三年三月二十四日馬二郎畠寄進状（『今堀』二一三）。
(44) 応永二十六年十二月十八日左近畠寄進状（『今堀』二一五）。
(45) 永享八年八月一日村人等故四郎刑部跡田地寄進状（『大嶋』一二七）。
(46) 延文四年七月二十一日平光定畠地寄進状（『大嶋』四八）。
(47) 本書第Ⅰ部第二章参照。
(48) 天文七年二月二十二日岸田吉定田地寄進状（「成願寺文書」一三、『三重県史　資料編中世2』〔三重県編集発行、二〇〇五年〕）。

(49) 湯浅は前掲註(4)において、「寄進行為を贈与の文脈で読み解くことにより、寄進が何等かの反対給付を必要とされることをより普遍的に説明しうる」と指摘している。
(50) 嘉慶二年八月晦日岩石女田寄進状(『大嶋』八一)。
(51) 永享八年正月十六日定泉房覚勢田地寄進状(『大嶋』一二五)。
(52) 延文五年三月九日尼法心田地寄進状(『大嶋』五一)。
(53) 文明四年十二月二十一日左近畠寄進状(『今堀』二〇六)ほか。
(54) 延文三年二月二十八日尼念法等燈油田寄進状(『大嶋』四六)。
(55) 応永十年十二月十四日西念井田加地子米寄進状(『大嶋』九九)。
(56) 田村憲美「中世村落の形成と「随近在地」「在地」」(『日本中世村落形成史の研究』校倉書房、一九九四年)。
(57) 佐藤前掲註(35)。

第二章　寄進状にみる在地寺院と地域

本章で取り上げるのは、伊勢国小倭《おやまと》郷にある成願寺という寺院である。小倭郷は、現在の三重県の中部、津市白山町（旧・一志郡白山町）の垣内、稲垣、上ノ村、南出、佐田などの範囲にあたる。小倭郷のなかを東西に初瀬街道が通り、南北朝期には大和方面から伊勢への参宮、伊勢方面からは大和長谷寺への参詣者で賑わった。この初瀬街道沿いの上ノ村に、明応三（一四九四）年に建立された慧命山発心院成願寺がある。上ノ村の侍である新長門守が真盛《しんぜい》上人に帰依して出家し、真九《しんく》法師と号して成願寺を建立した。真盛上人は、小倭郷大仰《おおのき》（現・津市一志町大仰）の侍衆である小泉氏の出身で、比叡山西塔で天台教学を修めたがのち黒谷青龍寺に隠棲し念仏に救いを見出し、文明十八（一四八六）年、当時荒廃していた近江坂本の西教寺に入寺し、不断念仏の道場として再興した。真盛上人の教えは、のちに天台真盛宗とよばれる念仏の教えで、伊勢をはじめ近江、山城、越前などで布教され、公家や朝廷、足利義政、北畠氏などの信仰も得ていた。小倭地域は、真盛上人の出身地でもあったことから、それまであった寺院には改宗していくものもあり[1]、成願寺はそのなかで中心的な位置にあった。

この小倭地域は、瀬田勝哉の「在地徳政」論[2]で著名となり、その後も中野達平[3]や池上裕子[4]らが、小倭郷で展開する徳政や、徳政衆とよばれる人々について様々に言及してきた。瀬田は、小倭徳政衆が郷内のみに有効な徳政を実施したとしてこれを「在地徳政」と位置づけ、小倭衆の強固な結合と自立性を主張した。これに対し中野・池上は、小倭においては、売却者が買得者に対して直接徳政を要求して両当事者間で売買関係を解消するという私徳政が行われており、徳政衆は徳政を行う主体ではなく、むしろ恣意的な徳政を防止し、徳政が行われた場合であっても買得者の権利を保障するという立場にあったものとしている。

以上のようなこれまでの研究成果は、主に成願寺に残されている「成願寺文書」を基礎史料としている。とくに明応三（一四九四）年九月十五日付の「小倭百姓衆起請文」(5)、九月二十一日付「小倭殿原衆起請文」(6)の二通は、侍衆や百姓衆がそれぞれの紛争解決に衆中共同であたり郷内の秩序維持をはかろうとする、侍衆・百姓衆の重層的な一揆の様相を知る好史料として取り上げられる。(7)また、七通の徳政指置状をはじめとする徳政関連の史料も小倭郷の徳政について論じる際の基礎史料である。(8)

成願寺に残された中世文書はほとんどが巻子や掛軸に仕立てられている。(9)そのうちもっとも数が多いのは寄進状三七通であり、売券一〇通、指置状七通を含め、成願寺が集積した田地に関する証文類が半数以上を占めている。これら証文類を中心にした史料群は、「資堂田記録《しどうでんきろく》」と題する上下二巻の巻子にまとめられており、その巻頭には、寛政五（一七九三）年に成願寺一二世真英上人が散逸を防ぐために軸装した旨が記されている。この「資堂田記録」にまとめられた土地証文類は、永正六（一五〇九）年から天正十（一五八二）年の戦国期七三年間（年未詳を二通含む）にわたる成願寺の一面を語る貴重な史料であるが、これまでの成願寺をめぐる研究のなかでは、あまり積極的に取り上げられてこなかった。証文類は一般に、土地集積など経済的な側面を語る史料として捉えられることが多い。もちろん成願寺の場合も例外ではなく、証文を分析することで寄進や売買によって成願寺に集積された田地の有り様がある程度明らかになる。それに加え本章でさらに考えていきたいのは、小倭という地域における成願寺の位置づけである。「在地徳政」や「小倭一揆」などを語る史料の多くは、どれもが成願寺に関係するものであるから、成願寺という寺院が小倭地域でどのように存在したかを再検討した上で、これまでの成果を在地社会のなかで考え直してみる必要がある。

そこで本章では「資堂田記録」のなかの寄進状などを中心史料にして、戦国期の成願寺とそれを取り巻く状況を検討する。(10)

一　寄進と供養

寄進状は、寄進者がある信心や願いごとを遂げるために、寺社に土地などを寄進した際の証文である。成願寺の三七通の寄進状はそのほとんどが、多くの寄進状のごとく「永代寄進申田地事」といった事書から書き出され、寄進物件の内容、土地の由来、寄進の意趣等が記されている。(11)表1は「資堂田記録」から寄進状だけを抜き出し、年代順にならべ、寄進者・寄進物件など項目別にしたものである。本節ではこの表を参照しながら、成願寺にどのような物件が誰によって寄進されたのかをみていきたい。

1　寄進された物件

寄進の対象となった物件は、地字・斗代が記載され、まれに作人名の記載もある。斗代は一斗から一石四斗の間に分布し、とくに二斗～八斗が多い。そのごく簡潔な記載形式からみて、瀬田も指摘するようにこれらの寄進状が在地にきわめて密着した性格をもっていることをうかがわせる。つまり「小字〇〇斗代」と記すだけで、寄進する方もされる方もその物件の内容を十分に把握できたということがいえる。寄進物件の所在地＝地字（表1中の「寄進場所」、図1）は、地名等が確認できるものから推定するとa成願寺のある上ノ村内に比定されるもの、b成願寺からかなり離れた場所に比定されるものの両者がある。例えばaでは「十善寺」があげられる。(12)これは成願寺から西に一キロほどの大字十善寺付近にあたる。史料には「十せん寺宮之西」「十善寺宮之前」などとあり、一帯が集中的に寄進されて

表1　「資堂田記録」寄進状一覧（＊巻別番号欄には、「資堂田記録」の巻子上下の別と貼継順を記した。＊三重県史欄には『三重県史資料編中世2』の文書番号を記した。）

番号	寄進月日	差出	宛所	寄進場所	斗代	土地由来	寄進先	寄進に関する手続き等	供養関係文言	巻別番号	三重県史
1	永正6.9.11	ふくち満繁	しやうくわん寺	こうたい河原山神の本／十せん寺宮之西	1斗代／1斗代合2斗代		成願寺	委細者せいきん坊ニ申候	けいさんせんちやう之ために／めい日四月十一日にて候、御ゑこう候て可給候	下-1	40
2	永正10.4.24	森田之貞康、新右衛門尉、森室四郎二郎	常願寺	かうたい河原むかへ茶屋之前	1石4斗代		成願寺		為我等、二季之彼岸ニ、念仏を常住衆ニて御申候て可給候、我等かいはひを立られ候	上-5	8
3	永正17.7.12	新経康	成くわん寺	かうの木	1石2斗代		成願寺		為ミやうさいの／毎年七月十二日、当寺ノ御せかき可有候、又六月廿四日にも、御ゑかう候て可給候	下-2	41
4	大永2.7.20	森長康弘		室ノ世古堂ノ前	5斗代		成願寺		為灯明／為真見童子菩提寄進申候／（異筆）命日七月十八日	下-5	44
5	大永3.12.19	新経康		たしか	5斗代		成願寺		つる若こしやうの事にて候間、毎日ふんくをめされ候て可給候／（異筆）為真西ノ也	下-8	47
6	大永6.3.27	岡崎康則		上原石神／大ヲキ藤之木	1石4斗のうち6斗代／1石1斗	おやよりそうてんの下地	成願寺	寺相違之事候者、中山同宗四郎兄弟可然様ニはからい候て	名日ニへちし御申候て可有候、つれあひにて候為妙讃之ニ／われらかためニ／永々新きしんたるへく候	下-9	48
7	享禄2.3.12	丹後入道定俊	成願寺	上之大谷／小山口殿向	2斗6升代／1斗5升代	売徳之事ニ候	成願寺		為妙順大姉寄進申候、毎月ニ可預御弔候、名日ハ七月廿九日にて候	下-15	54
8	享禄2.7.吉日	久岡定秀	成願寺	小山口殿前	8斗代	買徳之下地にて候	成願寺		毎月之月忌可預御弔候	下-16	55

9	享禄2.8.5	丹後入道定俊	成願寺	十善寺宮之前	5斗代	売徳之事ニ候	成願寺		為妙祐禅尼寄進申候、名日拾月八日にて候、然共毎月八日ニ預御弔候者、可畏入候	下-13	52
10	享禄2.9.12	岸田定経	成頼寺	十せんしおき	2斗代	従中森殿買徳	成願寺	(追筆)証文相そへ進之候	為茶とうにて候	下-14	53
11	天文1.9.29	施主妙心		(能米12石5斗／但利分者三把利ニさん用申候て如此)			(成願寺)	(庫裡作事、本堂屋根葺き替えの際用立てた本利共12石5斗を寄進)	当寺奉公之ためにきしん申候、代々御住持これを御らんせられ候て御廻向候者、難有うけ可申候、とても御利益ニ父母成仏、六親ともに平等利益、奉頼候／是以毎日霊供を永代御利益奉頼候	上-2	5
12	天文2.6.14	森長之内千代福女、森長康弘	浄願寺	蓮台寺之西	1石2斗5升代のうち1石代		成願寺		御訪ニ可預事奉憑申候	下-19	58
13	天文5.7	森田之四郎二郎、同豊前守	成願寺	小倭八幡之後ワせ地	3斗代		成願寺	万一子々孫ニヲイテ違乱之事候者、森田方森室出相、兎角之儀可被申定候、為其證明に頼入候		上-6	9
14	天文5.閏10.14	岸田定継			4斗代	中森殿よりはいとく	成願寺		為秀円茶とう	上-8	11
15	天文6.1.27	丹後入道貞俊	成願寺	大村青木	3斗代		成願寺			上-9	12
16	天文6.8.13	森長治部少輔康弘	浄頼寺	ハイカホラ／ハサマ	8斗代／2斗代合1石代	真寿存生之時瑞聖寺ヨリ檀方以判永代買徳	成願寺		為真寿禅定尼永代寄進申／為菩提／命日八月七日也	下-4	43

17	天文7.2.22	井生岸田八郎左衛門尉吉定		十善寺コウ本	1石2斗代のうち6斗代		成願寺	6斗代ハ大村称名寺へ寄進	於現世ニ逆修、未来にてハ善処為、寄進申／現在にてハ二きの彼岸霊供、御心得被成候て可給候、又死去至候ハヽ、位牌立、毎月之名日霊供、并しやう月ニ霊供、同風呂御たヽせ候て可給候／（異筆）戒名道範／同内永秀	上-10	13
18	天文7.2.27	（井生竹田）祐円		十善寺宮之北／ふる市は之畠	3斗代（小升）／1斗代小升に1斗3升二ヵ所を合4斗3升				毎月徳祐禅門と祐円禅尼と両人之霊供之為／名日十八日徳祐禅門／逆修祐円禅尼	上-11	14
19	天文7.8.9	中野藤四郎	浄願寺	なめきの西	1石2斗代のうち納2斗代		成願寺			下-21	60
20	天文7.9.	安野経道	成願寺	大村ヤツ子垣内	西垣内殿と相持3斗代		成願寺		為等乗大徳、妙珎禅尼／（異筆）銘日二月八日	上-12	15
21	天文7.12.20	正琱	成願寺	三賀野下源次垣内4斗代之内東きり	2斗代	三賀野形部大夫カタヨリ現米2石1斗ニ永代買取	成願寺	本証文アイソヘ候	為菩提	下-20	59
22	天文15.7.9	祐泉比丘尼		a.三賀野東山／古市場／十禅寺前 b.西屋殿憑子之米 c.ハイカイト	a.6斗／1斗／2斗2升／合9斗2升代 b.1石代 c.1石代		成願寺	若就此田地、自何方も違乱之儀候者、成願寺両旦方新殿・中山殿憑入候而、寄附之事候	為二親并自身逆修、成願寺江寄進申下地之事／得祐禅定門霊供田／祐円禅定尼霊供米／祐泉比丘尼逆修寄進分／下地何茂末代此三人霊供料候／永代不易可預御廻向候	下-3	42

23	天文16.2.29	（寄進旦那之事、小泉・与一・杉室以上三人ト定也）	大仰常福寺	小倭庄大沖岡之前ヤツメカイト	5斗代（升は納）	盛林比丘尼より買徳私領	大仰常福寺↓成願寺	但我等一期ハ知行可申候／若又常福寺退転候者、成願寺江寄進申候／寄進旦那之事、小泉・与一・杉室以上三人ト定也	為後世菩提	上-1	4
24	天文17.5.16	岸田内井生妙盛	成願寺	大村すミあな	1石4斗成の内より3斗5升代	現米3石を以て永代3斗5升代売徳	成願寺		毎月一度之霊供毎日御回向奉頼候／（異筆）南無阿弥陀仏当住持真快	下-23	62
25	天文17.5.晦	山田播磨守満景	成願寺	十善寺前／同東	2斗代／1斗代		成願寺		毎月十九日可有御回向候／宗真禅定門為霊供面帰真申所実正也	上-14	17
26	天文17.6.吉日	山田野北田修理進康景	成願寺	天王平尾・山サイ目（四至あり）	畠800文		成願寺	本券相副進之候	我等為逆修永代寄進申所実正明鏡也／拙者一期之後毎月名日可預御回向候	上-16	19
27	天文21.5.2	上田元応	しん満之宿	a.ゆこんあん東b.かこかいとc.とうりうのみちより東	a.5斗代 b.3斗代 c.2斗代	a.竹室方よりはいとくc.出口方よりはいとく	成願寺	ことわりはしやう永之坊へことねんころに申候、ことわりくわしくハたんかう候て、よきやうに／御きしん候て可給候	妙れんのため同しくハわれらために	上-17	20
28	天文24.4.16	茂岡	成願寺	あかさか	2斗5升代		成願寺		毎年正名日ニ念仏御申候て、御とふらい頼入候	上-20	23
29	弘治3.3.2	康久	成願寺	大村長寺之前	1石代		成願寺	施主之儀ハ千千代一人可為候	為真幸／めい日二月三日ニ忌日あるへく候	上-21	24
30	弘治3.3.19	山田野播磨守満景	小倭成願寺	成願寺前	3代（納の升）		成願寺		宗真禅定門追善也、毎月拾九日必霊供、可有御弔者也／彼正名日ハ四月十九日	上-23	26

31	永禄2.5.13	竹嶋石見入進盛重、御千世女	成願寺光尊御住持	大谷藪かハナ	8斗代・失墜料2石1貫分			両人ノ田地去渡申候上者、不可有他煩候、此等之趣、子にて候宗七郎にも申聞候	西教寺上人様当寺被成御出候／円頓戒一座得御結縁度之由申入候志趣者、新九郎不慮ニ生害仕候一周忌、来十一月十五日ヲ引上、預御廻向度望候、失墜料仁在所大谷藪かハナ八斗代付渡進之候／道春禅門ニ為志	上-25	28
32	永禄5.3.24	上嶋八郎左衛門尉康氏	常願寺	延命寺之北うら	1石代之内2斗代		成願寺		妙寿三月十八日ニ死去仕候間、其日其ニおひて、風呂一たき被仰付候て可給候	上-26	29
33	永禄7.3.6	真讃	成願寺	岡之前	4斗代		成願寺		後世為菩提之寄進申候、然者毎年月々之月忌ニりやうく可有候、并三月六日之正名日ニ、風呂可有候	上-29	32
34	永禄11.4.29	祐盛			納之升6斗代		成願寺	西之屋方与井生之竹内方両施主而先祖為祐円	先祖為祐円／彼正名日七月十一日也、慥霊供可有念仏事	上-30	33
35	天正8.3.7	池山藤四郎景勝	常福寺	中野之畠			常福寺		為二親	上-32	35
36	天正10.9.12	池山藤四郎景勝	成願寺	松山殿前（字かうたに）	3斗代		成願寺		為甚蔵殿／（異筆）主蘭甫浄僎禅定門光尊	上-33	36
37	年未詳7.5	岡村	常願寺	大おき之内五タン田	2斗代		成願寺		両人女子ノ為ニテ候、御施餓鬼被成候而可給候	上-34	37

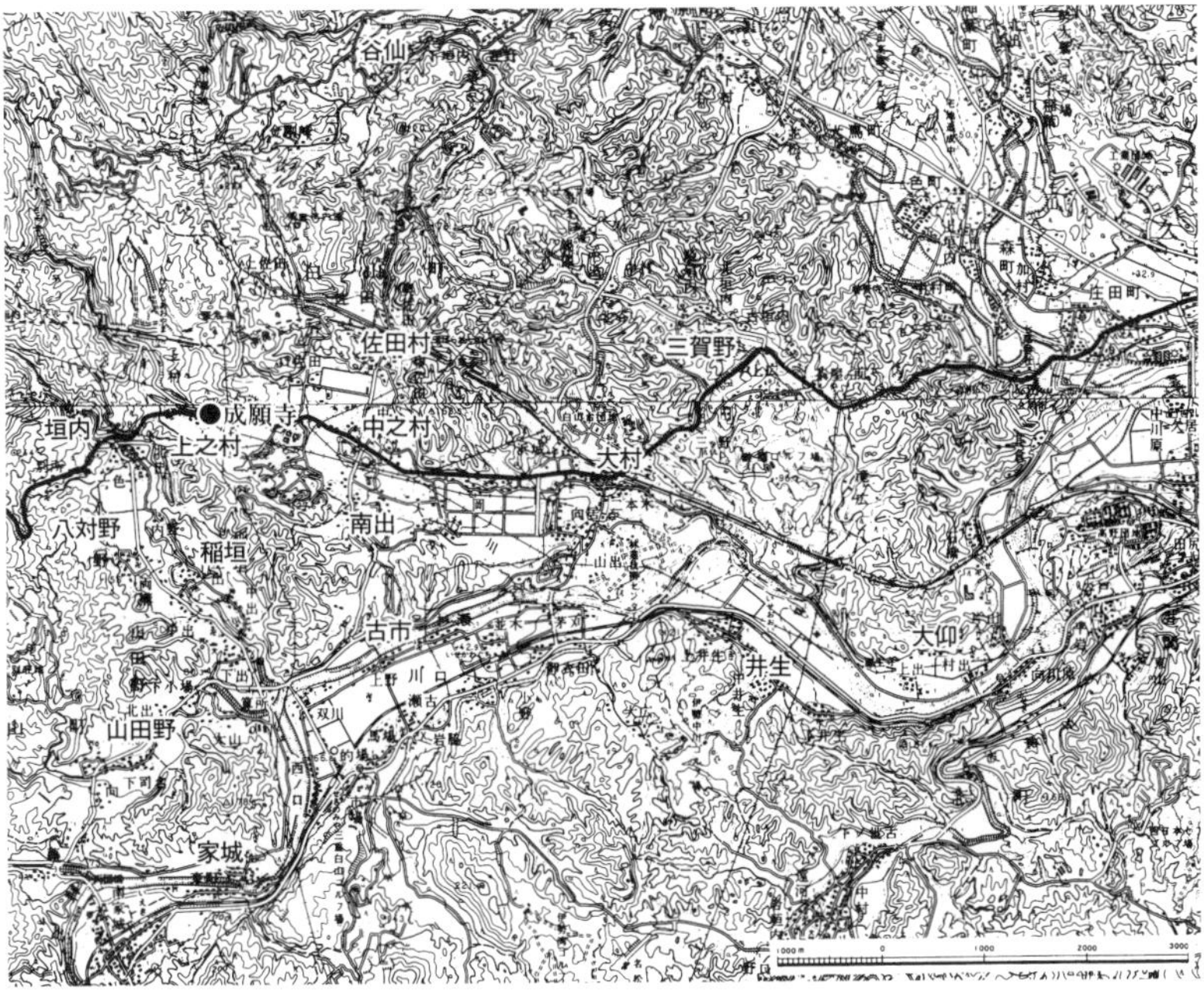

図1　成願寺と小倭郷周辺図（国土地理院発行5万分の1地形図：津西部・二本木に加筆）

いる。同様に字「小山口殿向」「小山口殿前」は、成願寺から東に五〇〇メートルほどの、現在の「小山口」付近であろう。また字「ハイカイト」「成願寺前」は、いずれも成願寺の近辺である。一方bとしては「大村（成願寺から東へ三キロにある現在の津市白山町二本木）」[13]「三賀野（大村よりさらに一キロ東の現在の津市白山町三ケ野）」[14]「大仰（雲出川を越えた現在の津市一志町大仰）」[15]などに所在する物件が寄進されている。明応三年九月十五日付の「小倭百姓衆起請文」[16]に「小山口披官」「大村衆」「大仰衆」「三賀野衆」が署名していることを考えると、これらの地がすでに成願寺と密接な関係をもっていたことがわかる。この事実は起請文の作成意図や作成主体を考える際によく考慮する必要があろう。

また、寄進状には寄進物件の由来が記されている場合がある（表1「土地由来」）。「おやよりそうてんの下地」（表1-6）「中森殿より買徳」（表1-10）などがそれで、相伝されたものは一件、買得されたものが一〇件であり、残りの二六件には由来の記載がない。由来を明記することは、寄進物件が確かな手続きのもとで取得されたことを示し、とくに買得された物件の寄進状のなかには、もとの買得の際の売券が手継証文としてともに成願寺に移されてきているものがある。「資堂田記録」中には、成願寺が宛所ではない売券が六通あり、うち五通については関係文書も残り物件移動のあり方を復元することができる。

2　寄進者について

寄進状はどのような人々によって作成されたのか（表1「差出」）。

まず、差出人を姓ごとに寄進の回数の多いものからみると、最も多いのが岸田姓で六回、ついで三回の丹後入道、二回の森田・新・山田播磨守満景・池山藤四郎景勝となっている。

岸田姓では、岸田定経（表1-10）、岸田定継（表1-14）、岸田八郎左衛門尉吉定（表1-17）、岸田内井生妙盛（表1-24）がある。さらに享禄三年の岸田宛売券[17]、天文三年岸田八郎左衛門尉殿宛の裁許状[18]の存在から、少なくとも一九年間に六回の寄進がなされていることが知られ、岸田は一族そろって成願寺に奉加している。この岸田とは一体どのような一族なのであろうか。

享禄二年に「十せんしおき　二斗代」を寄進した岸田定経（表1-10）は、その手継売券[19]では「くら本　岸田殿」とされ、天文五年に四斗代の寄進をした岸田定継（表1-14）も手継売券[20]で「御蔵本　岸田殿」とされ、享禄三年四月五日付の中森某売券[21]も「御蔵本　岸田殿」に宛てられている。

また、大永七年六月の売券[22]に「井生キシタ八郎左衛門殿」、大永八年指置状[23]に「いう八郎左衛門殿」、天文七年の寄進状（表1-17）には「井生　岸田八郎左衛門尉吉定」とあり、天文十七年五月寄進状（表1-24）にも「岸田内井生妙盛」とある。井生とは、成願寺から南東方向に雲出川を越えて直線で約六キロほどの集落・井生（現、津市一志町）

であり、岸田一族はこの地を根拠にしていた「蔵本」であったと考えられる。『南紀徳川史』の「元禄十四年巳正月御改地士姓名」には「岸田藤兵衛　井生」とあり、岸田は紀州藩の時代になって「地士」と遇されている。このことは元禄段階にある程度の由緒と家格をもつ家とされていたことを物語る。[24]近世の雲出川では筏による水運・舟運が盛んに行われており、[25]岸田もあるいは戦国期からここに関係していたことも想像される。このことは「資堂田記録」にある岸田一族の成願寺に対する盛んな寄進行為を考える上で重要であろう。

森長は「森長康弘」が二回は単独で（表1-4、表1-16）、一回は「森長之内　千代福女」（表1-12）という女性と共に寄進している。森長は戦国期の伊勢の政治状況を描く『勢州軍記』[26]によれば「小倭侍」のうちの一人で、近隣の口佐田城主であったとされる一族である。[27]

新経康は、成願寺建立の中心人物とされる新長門守（真九法師）の子、新八郎三郎経康で、新一族は成願寺裏山の上ノ村城を本拠としていたとされる。[28]二回寄進をしている人物のなかで「山田（野）播磨守満景」は、成願寺から三キロほど南下した山田野との関わりが推定される。また森長・新とならび、『勢州軍記』で「小倭七人衆」とされた者の名字を寄進者のなかに探すと「茂岡」「岡村」がおり、また小泉（表1-23）は小倭衆ではないが大仰の侍衆であるとみられ、真盛はこの大仰小泉氏の出身とされる。

このような寄進者のなかには『勢州軍記』などに小倭衆として名が見出されるものがあり、多くが名字と実名を名乗り、なかには「豊前」「播磨守」「丹後入道」「治部少輔」「修理進」のように官途名や受領名を名乗るものがいる。これらのことを考えあわせると、成願寺に対する寄進者は、在地の有徳人や侍衆とその一族を中心としていたものとみられる。

3　寄進状にみる供養

次に、表1の「供養関係文言」に注目したい。ここには「どのような供養を寺にしてほしいか」という寺に対する希望が記されている。ここには「武運長久」「息災安穏」「子孫繁栄」といった現世利益的な祈願文言はなく、すべてが故人あるいは自分自身に対する追善供養・逆修供養を目的にしている事が特徴である。これはひとり成願寺だけにみられるものではないが[29]、ここではそのこと自体が、成願寺の特徴をよく物語る。

表1の「供養関係文言」をみると、それぞれの寄進者の個々の事情によって、寺に依頼する供養の内容、実施月日、被供養者の名や命日などが、細かく書き分けられている。このことは逆に成願寺の側が、個々の寄進者の希望にきめ細かい対応をしていたということがいえる。例をあげよう。

【史料一】（表1-17）

（前略）於現世ニ逆修、未来にてハ善処為、寄進申処実正明白也、就其候てハ、現在にてハ二きの彼岸霊供、御心得被成候て可給候、又死去至候ハヽ、位牌立、毎月之名日（ママ）霊供幷しやう月ニ霊供、同風呂御たヽせ候て可給候、（後略）

ここで、寄進者は自分が死去する前の逆修供養として、春秋二季の彼岸に霊供をあげること、死去の後は位牌を立て、毎月の命日と祥月命日に霊供をあげ、風呂をたくことを供養として希望している。ほかにも「為我等、二季之彼岸ニ、念仏を常住衆ニて御申候て可給候、我等かいはひを立られ候て給候」（表1-2）のように、二季の彼岸には位牌を立て、常住衆に念仏をあげるよう希望している例もある。このように、寄進者が寺に対し、希望する供養儀礼を細かく列挙していることが、成願寺の寄進状の特徴である。

ことにほとんどの寄進状に記されているのが、供養対象者の命日である。例えば、「為妙祐禅尼寄進申候、名日（ママ）拾月八日にて候、然共毎月八日ニ預御弔候」（表1-9）、「毎月ニ可預御弔候、名日（ママ）ハ七月廿九日にて候」（表1-7）などのように供養は特定の個人のために行われ、亡くなったその月日である「正名日《ママ》」（祥月命日）や、毎月の命日が強く意識されている。

また、春秋の彼岸もとくに逆修供養には重要な日であった[30]。成願寺境内の一石五輪塔のなかに、「二月　時正中日」「天正十一年二月日」「永禄十年二月十二」という銘のものがあり、五輪塔をたてる際にも彼岸会というものが意識されていたことがうかがえる[31]。ここから、造塔と寄進状にみられる多様な供養儀礼との関わりもうかがわれ、五輪塔に刻まれた年月日の意味を考える上でも興味深い。

さらに〝風呂をたく〟という供養儀礼については、前掲**【史料一】**のほか、「妙寿三月十八日ニ死去仕候間、其日其ニおひて風呂一たき被仰付候て可給候」（表1‐32）、「三月六日之正名日《ママ》ニ風呂可有候」（表1‐33）のように、祥月命日に風呂をたくことが求められている。橋本初子の研究によれば、中世の東寺の「大湯屋」では追善仏事に風呂がたかれたという[32]。また武田勝蔵によれば、施浴の場合、浴室には回向される個人の位牌が安置してあり香華が捧げられて、入浴者は入浴前後に礼拝して故人の冥福を弔うものであるという[33]。おそらく成願寺の場合も同じようなことが行われたのであろう。位牌をたてることや[34]、施餓鬼も行われていた[35]。

以上のような多様な供養は、白分自身の逆修供養の場合を除き、ほとんどの場合故人となった寄進者の連れあい・親・子などのために行われている。実際、祐円という人物は、天文七（一五三八）年に「十善寺宮之北三斗代小升、同ふる市は之畠壱斗代、小升ニ一斗三升、二ヶ所ヲ合四斗三升」を「徳祐禅門と祐円禅尼と両人之霊供」のために寄進している（表1‐18）。その文書奥には「名日《ママ》十八日徳祐禅門・逆修祐円禅尼」と記されており、このことから祐円はおそらく徳祐の妻であり、先に死んだ夫徳祐と、祐円自身の逆修の供養のために寄進を行っていることがわかる。その八年後の天文十五（一五三八）年には、祐泉という人物が「二親幷自身逆修」のためとして「得祐禅定門霊供田」「祐円禅定尼霊供米」「祐泉比丘尼逆修寄進分」をそれぞれ寄進している（表1‐22）。これは、祐泉はおそらく前出の天文七年寄進状（表1-18）の徳祐・祐円の子で、祐泉自身と両親の追善のために寄進を行ったものであろう。

このように、妻は夫のため、夫は妻のため、子は親のために追善供養を、また親も自分のために逆修の供養を行い、それが親から子・孫と繰り返され、親は子に自分の死後、きちんと追善供養をしてくれることを望み、その子もまた自身の子にそれを望むというように、供養されること＝極楽往生することへの強い希求が、自らの「家」を意識させたとも考えられる。このことは同時に成願寺側にとっても、供養がその家の代々に意識されている限り、寄進物件は安定していることを意味することになる。(36)

以上のように、寄進状をみていくと、寄進者は、亡き親族や自分の死後が幸福なものであることを強く願い、そのために様々な供養儀礼を寺に依頼していることがわかる。このことは同時に、寄進者の多彩な願望に応えようとして供養儀礼を設定していく成願寺側のいわば「営業努力」があったことをも推定させる。そして、人々は希望の実現を確実なものにするため、成願寺に寄進をする。その寄進者と成願寺との関係が反映されているのが、三七通の寄進状であるといえる。(37)

この時期の成願寺とそれを取り巻く人々の間には、これらの寄進状に象徴されるような関係が基本的に存在していたことは重要な点である。

二　寄進の構造

前述したように「資堂田記録」全五九通のなかには三七通の寄進状がある。そのうち三一通は寄進状だけが残されているものであるが、六通については寄進に至るまでの関係文書もともに残されている（表2A～F参照）。(38)

これらの手継文書から、物件をその持ち主が売却、その際売券は物件とともに買い主に移動、買い主は物件を成願寺に寄進、その際に寄進物件を買得した際の売券も寄進状とともに成願寺に移動、という一連の流れを復元することができる。このことから「資堂田記録」のなかの手継文書をもたない単独の寄進状や売券も、本来は手継文書とともに物件が成願寺に寄進された際に一括して寺に渡されたものと推定される。

ここでは、とくに寄進の背景を知ることができる手継文書に注目し、寄進に至る物件や文書、関係者の動きを復元し、成願寺への寄進行為の構造を明らかにしたい。

1　買得から寄進へ

まず表2-Aの例では、中森某が物件を現米二石四斗で「くら本岸田殿」に売却(39)し、岸田はこれをその三カ月後に成願寺に寄進している（表1-10）。この場合は、一般的なかたちで売券と寄進状がセットで成願寺に残されたものであるが、三カ月という短期間で買得→寄進が行われているという点、および寄進者としてあらわれる「くら本（＝蔵本）岸田」という存在に注意したい。

また、表2-Cの事例は、大永七年五月五日に瑞聖寺が久岡からの借金過分のため久岡に物件を手放し(40)、その一カ月後の大永七年六月七日に久岡定秀が岸田吉定に売却している(41)。そしてその一年後の大永八年六月十九日に、「いう八郎左衛門」＝岸田吉定と「口入久岡殿」宛に指置状（徳政衆が徳政を免除することを保証した文書）が出されており(42)、最終的にこの物件はその一〇年後の天文七年二月二十二日に井生岸田八郎左衛門尉吉定から成願寺へ寄進されている（半分は大村称名寺宛）（表1-17）。この手継文書では、物件が瑞聖寺→久岡、久岡→岸田というかたちで二度の売却を経ている。最終的に岸田が成願寺に差し出した寄進状には、幾重にも重ねて供養することを成願寺に依頼していることから、岸田が成願寺に対する信仰が篤く、買得した物件を多く成願寺に寄進している姿がうかがえる。

また、もう少し複雑な寄進の背景がうかがわれる次の事例がある。妙心という女性が能米（玄米）を成願寺に寄進

売買内容	→売買先	指置状	寄進状	寄進者	寄進年月日	寄進内容	→寄進先	指置状
現米2石4斗	→くら本岸田殿		表1-10	岸田定経	享禄2.9.12	十せんしおき2斗代	→成願寺	
現米3石5斗	→御蔵本岸田殿		表1-14	岸田定継	天文5.閏.10.14	4斗代	→成願寺	
	→岸田吉定	県史50	表1-17	井生岸田八郎左衛門尉吉定	天文7.2.22	1石2斗代のうち6斗代	→成願寺	
現米2石1斗	→琱書記		表1-21	正琱	天文7.12.20	三賀野下源次垣内4斗代之内東きり2斗代	→成願寺	県史16
1石4斗代を現米11石2斗にて	→成願寺	県史18	表1-24	岸田内井生妙盛	天文17.5.16	1石4斗代のうち3斗5升代	→成願寺	
			表1-31	竹嶋石見入道盛重・御千世女	永禄2.5.13	大谷藪かハナ8斗代・2石1貫分	→成願寺	県史34
7石	→成願寺	県史25						

した。ところがそれは単なる寄進ではなく、寺の庫裡を造る際に貸した費用や本堂の屋根を葺くに際して用立てた分について、寄進米というかたちで「本利共ニ十二石五斗」を寄進したものである（表1-11）。ここで寺への貸付が最終的に寄進というかたちになる事例を知ることができる。このような事例としてさらに表2のEの場合をみたい。これは天文十六年三月一日に豊前と森室が「大村すみあな壱石四斗代」を「現米十壱石二斗」で成願寺に売却していることがその前提となる。(43)そしてその一年後の日付でこの物件のうちの一部についての寄進状が存在する。

【史料二】（表1-24）

（端裏書）
「奇（ママ）進状成願寺　妙盛」

永代売得至（ママ）寄進申霊供田之事

有坪　大村すミあな也、
一石四斗成之内より所出候、
（異筆）①「證文ハ成願寺ニあり」

合参斗五升代者

右件下地者、依有要用、現米三石以永代三斗

表2　「資堂田記録」手継証文からみた物件の移動

	移動物件	売券	売り主	売買年月日	売買内容	→売買先	指置状	売券	売り主	売買年月日
A	十せんしおき2斗代							県史51	中森	享禄2.6.22
B	宇道立ノ西4斗代							県史10	中森	天文 5 閏.10.14
C	十善神コウノ本1石2斗代	県史49	瑞聖寺納所	大永7.5.5	借物過分のため	→久岡		県史46	久岡定秀	大永7.6.7
D	三賀野源氏垣内2斗代							県史57	三賀野中村刑部大夫	大永8.2.21
E	大村すみあな1石4斗代							県史6	豊前・森室	天文16.3.1
F	大谷藪かハナ8斗代・2石1貫分									
G	大村堂谷1石2斗代（字うしかいつか）						県史21	県史61	山田野北田弥九郎	天文24.11.15

「県史番号」は三重県史資料編中世2の資料番号参照。

五升代売徳（ママ）仕候上ハ、子々孫々ニ置違乱煩背
有間敷候、若天下一同之徳政行候共、②成願
寺より所望申候間無別儀候、毎月一度之霊供、
毎日御回向奉頼候、仍為後日状如件、

天文十七年戊申五月十六日　岸田内井生妙盛

（異筆）「南無阿弥陀仏　当住持真快（花押）」

成願寺参

この史料によれば、天文十七年五月十六日に岸田内井生妙盛が「参斗五升代」の物件を米三石で買得した上で、すぐに成願寺に寄進している。この物件は「大村すみあな一石四斗」のうちの「参斗五升代」とある。ところが、「大村すみあな壱石四斗」については、先述のように一年前の天文十六年に成願寺に売却されている。「證文ハ成願寺ニあり」（傍線部①）という注記があることから、この物件はすでに成願寺の所有となっているものと同一物件であることが確認できる。つまり妙盛は、成願寺が一年前から所有していた「大村すみ

あな壱石四斗代」のうちの一部分＝「参斗五升代」の物件を成願寺から買い、即時に成願寺に寄進したという動きがみられる。このような複雑な事態を解く鍵は、「成願寺より所望申候」（傍線部②）にある。ここから、この買得は成願寺が望んだ事態であることがわかる。そして事書には「永代売《（ママ）》得至寄進申霊供田之事」とあることから、妙盛は成願寺が望んだとおりに成願寺所有の物件を買い、それを成願寺に寄進したということになる。

　これはおそらく何らかの事情で成願寺に米が必要となり、その捻出のために手持ちの物件のうちの一部を妙盛に買い取ってもらうことにし、最終的には妙盛がその分を寄進するというかたちで落着したという事態であろう。妙盛としては下地の寄進と引き換えに「毎月一度之霊供毎日御回向」を半永久的に成願寺に依頼し、これは成願寺と妙盛どちらにとってもメリットのある方法であったといえる。

　このような複雑な寄進行為の背景には、寄進者側の願いとともに寺側の経済事情も存在し、両者の摺りあわせの結果がこのような寄進状のかたちになったものと考えられる。

2　売寄進

まず、史料を二点掲げる。[44]

【史料三】

　永代売渡申下地之事

合四斗代ハ字道立ノ西　四至 南ハ道 東ハ茶エン限 北ハク子ヲ限 西モク子ヲカキリ

右件田地者、依要用有、現米三石五斗ニ売渡申処実正也、天下一同之大法行候共、違乱煩之儀一言申間敷候、於

子々孫々御知行可有候、仍為後日證文如件、
天文五丙申潤（閏）拾月十四日　　売主小倭庄中森（花押）
御蔵本岸田殿

【史料四】（表1-14）
中森殿よりはいとく申候四斗代、為秀円茶とう、永代しやうくわん寺へきしん申候、行末までとかく申物有間敷候、仍きしん状如件
天文五年丙申潤（閏）十月十四日　　岸田定継（花押）

この二つの史料（表2-B）は、「資堂田記録」上巻に並べて貼り継がれている。【史料三】から、天文五年閏十月十四日に中森某が「御蔵本岸田殿」に対し、四斗代の物件を三石五斗で売却したことが知られ、そして【史料四】からは岸田定継が「中森殿よりはいとく（買得）申候四斗代」を「秀円茶とう」のために成願寺へ寄進していることがわかる。【史料三】には物件の四至が記載され、【史料四】にはその記載はないが、物件がともに四斗代であること、【史料四】に中森殿より買得した旨が書かれていること、何よりも二つの史料が同一年月日に作成されていることから、この二通の史料は密接に関連したものであるといえる。この二通の文書は一見普通の手継文書のようにみえるが、注意したいのは売券と寄進状が同一日付であることである。もちろんこの場合も、手継文書であることには変わりはないが、寄進者が買得した物件を即日に寄進するということは、寄進者が買得する際にすでに寄進の意思をもっていたということであり、この買得は寄進を前提にしていたということができる。このような売却と寄進のあり方は売寄進であると考えられる。

この場合、背景として二つのケースが想定できる。一つには、岸田に寄進の意思があったものの適当な物件を持ち

あわせていなかったので、中森から物件を買い即刻成願寺に寄進したという場合である。またもう一つには、中森には成願寺に寄進する意志があったがその経済的な余裕がなく、手もちの物件を岸田に売却し、岸田は即日成願寺に寄進した。中森は岸田が成願寺に寄進することを知った上で岸田に売り、岸田がその物件を寄進することで中森自らの寄進の意思をも叶えようとしたという場合である。

前者とした場合、岸田に成願寺に対する信仰があったことが前提となるが、そうすると【史料三】の宛所「御蔵本岸田殿」のとらえ方が問題となる。蔵本＝金融業者としての岸田と信仰心をもった寄進者岸田をどのように考えあわせるか。

また後者と考えた場合、中森の希望はかなえられるが、岸田がなぜ中森の意思を成就するためにわざわざ買得してまで寄進をしたのかということの説明がつかない。ここでも前者の場合と同様に、蔵本岸田と寄進者岸田をどう考えるかが問題となる。

そこでこの二通を再度検討したい。先述のように対象となっている物件はともに四斗代で、売券には四至があるが寄進状には四至がない。このことから中森が売却したのは下地と上分で、それを買得した岸田は、下地と自らの得分を留保しつつ上分の一部を成願寺に寄進したとみることができる。事態の背景については、想定した二つのケースいずれとも判断できないが、移動した物件をこのように考えれば、蔵本岸田と、寄進者岸田は両立することが可能となる。下地と得分の一部を保有することで自ら経済的に利潤をあげることができ、同時に得分の一部を茶湯料として成願寺に寄進することができるのである。

このような売寄進のあり方を村石正行は「買得即時寄進型売寄進」とし、寄進の意志があるものの経済的自力がないため仕方なく物件を第三者（仲介者）に買い取ってもらい寄進の合力をしてもらう行為をさすとしている(45)。この場合、経済的に力のないものでも寄進が可能となり、それは寺にとっては寄進者層の拡大を可能とする。村石のいう第三者は、この場合蔵本であり寄進者でもある岸田ということになる。

以上のように成願寺への寄進行為には、単純な買得→寄進だけではなく、岸田のような存在を前提とした売寄進というシステムも行われていたことが明らかとなった。

ここで、売寄進の例をもう一つみたい。ただしこれは手継文書が残っていない。

【史料五】（表1－23）

「段銭八文アリ、是ハ三賀野中嶋方へ出ル也」(異筆カ)

永代寄□□田地之事

合五斗代

升ハ納、在所ハ小倭庄大沖岡之前
ヤツメカイト也、作人ハ岡兵衛大夫是也、
口之物壱升是有也、

①右彼下地□□(者従)盛林比丘尼買徳私領(ママ)、為後世菩提、大仰常福寺江永代奇(寄)進申処実正明白□(也)、若於此下地、違乱煩申者在ハ、盗人之罪科可被行候②但我等一期ハ知行可申候、為後日証文□□(如件)、

天文十六年ヒノトノ未　二月廿九日　③盛林比丘尼

④若又常福寺退転候者、成願寺江奇(ママ)進申候、不可有違乱候也、

⑤奇(寄)進旦那之事

小泉（花押）

与一

杉室

大仰常福寺　参

以上三人ト定也

この文書はもともと大仰の常福寺宛の寄進状であり、「若又常福寺退転候者、成願寺江寄進申候」（傍線部④）とあることから、常福寺退転のため、寄進状が物件とともに成願寺に移動したものと思われる。この文書は日下の、本来ならば差出者が記載される位置に「盛林比丘尼」（傍線部③）とあるから、一見すると盛林比丘尼の寄進状のようにみえるのであるが、傍線部①に「彼下地者、□（従）盛林比丘尼買徳私領」とあり、寄進物件がもともと盛林比丘尼所有のもので、それが買得され寄進されたことがわかる。[46] そして文末には「寄進旦那之事　小泉（花押）　与一　杉室　以上三人ト定也」（傍線部④）とあることから、この寄進をしたのは文末に記載された「小泉」「与一」「杉室」の三人の「寄進旦那」であると考えられよう。ただそうなると、日下に署名した「盛林比丘尼」の位置づけが問題となる。

この文書の場合にも、売寄進という状況を想定できる。「大沖岡之前　ヤツメカイト　五斗代」の物件は先にみたように、元来盛林比丘尼が所有していたが、それを「寄進旦那」である三人が買得した。そして大仰の常福寺へ寄進するのであるが、すぐに寄進するのではなく「但我等一期ハ知行可申候」（傍線部②）とあるように、三人の死後に寄進するという条件つきの寄進であった。

おそらく盛林は、売却した物件が「寄進旦那」を通じて常福寺に寄進されることをはじめから知った上で売却した。これはただの売却ではなく、いわば半分売却半分寄進ということであり、盛林は寄進の気持ちはあったものの全面的に寄進する財力がなかった。そこで「寄進旦那」に売却して一定の対価を獲得することで半分とはいえ寄進の意志を遂げることができたといえる。日下の署名はそのことをあらわしていると考えられる。

一方、「寄進旦那」の方でも、本来寄進の気持ちがある盛林の土地を買得したのは、そもそも「寄進旦那」の側に常福寺あるいは成願寺に対する檀那として奉加の意思があったことが前提であり、そのことは「但我等一期ハ知行可申候（生きている間は知行するが死後には寄進をする）」という文言にもあらわれている。さらに、彼らが支払った分については「一期」の間知行することで回収できることになる。

以上、手継証文を中心にみていくと、一見同じようにみえる寄進行為にも、相伝した物件の寄進、買得した物件の寄進があり、また買得物件を寄進した例にも、寺の所有物件を買って再度寄進するという場合など様々なパターンがあったことがわかる。

そして、岸田や「寄進旦那」のような仲介する人物に売却し、その人物が代わって寄進する場合（＝売寄進）がある。これも、売却即日寄進というかたちで下地と上分を売却し、そのうちの上分の一部を寄進する場合、売却された物件を仲介者が一期の間知行してその後寄進する場合がある。後者の場合、知行している間の上分で買得した対価は取り戻すことができる。[47]

このように売寄進は、経済的余裕のない人もある程度の寄進を行うことができるシステムとして、寄進者層の拡大を可能にする。成願寺は、第一節でみたように、多様な供養儀礼を用意して信者を募るだけでなく、おそらく岸田や「寄進旦那」のような仲介者の存在を前提として寄進方法の多様化を行い、成願寺に対する寄進者の増加を意図したのであろう。

三　成願寺と在地社会

前節でみたように成願寺に対する寄進は、一通りの単純なかたちではなく、仲介者の存在が前提となつたシステムもあったことがわかった。そこで本節では、このようなシステムのなかで、成願寺を取り巻き一定の機能を担っていた人々の存在に注目してみたい。

1　成願寺を支える人々＝檀方

（1）寄進の代理・仲介

成願寺に対する寄進を売寄進というかたちで行う場合、寺と寄進希望者の間に介在し、条件を調整する役割を担う人物の存在がある。これは【史料五】でみたように、「寄進旦那」というかたちで寄進希望者の意思を尊重しつつ買得し、自らが死ぬまではその物件を知行して死後に寺へ寄進をする、という例で知ることができる。また、【史料三】【史料四】の蔵本岸田の存在も、本来の寄進者の意を受けて、いわば代理で寄進を行っているとみられる。

このように、様々な事情をもつ寄進者の仲介者となり、売寄進というかたちを用いて本来の寄進者の代理として成願寺に寄進を行う者たちの存在を、成願寺をめぐる地域社会に確認することができる。

（2）寺の財産管理

成願寺には寄進などで集まってくる財産の管理を行なう人々の存在もある。

【史料六】(48)

（端裏書）「判代之状　岸田八郎左衛門尉」

永代売渡申候下地之事

在所稲垣馬場橋替地コウノ本十禅神壱石二斗代

右件下地者、借物過分候へ共、御佗事申候て永代進之候処、実正明白也、為其タン方之はんをとゝのへ進之候、天下大法徳政行候共、於後日不可有相違候、仍證文如件、

大永七年丁亥五月五日

宮崎（花押）

臼木（花押）

森地（花押）

瑞聖寺納所
正迎（花押）

久岡殿参

この【史料六】は、先にみた、瑞聖寺納所が借物過分のため久岡に下地を売却した際の売券（表2-C）であるが、傍線部に「タン方之はんをと、のへ」とある。またこの物件は一カ月後に久岡から岸田に転売されていることが同年六月七日付の久岡定秀の売券[49]で判明するが、この際の売券でも「檀方と調候て」と明記されており、瑞聖寺の財産を処分する際には「檀方」の判が必要であったことが知られ、【史料六】の宮崎・臼木・森地の三人の署判はこの「タン方之はん」であると考えられる。また天文六年の森長康弘寄進状[50]（表1-16）にも、寄進する物件について「此田地者、真寿存生之時、瑞聖寺ヨリ、壇方以判、永代買徳仕田地ニて候」（傍点筆者）とあり、寺所有の財産の処理に「檀方」が深く関与していたことがわかる。以上は瑞聖寺の例であるが、おそらく成願寺の場合も同様の状況であったと考えてよいであろう。さらに「檀方」と明記されてはいないものの、先にみたように成願寺が普請を行う際の費用を用立て、寺の財政を様々なかたちで支える人々の存在も見逃せない。財産の処分だけでなく、寺が必要とする費用の工面なども行ったとみられる。

（3）寄進物件の保証

次の史料は、祐泉が自分の両親と自らの逆修のために寄進した際の寄進状である。[51]

【史料七】（表1-22）

為二親幷自身逆修成願寺江寄進申下地之事

（中略）

右件下地、何茂末代此三人霊供料候、若就此田地、自何方も違乱之儀候者、成願寺両旦方、新殿・中山殿憑入候而、寄附之事候間、永代不易、可預御廻向候、仍為後日寄進状如件、

天文十五年丙午七月九日　祐泉比丘

正忠《西屋》（花押）

康久《中》（花押）

まず傍線部に注意したい。ここではもし寄進物件に何らかの違乱が生じた場合、それを処理する人物として「成願寺旦方」の「新殿」「中山殿」が登場する。ここで新殿・中山殿は、寄進者である祐泉比丘（尼）の成願寺への寄進行為を、いわば保証する立場であるとみられる。文末の「西屋正忠」「中康久」も、おそらくこの寄進行為を保証する意味で署判しているのであろう。他の史料にも「永々新きしんたるへく候、寺相違之事候者、中山同宗四郎兄弟、可然様ニはからい候て」[52]「万一子々孫ニヲイテ、違乱之事候者、森田方・森室出相、兎角之儀、可被申定候、為其証明に頼入候」[53]「此ことわりハ、しやう永之坊へ、ことねんころに申候、ことわり、くわしくハたんかう候て、よきやうに」[54]などのように、寺に寄進された物件を「出相」い談合するなどして保証する立場の存在があった。

つまり成願寺はその地域と隔絶して存在していたのではなく、寺の運営を遂行するにあたり、寺を取り巻く地域の人々が様々な役割を果たしていたことがわかる。これらの人々をここでは「檀方」とよび、次にこの「檀方」がどのような人々であったのかを具体的にみていきたい。

2　檀方・徳政衆・老分衆

檀方は、成願寺[55]への運営に一定の役割を果たしている以上、成願寺に帰依し奉加している人々であることは間違いない。そして次の史料に、檀方のまた一方の側面もみることができる。

【史料八】（老分衆盛純起請文）

（礼紙切封ウハ書）

「（墨引）　老分衆①

成願寺御同宿中　盛純」

②就檀方中弓矢、成願寺江御取替之儀申入候之処、御腹立之由及承候、尤之儀候間、御無心之儀不申入候、然者於末代対成願寺ニ難有何之公事出来、一向造作之儀申儀不可有之候、為其各々以清言（誓）申候条、御迎之衆与被成御同道、早速御帰寺奉待候、猶御使衆可被申候、恐々謹言

（以下礼紙書）
十月廿七日　盛純（花押）

恭も

天照太神、熊野三所権現、白山権現、其外日本大小神祇、此儀不可有偽之者也、仍如件、

福岡（花押）
（異筆）「森地」式部（花押）
大谷（花押）
（異筆）「臼本」弾正忠（花押）
観音寺（花押）
慈雲寺（花押）

この起請文は年代未詳で、傍線部②に「就檀方中弓矢」とあるところから、檀方の間で武力を伴った紛争が起こり、成願寺住持がそれにまきこまれた結果、立腹して成願寺を去ってしまった。それに対して、今後は成願寺に面倒を掛けるようなことは申しませんという起請文を出し、住持の寺への帰還を願っているものであろう。

瀬田も言及しているように(56)、ここに連署しているのが「檀方中」で、この文書を差し出している盛純は、封ウハ書に「老分衆」とある（傍線部①）人物である。また「檀方中」のうち、臼木は『勢州軍記』で小倭七人衆とされてお

り、慈雲寺は明応三年百姓衆起請文に(57)「慈雲寺披官」とあることから披官をもつような地位にあったことがわかる。また森地は【史料六】でみたように、成願寺傘下の瑞聖寺の檀方でもあり、また「徳政衆」の一員としても顔をみせている。ここから檀方も、寄進者と同様在地の侍衆であることがわかる。

ところで、これまでの研究では「在地徳政」の主体として徳政衆があり、徳政衆は小倭一揆によって構成され、小倭一揆衆は成願寺檀方とほぼ重なりあい、檀方＝小倭一揆衆の指導者・長老として老分衆があった(58)とされているが、ここで筆者なりに再検討を行いたい。

表3は史料中に出てくる人名を、その機能によって分けたもの(59)で、(イ)老分衆、(ロ)檀方(60)、(ハ)徳政衆、(ニ)寄進者の四つがある。(ニ)寄進者・(ロ)檀方についてはすでに言及した。また(ハ)徳政衆についてははじめに述べたように、瀬田のほか、中野・池上らの議論があるが、筆者は基本的に中野、池上両氏の考えに従いたい。そこで(イ)老分衆の位置づけを行ったのちに、(イ)〜(ニ)全体の位置づけを試みたい。

老分衆について、まず次の史料(61)をみる。

【史料九】

（礼紙奥切封ウハ書）

「（墨引）　一坂正統

藤衛門尉

岸田八□左衛門尉殿　参　老分衆」

今度、①従森地方、徳政之儀被懸申候、両方勝事存知、②老分頼入、任批判申候処ニ、貴所之承候事無紛候、在所十善神東壱石二斗代、財懸八斗代、合貳石代之分、其へ渡申候、此上ハ於後々末代不可有違乱煩候、仍為後日一筆如件、

天文三年甲午五月十四日　一坂正統（花押）

谷藤衛門（花押）

岸田八郎左衛門尉殿　参

森地はおそらく岸田に売却した物件に関して、取り戻しを要求（傍線部①）してきたのであろう。このことが大きな騒動となり、岸田は老分に裁定を任せるように主張し（傍線部②）、最終的に岸田の言い分が間違いないという旨、一坂正統・谷藤衛門が連署し、岸田八郎左衛門尉宛に出したのがこの証状である。森地は他の史料に徳政衆の一人として出てくることから、おそらく徳政衆の判断では岸田が納得せず、老分衆に裁定を持ち込んだものと思われる。ウハ書に「老分衆　一坂正統　藤衛門尉」とあるから、裁定したのは一坂正統・谷藤衛門＝老分衆とみることができる。

ここで、老分衆として二人の人物が確認でき、老分衆は徳政に関して徳政衆では処理しきれない問題が起きた場合、最終的に裁定を下す権限をもっていたことを知ることができる。

さらに次の史料[62]では、老分衆の別の側面を知ることができる。

【史料一〇】（表1-34）

返々於後々末代、不可有相違之旨如件、次又、只今之作人、及兎角未進等於有之者、即両之施主へ届被申、作を可取放事、就中、升者当寺之納四合口ニ可被成知行候、

①西之屋方与、井生之竹内方両施主而、先祖為祐円、納之升六斗代、永々寄進被申候、然者彼正名日七月十一日也、慥霊供可有念仏事、次先年此田地雖為当寺寄進、此比少有紛而、此老者新及批判、永代寄進状、従老分、令進覧候、彼所当之事、従作人許直ニ可有知行者也、

永禄十一年戊辰卯月廿九日　祐盛（花押）

これは、祐盛から成願寺へ出された証状である。そして西之屋方と井生之竹内方の二人が、檀方の機能の一つであ

る売寄進の際の仲介者（ここでは「施主」）として祐盛から物件を買得し、祐盛の先祖祐円のために寄進した（傍線部①）、つまり売寄進という状況が前提となっている。

寄進物件はおそらく上分で、物件は「両施主」から成願寺に寄進されたのであるが、作人の未進があり成願寺に納入されなかったので、成願寺が老分衆（老者）に話を持ち込み改めて裁定を求めた。その結果、老分衆から働きかけて、再び成願寺宛の永代の寄進状を「両施主」かあるいは祐盛から成願寺へ出させた。つまりそれまでの寄進状（おそらく両施主から成願寺宛の）では作人の未進のために上分が納入されないので、新たな永代寄進状が成願寺に出され、上分が確実に成願寺に寄進されるように老分衆が衆議した。この証状は、本来の寄進者である祐盛から成願寺へこのことを伝え、重ねてこの寄進に問違いのないこと、万一また作人の未進があれば両施主へ届けて作人を取り放つことを述べている。

この「老者」「老分」（波線部）は、【史料九】の「老分衆」と同じで、ここでの老分衆は、寄進行為について違乱が生じた際に再度寄進状を作成し直させるなど、最終的な裁定を下している。このような寄進物件についての保証は、基本的には先にみた檀方と機能的には同様であるが、おそらく檀方では処理不可能な事態が起きた場合に、さらに高次の判断を行う機能として老分衆があったとみることができる。

つまり先の【史料八】では、老分衆盛純は起請文に連署した檀方中と成願寺との仲を取り持つような動きをみせ、この【史料一〇】では、場合によって檀方の機能を越える権限をもち、徳政に関しても、徳政衆で処理のできない問題が起きた場合に最終的に裁定を下す権限をもつ。このような存在が老分衆であった。

先に【史料九】でみた老分衆のうち一坂正統や谷藤衛門についてみると、一坂は成願寺のある上ノ村の小字名で近世には枝村であった。また、谷も成願寺の北側に小地名として残っていることから、それぞれ成願寺近辺の地名を名字とするような在地の侍衆であったと思われる。(63)

表3　成願寺文書にあらわれる老分衆・檀方・徳政衆

（イ）老分衆 一坂正統・谷藤衛門(尉)・盛純	
（ロ）檀方 臼木弾正忠・大谷・観音寺・岸田・小泉・慈雲寺・しやう永之坊・新・杉室・せいきん坊・竹内・中康久・中山・中山同宗四郎兄弟・西屋正忠・西之屋・福岡・森田・森地式部・森室・康久・与一	（ハ）徳政衆 岡成七郎左衛門尉行長・岡成与七・岡成盛清・岡嶋・岡本平四郎康秀・蔵地房秀・竹岡実永・竹森・中村富盛・場馬・堀長・松山帰雲・村林守安・森信久・森地藤十郎正経・森地・吉長秀満・吉懸西康友・吉田孫三郎・山下・十郎忠則・衛門尉康信
（ニ）寄進者 安野・池山・上嶋・上田・岡村・岡崎・岸田・北田・新・茂岡・竹嶋・竹田・中野・久岡・ふくち・森田・森室・森長・山田	

・表中に分類記載された人名は史料中に明記されていない場合でも（イ）〜（ニ）のいずれかの役割を担っている場合、該当欄に記載した。
・（イ）〜（ハ）は、名字・実名がわかる場合はそれを記載し、名字だけのものは複数回登場しても1回の記載とした。（ニ）は多数になるので名字のみを記載した。
・下線のあるものは、『勢州軍記』に小倭衆として出てくるもの。

そうであれば、この老分衆と檀方・徳政衆の関係をどのように理解したらよいのだろうか。表3の（イ）〜（ニ）の各機能集団に含まれる人物の姓を検討すると、（ロ）檀方と（ハ）徳政衆にまたがってみられるのは森地のみで、そのほかは檀方には檀方として同じ姓の者が複数みられ（例えば中山、西屋）、同様に徳政衆には徳政衆としてのみみられる姓（例えば岡成、竹森）を見てとることができ、それぞれの機能集団と特定の家とが固定されているかのようにみえる。

しかし一方で、『勢州軍記』にみえる「小倭衆」とされる姓をこの表から拾ってみると（波線部）、（ロ）（ハ）（ニ）いずれにも見出すことができる。つまりこの『軍記』による限り、この表に記載された大部分の人間が、小倭郷を拠点として武力や披官をもつ在地の侍衆という同一階層に属していたことになる。そして、寄進など成願寺に関わることには檀方として、徳政に関わることには徳政衆として、それぞれ機能を分掌しながら成願寺を結節点として存在し、さらに上級の存在としての老分衆があった。老分衆は徳政に関することも寄進に関わることも、それぞれの機能集団では処理しきれない問題について最終的な裁定を行ったとみられる。

以上、成願寺宛の寄進状を中心に分析を進め、興って間もない宗派の寺が小倭郷という地域とどのような関係をとり結んで存在していたかを明らかにしてきた。

まず第一に、成願寺に対する寄進の中心は小倭郷の侍衆であり、成願寺はこのような人々によって支えられていた。侍衆は成願寺の檀方というかたちで、成願寺と地域の人々との間に介在し、両者の関係を調整する機能を果たしていた。

第二に、成願寺への寄進には「売寄進」というシステムがあり、この場合、檀方が寺と寄進希望者の仲介となり、場合に応じてそのシステムを運用していることがとくに注目される。売寄進の研究では、売寄進の構造や徳政との関わりに論点があったが、ここではそのシステムが実際にどのように運用されたかを、とくにそれを仲介する機能をもつ檀方のあり方を追究することで在地社会のなかに位置づけた。先にも述べたように、売寄進は、経済的な余裕のない場合でも寄進が可能になり、多くの人々にとってその願いをかなえる手段が広がったといえ、このことは、地域のなかにある寺にとっても、寄進者層の拡大を可能にする。このようななかで、寄進希望者と寺の仲立ちとなることが檀方の果たした大きな機能である。

第三に、寄進に関してトラブルが発生した際には、檀方よりもさらに上級の、老分衆とよばれる組織が裁定を行った。この老分衆は、村落の「おとな」のような存在であり、これは徳政に関する紛争の最終的な処理も行った。小倭郷では、成願寺と地域を結ぶ檀方という人々と、徳政に関する紛争を処理する徳政衆という機能集団があり、その両者よりさらに高次の判断をするものとして老分衆が存在した。

そして第四に、このような構造の結節点として成願寺が存在したことが指摘できる。研究史上著名な「小倭衆一揆連判状」「小倭百姓中起請文」も、このような成願寺の存在を抜きに語れない。これまでの研究では、専ら先の連判状と起請文、あるいは徳政指置状を主要な史料として、小倭衆の自立性や強固な結束力が論じられてきた。もちろんこれらも重要な史料であるが、連判状・起請文などは、それを作成する特別な動機があってこそ存在するような、紛争時といういわば非日常的な特殊な史料といえる。それに比べ寄進状や売券などの証文は、寺と人々を結びつけることに関してはごくありふれた史料であるといえるが、ここから成願寺と小倭郷の人々の関係の日常的な有り様を読みとることができる。

そして、成願寺と地域の人々との関係には、寄進状に盛り込まれた様々な供養の儀礼への願望から想像されるように、人々の極楽往生への強い希求という時代の要請があった。実際に史料からは、在地の侍衆レベルの存在しか確認できないが、この願望はおそらくもっと広い層を覆っていた。それは例えば、別稿(64)で報告したように、成願寺境内に残る数多くの一石五輪塔から読み取ることができる(65)。一石五輪塔の銘文の違いは、おそらく在地社会における階層に対応していると思われ、成願寺へ帰依する人々、侍衆に限らず百姓を含むもっと広汎な層へ広がっていたことを類推させる。それはまた別に述べたように、成願寺以前からある寺院が、次々と成願寺の傘下となっていくことからも類推できる(66)。

このように、供養を望む地域住民全体の願望を様々な儀礼を行うことで叶え、成願寺には米銭が寄せられた。そして侍衆はそのような成願寺を紐帯とすることで地域を調整する役割を担っていた。ここから、在地社会における信仰獲得による財の形成と、社会の調整機能をあわせもつという二点に、寺社が果たしてきた役割を理解することができる。

註

（1）拙稿「成願寺と上ノ村の寺々」（『三重県史研究』一四、一九九八年）。

(2) 瀬田勝哉「中世末期の在地徳政」(『史学雑誌』七七―九、一九六八年)。
(3) 中野達平「私徳政の一形態―伊勢国小倭郷の徳政の再検討」(『國學院雑誌』七八―一〇、一九七七年)。
(4) 池上裕子『日本の歴史一〇　戦国の群像』(集英社、一九九二年)。
(5) 明応三年九月十五日小倭百姓衆起請文(「成願寺文書」一『三重県史　資料編中世2』〔三重県編集発行、二〇〇五年〕〈以下「成願寺文書」〉)。
(6) 明応三年九月二十一日小倭殿原衆起請文(「成願寺文書」二)。
(7) 矢島有希彦はそれぞれの史料に古文書学的な再検討を加え、これらの史料の位置づけを再考すべきとする。矢島a「成願寺・城・五輪塔　1小倭百姓衆起請文」(藤木久志・荒野泰典編『荘園と村を歩く』校倉書房、一九九七年)、同b「古来檀中証文の古文書学的検討」(前掲註(1)『三重県史研究』一四)。
(8) 天文十四年十二月二十五日三賀野徳政衆徳政指置状(「成願寺文書」一六)、天文十七年五月三日小倭徳政衆徳政指置状(「成願寺文書」一八)、天文二十三年十一月三日小倭徳政衆徳政指置状(「成願寺文書」二一、二二)、弘治二年十二月二十九日小倭徳政衆徳政指置状(「成願寺文書」二五)、永禄二年極月十七日小倭徳政衆徳政指置状(「成願寺文書」三四)、大永八年六月十九日小倭徳政衆徳政指置状(「成願寺文書」五〇)。
(9) 矢島a前掲註(7)に成願寺文書の現在の内訳が書かれている。
(10) 本章で使用した史料は色井秀譲編『三重一志白山町文化誌』(白山町教育委員会、一九七三年)、『三重県史　資料編中世2』(前掲註(5))等の翻刻をもとに原本の写真で校合した。
(11) 寄進状については本書第Ⅰ部第一章参照。なお大河内勇介は本章で扱った史料から、徳政指置状の発給は、地域の経済・宗教秩序を維持する意味があったとしている(「戦国期の徳政と地域社会―「在地徳政」史料の再検討」〔『史林』九五―六、二〇一二年〕)。
(12) 阿諏訪青美・涌井美夏「小倭郷上ノ村の復元」(前掲註(1)『三重県史研究』一四)に詳述。十善寺周辺として寄進されているのは、ほかに「十せんしおき」「十善寺コウ本」「十善寺宮之北」「十禅寺前」「十善寺前」「十善寺東」などがある。
(13) 例えば「大村青木」「大村ヤツネ垣内」「大村すみあな」「大村長寺之前」などと寄進状に記載される。

(14)「三賀野下源次垣内」「三賀野東山」。
(15)「大ヲキ藤之木」「大沖岡之前」「大おき之内五タン田」。
(16)前掲註（5）。
(17)享禄二年六月二十二日中森某田地売券（「成願寺文書」五一）。
(18)天文三年五月十四日老分衆一坂正統・谷藤衛門連署裁許状（「成願寺文書」七）。
(19)享禄二年六月二十二日中森某田地売券（「成願寺文書」五一）。
(20)天文五年閏十月十四日中森某田地売券（「成願寺文書」一〇）。
(21)享禄三年四月五日中森某田地売券（「成願寺文書」五六）。
(22)大永七年六月七日久岡定秀田地売券（「成願寺文書」四六）。
(23)大永八年六月十九日小倭徳政衆徳政指置状（「成願寺文書」五〇）。
(24)色井編前掲註（10）、『一志町史』（一志町役場、一九八一年）。
(25)前掲註（24）『一志町史』。
(26)『続群書類従（合戦部）』。寛永十二年頃成立。著者は神戸良政。戦国末期から豊臣による天下統一までの伊勢国兵乱を記した軍記。軍記物特有の誇張はあるものの史料的価値は高いといわれている。
(27)色井編前掲註（10）。
(28)色井編前掲註（10）。
(29)例えば、宮島敬一が研究した近江大原観音寺の場合（『戦国期社会の形成と展開』吉川弘文館、一九九六年）、高田陽介が分析した美濃龍徳寺、備前本蓮寺の場合（「寺請制以前の地域菩提寺とその檀家」〔『中世人の生活世界』山川出版社、一九九六年〕）などがある。
(30)彼岸会は春分、秋分の日を中心に前後七日間行うが、この春分、秋分のことを「時正」ともいい、夜昼の長さがちょうど半分で太陽は真東から出て真西に入る。このことは日が西方極楽浄土の東門に入ることを意味し、この阿弥陀の浄土を観想する法会を彼岸会とした。圭室諦成によれば（『葬式仏教』大法輪閣、一九六三年）、この法会は日本独特のものであるという。

「資堂田記録」では、「二季の彼岸」というかたちで、寺の年中行事となっている様子がうかがえる。

(31)　拙稿「成願寺の五輪塔」（藤木・荒野編前掲註（7））。

(32)　東寺には昭和三十年代はじめまで「お大師さんのお湯」とよばれる風呂があり、この場所には中世にも大湯屋とよばれる風呂があった。湯料所という所領を寄進し、その願意は故人追善のためであり毎年の忌日に「沐浴あるべし」とされていた。南北朝期の「湯結番定文」という史料では、正月四日、三月三日、五月五日、七月七日、九月九日の各節供と、追善仏事の湯が、毎月平均六回たてられていたことがわかるという。このように、追善の供養として風呂をたくことは「施浴」といい、古代以来、寺院にもうけられた大湯屋は参詣の大衆に開放され、仏の功徳として施されていた。これがのちに寺院主体から、積善のため、追善のために個人が施主となって寺院に施料を納め湯をたててもらい、有縁無縁の人々に開放されるようになったという（橋本初子『中世東寺と弘法大師信仰』思文閣出版、一九九〇年）。

(33)　武田勝蔵は、寺院の湯屋の棚に位牌十数基が並んでいるのを実見したという（『風呂と湯の話』塙書房、一九六七年）。

(34)　位牌は鎌倉時代末期にはすでに使用されたと考えられており、奈良の元興寺極楽坊、西大寺などに中世の遺品、出土品がみられる（『日本仏教民俗基礎資料集成第四巻　元興寺極楽坊4』中央公論美術出版、一九七七年、『西大寺骨堂遺物』元興寺仏教民俗資料研究所、一九七〇年など）。

(35)　圭室諦成によれば、餓鬼道におちて苦しむ亡者（餓鬼）に飲食物を施す供養で、本来時節を限るものではないが、わが国では七月十五日を中心に行われる祖先の霊を迎えまつる孟蘭盆の行事と結びついて年中行事化し、行われるようになったという。前掲註（30）。

(36)　しかし一方で、連れあい、親、先祖に対しての手厚い供養は「積善」であり、非常に功徳のある行為と考えられていたことを思えばこれらの行為の背後には結局は自らが極楽に往生したいという強い希求があったと考えられる。その意味では個人というものの存在がなかったかにみえる中世において、寄進という行為は非常に「個」が突出した状態が顕になる局面であったともいえよう。

(37)　本書第Ⅰ部第一章。

(38)　「資堂田記録」に含まれる売券は一〇通あり、宛所が成願寺となっているものは四通（「成願寺文書」六、二七、三〇、六一）、成願寺以外となっているのは六通（「成願寺文書」一〇、四六、四九、五一、五六、五七）である。

(39) 享禄二年六月二十二日中森某田地売券（「成願寺文書」五一）。

(40) 大永七年五月五日瑞聖寺納所正迎田地売券（「成願寺文書」四九）。

(41) 大永七年六月七日久岡定秀田地売券（「成願寺文書」四六）。

(42) 大永八年六月十九日小倭徳政衆指置状（「成願寺文書」五〇）。

(43) 天文十六年三月一日豊前・森室連署田地売券（「成願寺文書」六）。

(44) 天文五年閏十月十四日中森某田地売券（「成願寺文書」一〇）。

(45) 村石正行「売寄進の一形態」（初出一九九六年、のち『中世の契約社会と文書』思文閣出版、二〇一三年）。また須磨千頴「美濃立政寺文書について」（『史学雑誌』七八—六、一九六九年）も参照のこと。

(46) 原本では「彼下地」のあとが虫損となっており『三重県史 資料編中世2』では「右彼下地□□《(雖)》」としているが、本章では残画から推定し「彼下地者、□《(従)》盛林比丘尼」とした。寄進状では表1の「土地由来」項目にみるように「おやよりそうてんの下地（親より相伝の下地）」（表1-6）「買得之下地にて候」（表1-8）のように田地取得の由来が記される部分であり、「雖」と読んだ場合、文書全体の文意が通らない。

(47) 村石前掲註（45）。

(48) 前掲註（40）。

(49) 前掲註（41）。

(50) 天文六年八月十三日森長康弘田地寄進状（「成願寺文書」四三）。

(51) 天文十五年七月九日祐泉田地寄進状（「成願寺文書」四二）。

(52) 大永六年三月二十七日岡崎康則田地寄進状（「成願寺文書」四八）。

(53) 天文五年七月日森田四郎二郎田地寄進状（「成願寺文書」九）。

(54) 天文二十一年五月二日上田元応田地寄進状（「成願寺文書」二〇）。

(55) 年不詳小倭老分衆連署起請文（「成願寺文書」三）。

(56) 瀬田前掲註(2)。
(57) 明応三年九月十五日小倭百姓中起請文(「成願寺文書」一)。
(58) 瀬田前掲註(2)。
(59) ここでは、成願寺や瑞聖寺などの僧と思われる人物はのぞいた。
(60) (ロ)檀方は史料中に檀方と称されていない場合も、その機能によって檀方とした。
(61) 前掲註(18)。
(62) 永禄十一年卯月二十九日祐盛寄進状(「成願寺文書」三三)。
(63) 拙稿前掲註(1)。
(64) 前掲註(31)。
(65) 前掲註(29)の高田の論考は、住民の「宗教的ニーズ」に応えるために新たな「宗教的サービス」を提案する各寺院の「営業努力」により、中世末期からすでに形成されてきていたとし、寺院の営業は亡者の追善供養受付から檀徒のための墓地経営へと定着していったとする。成願寺の場合の墓地経営がどのように形成されていったのかは不明であるが、画一的な一石五輪塔が成願寺、あるいは真盛派に主に使用されたことや、寄進希望者に対する供養儀礼の多様性を考えると、高田氏の指摘に対し首肯するものであるが、「宗教的ニーズ」に対する「営業努力」に加え、寺院が地域のなかで位置づけられていくためには、共同体の紐帯となるような存在でもなければならなかったと考える。
(66) 拙稿前掲註(1)。

第三章　如法経信仰と在地寺院の収取

本章では、中世後期における在地の寺社勢力の、収取対象としての在地社会への進出について考える。筆者の関心は、仏教や神祇信仰が在地社会のなかでどのよう展開し社会的機能を持ったのか、在地社会はそれをどのように捉えていたかということにある。そして信仰というものが単なる精神的な事象としてのみではなく、現実的な存在であると考える。このような観点から、信仰の拡大とそれのもつ現実的な意味について考えたい。

中世後期における寺社勢力は、守護等武家勢力の侵略による押領、年貢対捍などで多く退転し、経済的再編を行わざるを得なくなる状況にあることは論をまたない。この状況について永原慶二[1]は、在地の剰余部分（加地子得分）に対する寺社勢力による新たな取り込みが、荘園領主と荘民という集団的関係ではなく、寺僧の私的行為として個別折衝による契約的収取関係を取り結び、これが武力的背景ではなく「貨幣経済の進展に即応した高利貸的方法（祠堂銭など）」によるとする[2]。これを受けて黒田俊雄は、当該時期の寺社勢力による加地子得分権の広範な獲得と地方寺社の周辺村落支配、貨幣経済依存の深化による寺社の米銭による金融活動、段銭・関銭・土倉役などの存在と、これを支える神人、勧進聖、御師などの広範な活動を指摘し、寺社による加地子得分権集積の動きを寺領復興政策と位置づける[3]。

次にこのような状況下にある当該期の荘園、村落の宗教的様相について、田中文英の所論により概観してみたい[4]。中世の民衆の宗教的願望は、生活の安定や災厄などからの守護を願う「現世安穏」と、死後の安寧への願望としての

「後世善処」であり、前者は雨乞い・虫除け・豊饒祈願など儀礼・祈祷・呪法などで、後者は葬送儀礼・法要・供養儀礼などとして具体化される。そのような民衆が生活する在地社会において寺社勢力は、民衆の宗教的願望にこたえること、在地の秩序形成・維持に関して深く関わることをもとめられるが、民衆の宗教的願望・要求への対応は、単なるイデオロギーの鼓吹だけでは実現不可能であり、このような状況が寺社勢力側に、仏事儀礼・祈祷呪法・年中行事、治病や治水、土木など技術や教育をも含めた具体的な宗教活動を展開させることとなり、具体的には民間浄土教を喧伝する念仏聖、民衆を勧化して寄付を募る勧進聖などの活動に依拠することとなったという。

そのような時代状況を反映する一つの信仰形態に如法経信仰がある。如法経とは広くは経典を如法に浄写経することを意味し、狭義には法華経経典を法華の行法に従って書写することや書写された法華経のことをさす。滅罪教典としての法華経がもつ功徳と書写という作善行による功徳との、二重の功徳があるとされ、これに結縁することで死者追善や自身逆修を願う信仰が中世を通じて広汎に広がっていた[5]。如法経をめぐる研究は、おもに宗派的・教学的な、叡山横川を拠点とした円仁にはじまるとされる儀礼の研究[6]、経塚、経筒などの遺物、遺構の考古学的研究[7]、如法経を民衆信仰（基層信仰）との関係で捉え勧進僧の関わりに注目する民衆信仰史研究[8]、如法経の供養儀礼としての特性に注目する仏教史研究など[9]がある。そして以上を踏まえ、林文理は地域社会論として如法経を切り口とする研究をすすめ、地域信仰圏の存在を明らかにし、また中世社会における如法経信仰の広汎な展開を明らかにした[10]。

林によれば、如法経信仰は比叡山三塔を中心に若狭・近江・山城、越中立山・加賀白山・伯耆大山・出羽立石寺・肥後阿蘇社など天台系地方寺社を拠点に全国的に分布し、鎌倉期からは洛中の貴族社会にも盛行し、在地社会では叡山膝下村落などで十四～五世紀に展開したという[11]。

ここから、中世後期社会における寺社勢力の在地における展開状況と、それを受ける在地側との交錯状況を具体的にみていくにあたっては、如法経信仰を検討することは一定の有効性をもっているといえる[12]。田中の所論のような時代に特有な在地の宗教的願望と、その願望を満足させながらも一方で経済的な在地進出をはかりたい寺社勢力との交錯面を意識しながら、寺社勢力の在地進出における具体的なシステムについて、如法経信仰をとおして考えてみたい。フィールドとして若狭国明通寺および摂津国勝尾寺を取り上げる。なお明通寺と勝尾寺については、別稿でイエや個人と寺院との間に結ばれた供養を通じた契約関係について論じたことがある(13)。その際の分析作業で得られた所見を、本章ではまた別の観点から論じてみたい。

一　若狭における如法経信仰の様相

若狭における如法経信仰を示す史料の一つに遠敷郡の「如法経料足施入札」がある(14)。これは逆修供養、追善供養のために銭や米を寺へ施入し、それにより寺僧が法華経を書写し奉納するもので、この施入の内容を記した木札が明通寺、羽賀寺、飯盛寺、妙楽寺に現存している（計五五八枚）(15)、羽賀寺の正和五（一三一六）年を最古とし、多くは十四世紀から十六世紀の間に寺々に寄進された。材質は杉、檜、松などで、縦三〇センチ、横四〇センチ、厚さ一・五センチ程度で、多くは素面に墨書で記入がなされている。

この如法経施入札については林文理が全面的に分析を行い、若狭の複数の有力顕密寺社を中心とした地域的な信仰圏とそれらの連鎖による広域な信仰圏の存在を明らかにするなど、若狭の地域社会を知る貴重な資料として研究が進められている(16)。

まず如法経施入札(17)に記された文言をみてみよう。

【史料一】

奉施入　椈山　明通寺

如法経米事
合拾斛者
右志趣者　為宝拾大姉頓証菩提毎年如法経一部宛可有奉納者也　乃至法界平等利益而已
文明十三年十一月八日
遠敷慶徳庵（花押）

この史料では文明十三（一四八一）年に施主である遠敷慶徳庵が如法経米一〇石を明通寺に施入し、宝拾大姉の菩提を弔う為に、如法経一部を奉納することを願っている。寺々に残存する施入札はほぼこのように、施入先寺院名・施入如法経米斗数・施入の目的・年月日・施主名等が記されたものである。

次に如法経施入札が残存する寺院のなかから、小浜市門前の棡山明通寺の状況を事例として施入札を分析してみたい。明通寺は異国降伏祈祷を命ぜられるなど鎌倉将軍家などと深く関わり歴代守護の祈願寺でもある。しかし一方で若狭における如法経信仰の一つの拠点でもあった[18]。一般的に如法経会は①前方便（七日間）②正懺悔（二一日間）③料紙迎④水迎⑤筆立（写経・七日間）⑥筒奉納⑦供養（十種供養）⑧埋納という流れで行われる[19]。明通寺では境内の如法経道場において如法経会が寺の恒例仏事として毎年九月二〇日から営まれ[20]、毎年一度行われる如法経会に結縁し死者追善・自身逆修を願うために、施主は施入札を以て一定の米銭を明通寺に施入した。施入者は如法経会に施入することで写経の功徳に結縁することを求めた。明通寺側では、施入された如法経米は如法経会の諸費用にそのままのかたちでは使用せず、林によれば、塔頭一坊につき一石一斗を貸し付け、その利息の内半分を如法経衆に下げ渡したもの（建武二年の場合四石四斗）を使用したという[21]。

この明通寺の如法経会への結縁を求めて施入された札は、元応二（一三二〇）年から元禄七（一六九四）年まで四〇一点が現在まで残存し、施入件数を年代別にみると一四二〇年から施入数が増加し、増減を繰り返しながら一五二〇年代にピークを迎え、その後漸次減少していく状況が看取される。

施入者名には多く居住地域が記され、最も多く記されるのは明通寺膝下の「松永」で、次いで膝下地からは離れた「小浜」「宮川」となる。この点について湯峯愛は、膝下以外で施入者が多く分布するのは、明通寺が別当職をもつ村落寺社が所在する地域であると指摘する[22]。

そして施入者は、①俗名の者（「小南九郎衛門尉親政[23]」「東寺野三郎大夫女[24]」など）が最も多く、次いで②法名の者（「道祐禅門[25]」「妙徳禅尼[26]」など）、③寺庵（「小浜掌善庵[27]」「遠敷慶徳庵[28]」など）、④結衆、の四つほどに類別される。①は十四世紀なかばまでは「秦守安[29]」「平兼助[30]」などの姓がみられ、十五世紀半ば過ぎから「三郎衛門[31]」「太郎大夫[32]」などが増加してくる。②のうち八割は「栄信[33]」「妙心[34]」など二文字の法名である。ただし十四世紀からは沙弥〜沙弥尼〜、十五世紀後半頃からは〜禅門・禅尼[35]も見られてくる。法名を名のるこれらは宗教者ではなく①と同様の階層であろう。また①には「東寺野紙屋四郎大夫」「小浜石屋小路五郎左衛門重次[36]」など諸職に従事する者もみられ、林等の指摘のように施入者の多くが近在の土豪、百姓、町人など様々な階層を含んでいる[37]。また④は「阿弥陀堂結衆等[38]」「永田村時講結衆[39]」「躰興寺時講一結之衆[40]」で、いずれも結衆として施入しており、「永田村時講結衆」「躰興寺時講一結之衆」はいずれも村落内の「時講」結衆である。「阿弥陀堂結衆等」からの施入は永徳二年、寛正二年の二回みられ、後者では十方檀那として阿弥陀堂の助成をしたが「其志甚深」のため、重ねて「総寺伽藍」に対して寄付することとしたとある。この阿弥陀堂は明通寺の阿弥陀堂[41]であろう。

このような人々は一四世紀半ばから十五世紀初頭までは一〇石の「如法経米」を施入したが、十五世紀中頃からは「如法経銭」一〇貫文の施入が見られるようになる。その後も如法経米と如法経銭の施入は続くが、その額に変化がみられ、当初から十六世紀初頭まで一、二例をのぞきほぼ一〇石或いは一〇貫文の施入が、十六世紀を過ぎるとまず銭から五貫文、八貫文となり、米も五石がみられるようになり、十六世紀半ばからはむしろ一〇石・一〇貫文の割合が減少して五石が標準となっていく。

また施入の意趣については、逆修供養が全体の約三割で、それ以外は「追善」と明記されたものだけでも六割以上となる。追善供養の対象者は「二親」「父母」「悲母」「慈父」など自身の親、あるいは「古梅庵主先師定憲阿闍梨」(42)「先師聖霊光慶法印頓証菩提」(43)などのように自らの師に対するものもみられる。

さらに、同年同日に夫婦でそれぞれに自らの逆修と親の菩提のために一〇石ずつ施入する例、(44)同一者が同日に先師・悲母・慈父のためにそれぞれ一〇石ずつ三枚を施入する例、(45)同一者が異なる年に別の人物のために施入する例などもある。

特徴的なのは、年忌供養の施入である。明通寺の場合は、年忌供養のための施入の初見が文明十七（一四八五）年の次の史料(46)である。

【史料二】

奉施入　棡山明通寺

合拾斛者　但毎年如法経一部有奉納者也

右意趣者為常栄禅門廿五年所頓証菩提成等正覚乃至法界平等利益

文明十七年十一月廿二日　施主東市場番匠 大工（花押）

常栄禅門の二五年忌の供養のために、毎年如法経を奉納する費用一〇石を明通寺に施入したとある。このような年忌供養のための施入札は十五世紀後半から増加しはじめる。慶長までの札二六五点のうちでは、一年忌（一点）、三年忌（三点）、七年忌（一三点）、十三年忌（一〇点）、一七年忌（七点）、二五年忌（六点）、二八年忌（一点）、三三年忌（六点）の施入を確認することができる。

また年忌供養の施入は、一人の被供養者に対して複数回行われた。

【史料三】[47]

奉　施入明通寺如法経之事

合　毎年壱部者

右志者為妙心禅尼七周忌追趣（ママ）也往生極楽証大菩提乃至法界平等利益而已

文亀二年三月廿四日　　池河内彦大夫

【史料四】[48]

椚山明通寺如法経米之事

合　毎年御経一部奉納之

右志趣者為悲母妙心禅尼第廿五年追善数年運志仰如法経功力所也然而依此善根故正魂頓入仏果無疑者歟乃至法界平等利益耳

永正十七年三月四日　　施主池河内道善（花押）

【史料三】は、妙心禅尼七周忌の追善供養のために文亀二（一五〇二）年三月廿四日に池河内の彦大夫が施入した際の札である。ここには斗数の記載はないが、他の史料からみて一〇石を施入したものと思われる。そして【史料四】からは、【史料三】の一八年後の永正十七（一五二〇）年三月四日に悲母妙心禅尼の「第廿五年追善」のために池河内の道善が如法経米を施入していることがわかる。年代からみて両史料の妙心禅尼は同一人物であり、七年忌と二五年忌の追善供養とみて間違いない。二つの史料の施主名が【史料三】は俗名の「彦大夫」、【史料四】は法名の「道善」と異なるが、文亀二年には彦大夫として母親の七周忌を行い、その人物がその後法名を名乗り母の二五年忌を行ったものと考えられる。

さらに大永二（一五二二）年二月には池河内の彦七郎が「道善禅門」「妙祐禅尼」二親の菩提を弔うために一〇石を施入しており[49]、ここから「妙心禅尼―彦大夫（道善）・妙祐禅尼―彦七郎」というイエの二〇年間にわたる継続的な供養の実態がわかる。このように複数の関連する札が残ったためイエの継続的な供養が復元できる例は多くはないが、年忌供養施入札が多数残されていることから考え、それらの札が単発的な施入ではないことが推察され、明通寺とイエが如法経信仰を通じて継続的な関係を築いていたことがわかる[50]。

また明通寺の寄進札残存状況からは、一年の間に複数の施入があったことが知られる。応永二九（一四二二）年には六件、永享七（一四三五）年に五件、文明十三（一四八一）年には六件などで、ここから、例えば応永二九年には少なくとも六〇石以上の米の施入があったことがわかる。

林は、十四世紀の明通寺財政における寄進米の位置づけを検討するなかで、十四世紀のある年、明通寺の惣定田は一丁三段半二歩（定田一丁一段半二歩・散在田二段半）で、その所当米は分米八石四升六合一勺九夕であったが、同年の寄進米は三〇石二斗でその内訳は大般若米一石、夏供米二石、修行者米一石、常楽会米一石、そして如法経米は二四石二斗であったと述べる[51]。このことから林は、明通寺の惣定田所当米（八石）に比する寄進米三〇石二斗、とくに如法経米二四石二斗の割合の高さを指摘する[52]。その上で改めて施入札の状況をみれば、先述のように十五世紀にはすくなくとも一年に六〇石以上の如法経米の施入が明らかで、ここからも当該期、寺院財政にとって如法経米が大きな位置づけを持っていたことを指摘することできる。

二　摂津国勝尾寺における如法経会

以上若狭の施入札から如法経信仰の状況について検討した。つぎに摂津・勝尾寺における様相を見たい。勝尾寺は中世には天台系の聖の聖地であり、鎌倉期には院御願寺となり公武の帰依を受け、建武政権下では将軍家御祈祷所、南北朝期には両朝からの保護を受け、室町期には守護不入の御判御教書を与えられる一方、鎌倉期から本尊千手観音への参詣人で賑わった[53]。このような勝尾寺でも如法経会が行われたことが知られ、林、小山貴子による先行研究がある[54]。

勝尾寺では、応安四（一三七一）年、応永元（一三九四）年、応永十一（一四〇四）年、応永十八（一四一一）年、応永三十三（一四二六）年に如法経会が行われた史料が残される[55]。残存する史料は若狭とは異なり勧進奉加と結解関係の史料で、ここからは如法経会の収支の状況を具体的に知ることができる[56]。

まずは応永十一年結解帳[57]から如法経会全体の動きを復元する。三月に勧進帳、五月には造作の準備が開始される。写経用の薄様美濃紙が求められ[58]、九月十一日には「料紙迎え」のための輿が作られて、九月二十八日からは写経がはじまる。写経は経所において如法経衆によって執行され[59]、十二月三日に十種供養という如法経会のなかで最も華やかな儀式が行われる。勝尾寺の場合は写経から十二月三日の十種供養、十二月一四日の奉納まで二ヶ月以上の日数を要している。林によれば後白河院如法経会の場合は筆立から写経、十種供養ののち奉納まで三日間であり、勝尾寺の二ヶ月というのは異例である[60]。そして二ヶ月以上に及んだ勝尾寺の如法経会に要した費用は、米五石五斗九升六合、銭一五貫六九文であった。

この如法経会実施の経費は、勝尾寺の各坊から上納された「如法経紙袋」と「品経」の二つの名目から賄われたことが結解帳の次の記載からわかる。

「如法経紙袋上帳」には、

「十二月七日上
四斗了円房　十二月五日上
四斗円蔵房　十月廿八日上これ最初也
五斗四升二尊院　十一月二日上
五斗教覚房（以下略）」

との記載がなされ、合計六石一升分の米が書き上げられている。

一方「品経上米分」には、

「十二月五日上二品分
二斗六升柚本　十一月廿一日上
一斗三升行証房（以下略）」

のようなかたちで合計二石四斗一升が書き上げられる。

また「品経銭上帳」には、

「正月八日上
一貫五百文西谷　十二月廿九日上
一貫三百文平門　正月廿四日上
六百五十文行證房（以下略）」

などとあり合計一六貫六百六十三文が書き上げられている。

ここにみえる「柚本」「平門」（波線）とは柚本坊、平門坊など勝尾寺の坊舎であり、収入は坊ごとに記載されていることから、如法経会実施には坊が一つの単位となっていたことがわかる。

ではこれらの坊はどのようにして収入を得たのか。勝尾寺の如法経会はその実施にあたりひろく勧進奉加が行われていたことが史料から知られ、勧進の際の奉加帳からは二〇〇名以上の奉加者が判明する。その人名は、史料五①～③に抄出したように三つにグルーピングされ書き上げられている（史料中の傍線、傍点は筆者）(61)。

【史料五①】

「一部　字大和介　一部　字参河介為明願正霊

一部　字右馬允小池坊分　一部　字大夫石橋　（以下略）」

以上廿九部」

【史料五②】

「　四要品

四要品　沙弥道珍平門坊　四要品　兵衛尉ヘカ小池坊分

四要品　馬允平門坊　四要品　本阿カヤノ久喜之小坊分為正霊　（以下略）

以上十品」

【史料五③】

「　品経分

一品　沙弥道金平門坊　一品　字兵衛允平門坊

一品　為正珍正霊平門坊　一品　沙弥発西平門坊　（以下略）」

「字大和介」「沙弥道珍」などは奉加人名であり、「小池坊」「石橋」「平門坊」（傍点）などは勝尾寺坊舎に属する勧進僧で、如法経会のための勧進を行ったことが小山により指摘されている。[62]また二重傍線部には①「一部」、②「四要品」、③「品経分」とあり、これは全二八品からなる法華経の全部を「一部」、主要な四品を「四要品」、二八品のうちの一品分を「品経」と類別し、奉加者を分類して記載していることを意味する。このことから、勝尾寺如法経会への勧進奉加においては、奉加者側が担当の勧進僧を通じて奉加を行う場合に法華経の品数を選択できるようになっていたことがわかる。つまり、法華経一部（＝二八品）の奉加額は一品分よりも高額であることは明らかであり、ここに額が記されていないことは、その額を明記しないでも奉加の品数により奉加額が明確であったものと考えられる。

また小山の研究によれば、奉加者の地理的分布は勝尾寺寄進散在田の所在地と一致し、その階層は勝尾寺寺僧、膝下地域・寄進散在田所在地の名主職保持者、作職保有者、村落運営を担う層などとしている。(63) そして小池坊などの坊舎が熊野参詣の先達でもあったことから、この如法経会に関する勧進奉加が、すでにあった熊野参詣の廻壇組織を基礎として、死者追善・自身逆修を願う個人を単位に展開していたと指摘する。このようにして地域住人から奉加された米銭は、各坊により集められ、あらためて「品経上米」「品経銭」という法会資金として上納されたとみられる。

先述したようにこの奉加帳には奉加米銭額は記載されていないが、先述した史料「品経上米分」「品経銭上帳」全体を見渡すと、「品経上米分」には、「九斗一升」「六斗五升」「二斗六升」「一斗三升」など一斗三升の倍数が、「品経銭上帳」には「一貫三百文」「六百五十文」など一三〇文の倍数が多く記されている。ここから法華経の一品分の奉加額は一三〇文、米の場合は一斗三升のように、奉加の標準額がある程度設定されていたことが看取される。

つまり本来的な如法経供養にあっては、法華経二八品すべてを写経、埋経すべきであるところ、勝尾寺では一品あるいは四要品など、経典をいわば「小分け」にし規格化したかたちで奉加を募っている点に注目したい。さらに本来は奉加人各位の「志」に任されていたはずの奉加の額が、一品＝一三〇文・一斗三升と標準額があることも興味深い点である。如法経会に結縁する個人の本来の意趣は、【史料五】点線部分に「為明願正霊」「正珍正霊」とあるように、奉加人の特定の人物に対する追善供養であるが、この勝尾寺如法経会の場合、個人的な追善供養の志は、ある意味で規格化した勧進奉加において実現されたといえる。そしてこのことは、長大な法華経を一品単位に分割することで奉加の「単価」を下げ、結縁者の範囲を拡大するという勝尾寺側の経済的な方策もみることができる。

応永十一年の奉加帳をもとにこの年の奉加額を銭で試算すると、一部（一部二八品として三貫六四〇文）の奉加が二九件で、一〇五貫五六〇文、四要品の奉加（一件四品分として五二〇文）が一〇件で五貫二〇〇文、一品一三〇文の品経の奉加が一九四品で計二五貫二二〇文となり、合計一三五貫九八〇文もの収入があったことになる。そうだとすれば如法経会の実施に際しては、坊を単位とした勧進が地域住民に対して行われ、そこで多額の奉加銭が集まったと考えられる。そして各坊は、集まった米銭のなかから如法経会の実施用途として計二五貫八三〇文を上納した。応永十一年結解帳によると、実際の如法経会にかかった費用は米五石五斗九升六合、銭一五貫六九文で、この年の如法経会の結解としては米換算で三石八斗八升八合の残分が生じている。

以上のことから、如法経会を実施することによって、各坊と勝尾寺そのものに、非常に多くの財をもたらしたことが指摘できよう(64)。そもそも勝尾寺には寺領とされるものはなく寄進による不安定な零細田畠集積（加地子得分権）が中核であったことが明らかにされており(65)、その意味でも勝尾寺にとり如法経会という法会が経済的に非常に重要であったことを指摘したい。

以上、本章では若狭国と摂津勝尾寺における如法経信仰について、おもに経済的な側面から検討してきた。そこでみえてきたのは、いずれの寺院にとっても財政における如法経関連収入の重要性であった。

そこにはまず、寺院側の如法経結縁者拡大への方策を見ることができる。それは例えば若狭の寺々にみるように如法経会に米銭を施入したことが示された札を堂内に掲示して如法経信仰への勧誘を行う、あるいは勝尾寺の如法経会における写経期間が通常数日のところを二ヶ月間かける、また長大な法華経を一品単位に分割することで奉加の単価を下げ、結縁者の範囲を拡大することなどであった。

また勝尾寺の場合に明らかなように、坊を単位とする如法経米銭の確保があげられる。つまり勝尾寺各坊は各々のもつ勧進対象地域や特定の家から直接個別に奉加米銭を集銭した。それは結解帳に記された「如法経札ニテ面々勧進」(66)ということばに端的に表されている。そこで集められた米銭のなかから一定額を如法経会のために上納する仕組みであった。これは奉加人からみれば担当の坊を通じて、死者追善・自身逆修の願いを込めて如法経会に米銭を奉加することで結縁を果たしたことになる。

この仕組みは、実は明通寺など若狭の寺々も同様である。例えば次の施入札(67)をみたい。

【史料六】

椚山明通寺如法経米之事

合十石者毎年御経一部奉納

右志者為光祐慶春逆修七分全（得脱カ）也然則現世安穏後生善処、又云世間之楽乃涅槃楽仍施入之処如件

元亀三壬申年十月廿一日　寺野太郎左衛門女　松女（略押）

（裏面）「宿坊南僧坊

筆者大房教尊　」

傍線部にみるような「宿坊」を通じての札の施入はこの資料以外にも確認され、如法経会とそれに結縁を希望する人々の間に坊が介在し、坊を通じて寺へ米銭が吸い上げられる一定のルートが出来上がっていたことがわかる。つまり、坊に属する勧進僧が民衆一人ひとりの宗教的願望・要求を、個別具体的にくみ取り、如法経への結縁を促し、これにより一つ一つは少額でありながら、それが多数集積されることで、莫大な米銭が坊や寺院にもたらされることとなった。これらの財は、寺領からの所当米に比して大きなものであり、当該期の寺院の存続を支えるものであったといえよう[68]。

これは永原のいう寺社勢力の在地の余剰分の新たなとりこみと捉えられ、民衆個別の宗教的願望を掬い取ることが、一方では莫大な財をもたらし、寺の運営に資していることが明らかである以上、それ以前の領域的支配とは異なった方法での新たな収取システムとして位置づけられるのではないか。

以上みてきた二つの事例は、如法経信仰の拠点となるある程度の規模をもった寺院の場合であり、地域にそのような中核寺院がない場合、村落には如法経道場などがおかれている例が今堀や奥嶋などの近江の村落でみることができ

る。そこでは、道場を拠点として如法経信仰が村落内に浸透し新たな村落共有田として如法経田が形成された(69)。また同時に、このような構造は、おそらく如法経信仰に限定されるものではなく、他の宗教勢力にもみられる当該期の特質ではないかと考えられる。

註

（1）永原慶二「荘園解体期における農民層の分解と農民闘争の形態」（初出一九五三年、のち『日本封建制成立過程の研究』岩波書店、一九六一年）。永原によればこの剰余部分は国人や土豪、あるいは村や在地の上層農民、荘園制的収取が困難となった旧荘園領主である寺社勢力により集積されていくという。

（2）この寺社による「高利貸的方法」の代表的なものは祠堂銭金融があげられる（佐々木銀弥「荘園制解体期における寺院経済の転換形態」（初出一九五六年）、「荘園領主経済の諸段階」（初出一九六九年）、いずれも『中世商品流通史の研究』（法政大学出版局、一九七二年））。祠堂銭金融は京都の禅宗寺院を中心として展開し、土倉などの高利貸業者の動きと密接に関わっているとされている。中島圭一は祠堂銭とは「未来永劫に供養を続ける基金として寺院に預託された」銭で、「決して絶やしてはならない」という命題を負っているため利子収入の安定が求められ、低利で安全な運用が基本となったため、土倉など金融業者の利用するところとなったと述べる（「中世京都における祠堂銭金融の展開」（『史学雑誌』一〇二―一二、一九九三年））。

（3）黒田俊雄「中世寺社勢力論」（『岩波講座日本歴史6　中世2』岩波書店、一九七五年）。

（4）田中文英「中世前期の寺院と民衆」（『日本史研究』二六六、一九八四年）。そのほか石田善人「旧仏教の中世的展開」（初出一九六七年）、「中世村落と仏教」（初出一九七四年）、「都鄙民衆の生活と宗教」（初出一九七五年）、いずれも『中世村落と仏教』（思文閣出版、一九九六年）。

（5）十一世紀前半に比叡山横川・根本如法堂を聖地として慈覚大師円仁を祖とする円仁流が成立し、十一世紀後半～十二世紀には如法経埋納（経塚）の盛行がみられ、中世を通じて横川を中心として東塔、西塔において如法経会が営まれたという（林文理a「中世如法経信仰の展開と構造」中世寺院史研究会編『中世寺院史の研究　上』（法蔵館、一九八八年））。平安～鎌倉期には洛中貴族社会において死者追善、自身逆修のため経衆を請じて法華経書写を行い、墓所や横川如法堂へ埋納というかたちの円仁流如法経会の盛行がみられた（竹田和夫「鎌倉時代の経供養行為について―十種供養を中心に」〔『鎌倉遺文研究』二三、二〇〇九年〕）。

（6）兜木正亨「わが国如法経における二、三の問題」（『印度学仏教学研究』一〇―二、一九六二年）。景山春樹「横川の如法経写経と埋経」（『比叡山』角川書店、一九七八年）、「三塔・九院・十六谷」「円仁の根本如法経と横川の発達」（『比叡山と天台仏教の研究』名著出版、一九七五年）。

（7）三宅敏之「経塚の造営について―藤原兼実の埋経を中心に」（『史学雑誌』六七―一、一九五八年）。「平安時代埋経供養の一形態―清原信俊の埋経を中心に」（『日本歴史』一八一、一九六三年）。

（8）吉田清「庶民信仰としての如法経」（『仏教史学』一三―二、一九六七年）、五来重「庶民信仰における滅罪の論理」（『思想』六二二、一九七六年）。そのほか井上光貞が聖の勧進活動と如法経書写に言及している（『日本浄土教成立史の研究』山川出版社、一九五六年）。

（9）菊池大樹「「文治四年後白河院如法経供養記」について―新出「定長卿記」の翻刻と研究―」「後白河院政期の王権と持経者」、いずれも『中世仏教の原形と展開』（吉川弘文館、二〇〇七年）。竹田前掲註（5）。

（10）林a前掲註（5）、林b「地方寺社と地域信仰圏―若狭における如法経信仰」（『ヒストリア』九七、一九八二年）。また近年大河内勇介は、如法経信仰を切り口として中世後期の村堂の実態を明らかにしている（「中世後期の村堂―近江国の如法経信仰を素材にして」〔『ヒストリア』二五三、二〇一五年〕）。

（11）林a前掲註（5）。

（12）本書第Ⅰ部第四章。

（13）拙稿「供養と契約」（『生活と文化の歴史学6　契約・誓約・盟約』竹林舎、二〇一五年）。

（14）『小浜市史　通史編上巻』（小浜市史編纂委員会編、一九九二年）。なお、林はb論文（前掲註（10））で、寺院に対する如法経料足としての田地（不動産）は「寄進」、米銭（動産）は「施入」と表現されていることの違いを指摘し、これらの札は寄進札ではなく施入札であるとしている。筆者も林の指摘に肯首するものであり、文中では施入札と表現するが、史料引用元である『小浜市史　金石文編』では「寄進札」としていることから、史料名の表示としては寄進札とする。
(15) 現在、明通寺に四〇一枚、羽賀寺には一〇〇枚、飯盛寺には三三枚、妙楽寺には二四枚現存している。詳細は『小浜市史　金石文編』（小浜市史編纂委員会編、一九七四年）、『福井県小浜市妙楽寺・飯盛寺・羽賀寺・明通寺・如法経料足寄進札調査報告書』（元興寺仏教民俗資料研究所編、一九七五年）。以下施入札の引用は『小浜市史　金石文編』による。
(16) 林b前掲註（10）。施入札については水藤真の論考「若狭小浜の寄進札」（初出一九七八年、のちに『絵画・木札・石造物に中世を読む』吉川弘文館、一九九四年）、湯峯愛による分析が行われている（「中世後期の地域社会における地方寺社の存在形態―若狭国遠敷郡を事例に」〔『市大日本史』一五、二〇一二年〕）。
(17) 慶徳庵如法経米寄進札（明通寺寄進札一一〇）。
(18) 湯峯によれば、大田文において明通寺は一町八反の不輸田をもっていたが十三世紀末になるとそれが退転するなど経済基盤の動揺がみられるのと軌を一にして施入札が確認されはじめるという（前掲註（16））。
(19) 如法経会については林の論考のほか、吉田前掲註（8）など。
(20) 若狭国椚山明通寺勤行目録（「明通寺文書」二六、『小浜市史　社寺文書編』〔小浜市史編纂委員会編、一九七六年〕）に「従同（九月）廿日　如法経始行」とある。
(21) 林b前掲註（10）、前掲註（14）『小浜市史　通史編上巻』。
(22) 湯峯前掲註（16）。
(23) 小南親政如法経銭寄進札（明通寺寄進札一七三）。
(24) 三郎大夫女如法経米寄進札（明通寺寄進札一九八）。
(25) 道祐如法経米寄進札（明通寺寄進札九七）。
(26) 尼妙徳如法経米寄進札（明通寺寄進札九六）。
(27) 掌善庵如法経米寄進札（明通寺寄進札六二）。
(28) 慶徳庵如法経米寄進札（明通寺寄進札一一〇）。
(29) 秦守安如法経米寄進札（明通寺寄進札一一二）。

(30) 平兼助如法経米寄進札（明通寺寄進札一五）。
(31) 三郎衛門如法経米寄進札（明通寺寄進札二〇六）。
(32) 太郎大夫如法経米寄進札（明通寺寄進札二〇七）。
(33) 栄信如法経銭寄進札（明通寺寄進札五五）。
(34) 妙心如法経銭寄進札（明通寺寄進札一九七）。
(35) 紙屋四郎大夫如法経米寄進札（明通寺寄進札一六〇）。
(36) 重次如法経米寄進札（明通寺寄進札一二七）。
(37) 林b前掲註（10）等。
(38) 阿弥陀堂結衆等如法経米寄進札（明通寺寄進札一四）、阿弥陀堂結衆等如法経銭寄進札（同七七）。
(39) 時講結衆如法経銭寄進札（明通寺寄進札六七）。
(40) 某如法経米寄進札（明通寺寄進札二〇）。
(41) 明通寺由緒略記幷重書目録（「明通寺文書」一九三、『小浜市史　社寺文書編』）に「天正年中比迄ニ破失ノ分」として「上阿弥陀堂跡」「下阿弥陀堂跡」とある。
(42) 古梅如法経米寄進札（明通寺寄進札二六）。
(43) 光覚如法経米寄進札（明通寺寄進札八二）。
(44) 沙弥霊浄如法経米寄進札（明通寺寄進札四〇）、藤原氏女如法経米寄進札（明通寺寄進札四一）。
(45) 光覚如法経米寄進札（明通寺寄進札八二・八三・八四）。また同一人物が同日に二枚納める例として六郎権守如法経米寄進札（明通寺寄進札五九・六〇）がある。
(46) 大工某如法経米寄進札（明通寺寄進札一一五）。
(47) 彦大夫如法経寄進札（明通寺寄進札一三一）。
(48) 道善如法経米寄進札（明通寺寄進札一五三）。
(49) 彦七郎如法経米寄進札（明通寺寄進札一五四）。

(50) 千々和到は宮城県の中世墳墓遺跡である大門山遺跡の板碑群等から、死没時、一周忌、三回忌などの板碑を検出し、同族あるいは同一人物に対する供養が行われていたことを指摘する（「板碑・石塔の立つ風景―板碑研究の課題」石井進編『考古学と中世史研究』〔名著出版、一九九一年〕）。
(51) 明通寺院主頼禅置文写（「明通寺文書」一七）。
(52) 林b前掲註（10）。
(53) 『箕面市史　第一巻』（箕面市史編集委員会、一九六四年）。
(54) 林a前掲註（5）、小山貴子「中世後期における如法経信仰と地域的生業―摂津国勝尾寺を事例として」（『地方史研究』五九―五、二〇〇九年）。
(55) 林a前掲註（5）、小山前掲註（54）。なお勧進奉加帳は応安四年勝尾寺如法経奉加帳（「勝尾寺文書」七四一〔『箕面市史　史料編二　勝尾寺文書』箕面市史編集委員会、一九七二年〕）、応安四年勝尾寺如法経奉加帳断簡（同七四二）、応永元年如法経奉加帳（同七九三）、応永十一年如法経奉加帳（同八〇六）、応永三十三年如法経勧進奉加帳（同八四四）、年未詳勧進如法経奉加帳断簡（同八四六）、年未詳如法経奉加帳（同八四七）、年未詳如法経奉加帳（同八四八）、年未詳如法経奉加帳（同八四九）。結解帳は応永十一年如法経結解帳（同八〇五）、応永十八年如法経銭注文（同八二六）、応永三十三年勧進如法経帳（同八四五）。以下「勝尾寺文書」と表記し、文書番号は同書による。
(56) 小山前掲註（54）。
(57) 応永十一年如法経結解帳（「勝尾寺文書」八〇五）。
(58) 応永三十三年如法経会の際には西宮で購入している。
(59) 応永三十三年には「経衆十人」とありおよその規模がわかる。また『法然上人絵伝』に紙で口覆いをした写経僧が経机を並べて写経する様子が描かれている。
(60) 林a前掲註（5）。
(61) ここでは説明の都合で年未詳如法経奉加帳（「勝尾寺文書」八四九）の事例を挙げた。
(62) 小山前掲註（54）。

(63)　小山前掲註(54)。
(64)　この点、小山も如法経会は勝尾寺にとり経済的余剰を生み出す法会であり、実際に如法経銭のなかから本堂の茅葺き用途が捻出されていることを指摘している(小山前掲註(54))。
(65)　小山貴子「中世後期在地寺院の「寺領」形成過程とその展開―摂津国勝尾寺の事例」(『駿台史学』一二一、二〇〇四年)。小山はこの上納が四斗ずつであることから、「寺内「東座」構成員二〇人から四斗ずつ徴収」したとし、他の上納も寺内からの徴収に依ったとする。
(66)　応永三十三年勧進如法経帳(「勝尾寺文書」八四五)。
(67)　松女如法経寄進札(明通寺寄進札二四〇)。
(68)　阿諏訪青美は中世後期に発生した巡礼・参詣という信仰形態によって生じた賽銭、勧進銭などを「信仰財」と位置づけ、それは荘園収入に匹敵する莫大なものであったことを明らかにした(『中世庶民信仰経済の研究』校倉書房、二〇〇四年)。そのなかでこれらの収入は寺家経済とは別の門前の公人などの収入であったとしている。中世後期にみられる同様の状況を扱うわけであるが、阿諏訪が対象とするのは、そこに参詣する不特定多数から発生する財であり、本章が扱うのは寺院側が荘園収入に代わる安定的な収入を謀ろうと企図したものという違いがある。
(69)　本書第Ⅰ部第四章。

第四章　如法経信仰と在地財

本章では、近江国蒲生郡に座する大嶋社奥津嶋社および同郡得珍保今堀郷を中心とした地域における、如法経信仰に伴う財と村落の関係を考える。十三世紀の奥嶋荘において、大嶋社奥津嶋社の宮座「大座」が財を運用し村落運営の中心として位置づいていたことは章を改めて検討するが[1]、本章ではその後十五世紀の当該地域の状況についてみていく。

十五世紀になると、大嶋神社奥津嶋神社文書では「大座」関係の史料が激減しその実態がわかりにくくなる一方、寄進状などをみると入れ替わるように如法経信仰が優勢となっていく。同様な状況は今堀郷にも確認でき、十四世紀後半から十五世紀後半にかけて当該地域の村落に如法経信仰が浸透していることがわかる。これは、大河内勇介が近江国における如法経信仰の展開を概観するなかで、天台系寺社で十三世紀後半以降に荘郷での展開が確認できるものの、荘郷内の村落で確認できるようになるのが十四世紀後半以降になるとする指摘に沿うものであり、この動きが近江国内の一般的傾向のなかにあったものといえる[2]。前章でもみたように、如法経信仰は天台系寺社の地方拠点を中心に全国的に展開し、近江山門領の村堂・鎮守社においては周辺天台系顕密寺院と密接な関係のなかで惣の年中行事として惣の管理下で如法経会が実施されたといわれている[3]。

そこで本章では、如法経信仰が村落に浸透している状況を寄進状から確認したのち、そこに集中していく財が村落においてどのような位置づけをもつものであったのかを検討して、如法経信仰により生じる財と村落の関係について考えていきたい。

一　奥嶋荘における開発と涌出若宮

近江国蒲生郡奥嶋荘は琵琶湖岸に位置する荘園で[4]、隣接する津田北荘とともに大嶋社奥津嶋社を鎮守としており[5]、そこに集積された大嶋神社奥津嶋神社文書には村内の宗教施設に宛てた寄進状が含まれる。これらの寄進状は文言・様式は定型的であるが、群としてみたときには村落に関する様々な情報を得ることができる[6]。大嶋神社奥津嶋神社文書全二二三点中寄進状は五八点あり、文書全体の数のピークは十四世紀後半であるが寄進状の数のピークは十五世紀前半である。これらの寄進状からみられるおもな寄進先は、大嶋社奥津嶋社、阿弥陀堂、念仏講中、地蔵講衆、毘沙門講衆、毘沙門堂[7]、地蔵講などであるが、最も多くの寄進を集めているのは、涌出に座する若宮である。寄進状五八点中の三二点が若宮宛であり、寄進の時期は十四世紀後半から十五世紀前半にかけてピークとなる。後述するように、若宮は貞和二（一三四六）年頃に創立された新しい宮で、創立以後、若宮への寄進が急増する。若宮への寄進物件は毎年三升〜五斗の加地子得分で、寄進の目的は死者追善・自身逆修が多い。そしてとくに応永四（一三九七）年以降、「若宮如法経田」への寄進が増加していくようになる。そして「涌出庵室」[8]、道場（「ワきての妙法行たうちや」[9]）などの施設がつくられ、夏衆[10]、聖[11]などにより、如法経会などの宗教活動を行っていたことがみてとれる。とくに聖は、聖田が設定され[12]、後述するように若宮如法経田などの実際の管理も行うようになる[13]。また若宮のほかに井上如法経道場も開山され[14]、奥嶋庄へ如法経信仰が浸透しつつあった様子がわかる。

貞和二（一三四六）年に涌出に創立された若宮は、貞和二年十一月付の「若宮神田」寄進状[15]が大嶋神社奥津嶋神社文書中の初出で、貞和三年二月十八日付の寄進状[16]では「涌出新社」に修理田が寄進されている。永仁六（一二九八）

年の津田中荘との紛相論[17]において書かれた両社神官村人起請文の神文には「殊当社大明神」とあり、この起請文が大嶋社奥津嶋社の神に誓われたことが知られるが、その後観応元（一三五〇）年に預所の新儀非法を訴えた条々の末尾には、申状に偽りのないことを述べそれを「殊別天波大嶋奥津嶋若宮大明神」に誓っている。つまり貞和二年以降に両庄村人等が奉ずる神は、大嶋社奥津嶋社の両社から、そこに若宮を加えた三社となったことがわかる。[18]

若宮については『近江蒲生郡志』巻六に「若宮神社は島村大字奥嶋の山口に鎮座す。八重言代主神を祭る。鎮座地より清泉涌出するを以て地名涌出といひ依て當社を一に涌出神社とも称す。創紀年代詳ならず…」とあり、大嶋社奥津嶋社から東北に七〇〇メートルほどの山裾に現在も鎮座する。現在でも湧出地点があり、字山口方面への用水となっている。この湧水の存在から、若宮は別名「涌出社」「涌出若宮」などと称される。また若宮祭神の八重言代主は、大嶋社の祭神である大国主の子という関係にあり、その意味でこの新しい宮は「若宮」と名づけられたものと思われる。[19]

なぜこの時期に若宮という新しい宮を建立する必要があったのだろうか。大嶋神社奥津嶋神社文書中の若宮神社への寄進状から若宮に対する寄進物件をみると、田、畠、紛、山などのほか、「岩崎新田」「山田新田」「中道北付西新田」などの新田や薗田（井田の表記のものも薗田と考える）、ほりまち、うちはき、などがある。ほりまちは、鈴木哲雄のいう低湿地の農民的小規模開発による「ほまち」と同義と考えられる。[20]また、うちはきについて畑井弘は、山麓での山焼きを行う際に火が山へ入るのを防ぐ防火帯のことを熊野地方で「ウチハギ」とよぶことから、うちはきも同様のものであろうとしている。[21]このように涌出若宮へは新たな開発地を中心とした物件が多く寄進されていったとみられる。

次に若宮への寄進された物件の権利内容について検討したい。

【史料一】

（端裏書）「うし丸分」

きしん申　田地事

合伍坪三百四十分者、

在かまう下之こおり奥嶋御庄内

ヲクノ五□これ有、

右件田地者、得宗房さう（相伝）田下地也、御御しやうほたい（後生菩提）のために、ワきて（涌出）の妙法行たうちや（道場）ゑ（う脱）きしん申候、①加地子米参斗まいらすへし、②未進けたい候ワすワ、本さくしう者、に丸ニあてたまワる可、③若未進申候ハヽ、付（村カ）人の中へ可めし取進者也、御（後）々代々ふというとも、たのさまたけあるへからさる者也、後日沙汰きしん状如件、

應永十六年五月廿六日

むこ丸

う《し》し丸

得宗ほけう（法橋）（略押）

この史料(22)は、得宗房が後生菩提のために「ワきての妙法行たうちや（涌出の如法経道場）」へ「加地子米三斗」を寄進した（傍線部①）際の寄進状である。未進懈怠がなければ「本さくしう（作職）」は、子孫の「に丸（むこ丸・しし丸）」に譲られる（傍線部②）が、もし未進があった場合は、「村人の中へ召し取りまいらす」（傍線部③）という契約となっている。つまりこの場合の若宮への寄進は、寄進物件の作職を寄進者が保有したままで、加地子得分の一部を寄進するというかたちであり、その加地子に未進がなければ作職はそのまま子孫へ譲られるが、万が一未進となった場合には作職は「村人の中」へ召し取るというものである。このような例は他にも多くあり、応永十四（一四〇七）年九月に西念が毎年加地子六升を涌出庵室へ寄進した際には「於作識（職）者未進懈怠無者、不可取放ル者也」(23)、また善音が

永享二（一四三〇）年に若宮権現如法経田へ一斗を寄進した際にも「未進懈怠時者、致《可》被《（放）》作職候」[24]とある。そして、作職が惣により進退されることは、大嶋社奥津嶋社宛寄進状にも「若未進ヲ申候ハヽ、さくしきお惣へ取あけらる可者也」[25]とあり、若宮に限らず行われていたが、若宮宛寄進物件にはその割合が高いといえる。

　このことは、若宮への寄進物件の作職補任の主体が、奥嶋惣（村人中）であったことを意味する。例えば応永十七（一四一〇）年正月二十二日付の沙弥西念寄進状[26]では、若宮如法経道場への寄進に際しては「さくしきお者あつかり申候、われともなりて候ハヽ、その時ハ惣之御はからいと可有候」とあり、寄進者にとって作職は「預」っているものという認識であった。これらのことから、若宮への寄進物件は、作職補任権を奥嶋惣がもっている割合が高いといえ、そのことは若宮への、寄進物件作職補任権を通じての奥嶋惣の関与があったということになる。

二　如法経道場の興行と仏物の運用

以上のような形で創設された若宮には、応永年間以降、如法経信仰が浸透し如法経道場がつくられる。若宮が如法経信仰の拠点となった理由は不明であるが、十五世紀以降、如法経信仰と結びついたことで村落における若宮の存在が新たな展開を遂げることになる。まず次の史料を掲げる。

【史料二】[27]

（端裏書）「若宮」

寄進　若宮如法経田地事

合

在蒲生下郡奥嶋御庄内字平田　半

但、下作職者、可為随忍禅尼之計也、片山田参拾歩、得分一斗五升、山田新田六十歩、

（後筆カ）「同十七坪井田卅六歩、倉垣内畠卅歩在之」

①又利銭出挙注文在別紙、

右件田地者、昌宗相伝之私領也、雖然若宮如法経田仁所令寄附也、②利銭出挙等令利倍、永代乃下地お買置、如法経無退転之様仁可被相計者也、若惣別有無沙汰之儀者、③為檀方余流計可有取興行者也、仍寄進状如件、

応永肆年丁丑六月　日　昌宗（略押）

これは応永四（一三九七）年に昌宗が若宮如法経田に対して寄進をした際の寄進状である。昌宗は自らを「壇方」と称し、加地子を若宮の如法経田に寄進し、「利銭出挙等令利倍」（傍線②）、つまり利銭出挙等で利倍して、「永代之下地」を買得して如法経が退転しないようにとしている。ここで注目したいのが「利銭出挙等令利倍」という表現で、この寄進状の寄進物件の書き上げの最後にも「又利銭出挙注文在別紙」（傍線①）とあり、如法経興行のために寄進された物件（この場合は加地子）が、寄進された時点から「利倍」することを前提としていたこと、その方法は「利銭出挙」であったことがよみとれる。傍線①の「利銭出挙注文」という別紙は現在大嶋神社奥津嶋神社文書中にはみあたらないが、おそらく利銭出挙の運用の次第などが列記されたものである可能性がある[28]。南北朝期の大嶋社奥津嶋社の宮座・大座でも出挙米の貸付が行われていたことがわかっている[29]が、この如法経興行のための「利銭出挙」は、具体的にはどのように行われていたのだろうか。これに関連して[30]売券を検討したい。

【史料三】

売渡進　私領田地事

合森田壹畔者、直銭壹貫文請取申了、

右件田地、元者兵衛大郎先祖相伝私領也、雖然依有直要用、①祥慶御坊ニ限永代所売渡進在地明白也、譲状一通相副申上者、於向後不可有他妨者也、尚以若彼下地ニ違乱煩出来之時者、②借主として以一陪(倍)沙汰可弁進者也、たとい天下一同の御徳政たりといふとも、於此下地者更々不可有煩候、仍為後日明鏡新放券之状如件、

応永九年壬午十一月廿八日

兵衛大郎（略押）

正妙房（略押）

これは応永九（一四〇二）年、兵衛大郎が先祖相伝の私領を、直銭一貫文で祥慶御坊（傍線①）に売却した際の売券である。この田地に付随する譲状一通を副え、今後の妨げがないようにとするもので、一見あたりまえの売券とみえる。しかしながらそのあとの傍線部②の「借主として以一陪(倍)沙汰可弁進者也」に注目したい。譲状を副え今後下地に違乱が起きないようにとしながら、もし違乱があった場合「借主」として倍額を弁済するとある。つまり売券を差しだしながらも兵衛大郎は「借主」であるというわけである。大座から出挙米を借用し返済できずに質物を大座に売買した南北朝期の事例では、借用した出挙米が未返済となった結果、決済は売券で行われた。この際の売券も「質物方ニ」という文言がなければ、普通の売券と変わるところがないものであった[31]。ここから、おそらく【史料三】の兵衛大郎は、買主である祥慶御坊に借米（銭）があり、それが返済できなかったため質物に設定されていた「森田壹畔」を祥慶に売却というかたちで決済が行われたと考えられる。

ここで祥慶御坊という人物についてみてみたい。表1は祥慶が買主となった売券の一覧で、祥慶が買得した際の五点の売券が残されているが、そのうち明らかに借米（銭）未返済による質物売買と思われるものが、先の【史料三】を含め三点ある（表1②③⑤）。「借主として」と明記されたものは先の【史料三】のみであるが、ほかの二点も、万が一下地に違乱があった場合に「本銭以一倍可請返者也」という文言が付帯する。この弁償文言は一般に売却地に違

物件由来	売主（差出）	買主	直銭	売買理由	弁償文言	文書番号
彦三郎相伝之私領	彦三郎（略押）	聖慶御房	1貫文	依有直要用		83
勢範相伝領知	勢範（略押）	聖恵	2貫文	直要用あるによんで	本直物ニ加利分可請返者也	92
衛門三郎先祖相伝之私領	衛門三郎（花押）	聖慶房	1貫550文	依有直要用	本銭以一倍可請返者也	95
行阿先祖相伝私領	行阿（花押）	昌慶御房	1貫文	依有直要用		96
兵衛大郎先祖相伝私領	兵衛大郎(略押)／正妙房（略押）	祥慶御坊	1貫文	依有直要用	借主として以一陪沙汰可弁進者也	98

物件由来	寄進者（差出）	寄進先		寄進理由	付帯条項	文書番号
	比丘尼性慶(略押)	若宮御供料		比丘尼性慶幷母儀従二為後生菩提	庄内公事等性慶一期可給免契約候	85
昌慶比丘尼先祖相伝之私領	比丘尼昌慶(略押)／尼拾貳(略押)	奥嶋庄内井上如法道場開山岩本坊宗覚		父母自身為現世安穏・後生善処・出離生死・頓證菩提	然上者於向後不可有他妨者也、万一於昌慶一族縁者、違乱輩者可為不孝也	97

＊文書番号は『大嶋神社奥津嶋神社文書』による

乱があった場合に売り主が本銭かそれ以上を買主に支払うことを約したものであるが[32]、「借主として」という文言を添えれば【史料三】と同様の質物売買であると考えられる。そうであれば、祥慶御坊が普通に買得したとみえるこれらの売券も、【史料三】の兵衛大郎のごとく祥慶から借米（銭）をした際の質物が、未返済により売却された際のものと考えられる。つまり祥慶御坊はこの時期、集中的に貸付活動を行っているとみることができる。

一方で祥慶御坊は二通の寄進状も差し出している（表2）。一つは応永元（一三四九）年、若宮への供料として得分七斗のうち二斗を「比丘尼性《(祥)》慶幷母儀従二為後生菩提」に寄進している。今一つは、祥慶御坊（比丘尼昌《(祥)》慶）が、母の従弐《(二)》とともに「奥嶋庄内井上如法道場開山岩本坊宗覚」に対し、屋敷、田畠を寄進した際の寄進状である。奥嶋荘内では前節でみたように涌出の若宮に如法経道場が付属

表1　売券

	年号	西暦	月	日	売買内容	物件地字
①	明徳4年3月5日	1393	3	5	合小	蒲生下郡奥嶋御庄内字山神大内
②	応永6年6月日	1399	6		合小	蒲生下郡北津田内字かし原
③	応永8年2月21日	1401	2	21	合40歩　庄弁1斗1升4合、定残得分2斗2升6合、寺升定	蒲生下郡奥嶋御庄内36坪内自北縄二目東道付
④	応永8年4月3日	1401	4	3	合50歩　但公方ハ宮エ毎年筵一枚出候也	蒲生下郡奥嶋御庄内　字コケケノマエ
⑤	応永9年11月28日	1402	11	28	合森田1畔	

表2　寄進状

	年号	西暦	月	日	寄進内容	物件地字
①	応永元年8月1日	1394	8	1	奉寄進　田地新放券文事／合大者（得分7斗内2斗）	蒲生下郡奥嶋御庄内字鞍崎山口
②	応永9年2月9日	1402	2	9	奉寄進　如法道場田畠家屋敷等之事／合屋敷田畠	蒲生下郡本郷内河裳屋敷、6条26里10坪4段半、屋敷大、同郡内本郷6条25里16坪2段小、同郡内佐々木庄字フサウ林芝原名内1段、同郡内本郷末吉名内フセ田字アヤトノマヘ1段40歩

していたが、井上道場は若宮とはまた別の如法経道場であるとみられる。寄進先には「開山岩本坊宗覚」とあり、井上道場はおそらくこの寄進に伴って、岩本坊宗覚という人物により開山されたのだろう。祥慶御坊等が寄進した物件は、その所在地が「本郷」「佐々木荘」など奥嶋荘と同じ蒲生下郡内ではあるが奥嶋荘以外の土地であり、しかも合計の反数が九反二二〇歩と実に一町歩あまりという広大なものとなっている。

以上のことから、祥慶御坊という人物は奥嶋荘外に本拠地をもち、有徳な女性の出家者であることが推測される。そして如法経[33]に対する信仰が非常に篤いことが次の史料からもみることができる。

【史料四】

（端裏書）「井上聖事」

定置　如法経道場聖職之事

右彼聖識(職)事者、至末世末代、為自然不法懈怠之時者、不嫌何時、為両庄之村人無退転(不脱カ)可違乱申候、自然就聖田妨出候は、彼聖職共堅両庄之村人如何様仁も可被相計者也、仍為向後亀鏡置文如件、

応永十□(二カ)年卯月廿五日

檀那比丘尼聖慶(祥)（略押）

尼従貳(二)（筆軸印）

これは如法経道場の聖職に関しての、祥慶御坊（比丘尼聖慶）と母の尼従貳(二)による置文である。端裏書に「井上聖事」とあることから、この置文は井上如法経道場に関することと判明する。これによれば、井上如法経道場の聖職については、今後永久にどんなことがあっても、両庄村人として、退転・違乱しないようにし、また聖田についても妨げがあった場合は、聖職と共に堅く村人として存続を保証してほしいとし、自らを「檀那」と位置づける。つまり祥慶は自身のもつ富をもとに、井上如法経道場を興行し、檀那としてその永続的な存続を村に託したといえる。

以上のことから、祥慶という人物は、如法経への信仰が篤い有徳な女性の出家者であると同時に、その資本を基礎に頻繁に貸付活動を行っており、いわば祥慶は自らの財を寄進することでそれを「仏物」とし、その「仏物」を運用して融通活動を営んでいたと考えることができる。

ここで想起されるのが、【史料二】の昌宗の若宮如法経田への寄進状である。昌宗も自らを「檀方」として加地子を如法経田に寄進し、「利銭出挙」で利倍することで如法経を興行するとしていた。つまり昌宗は若宮、祥慶は井上道場と異なるが、どちらも如法経田、如法経道場へ寄進を行い、それを運用することで如法経の興行を企図していた。このことは一方では、如法経をめぐる「仏物」を資金とした貸付といえる。このののち如法経関係施設へ集中していく寄進も、この点と深く関わると考えられる。

三　村落における二つの帳簿

（1）奥嶋の場合

前節では十五世紀以降、奥嶋地域に如法経信仰が展開し、若宮などへ寄進を集中させていく状況を検討してきたが、その若宮について「奥嶋若宮神田土帳」（以下「土帳」と略記）と題された帳簿がある。この帳簿は若宮への寄進がピークを迎えた直後、文明元（一四六九）年に作成された。「土帳」に関して全面的に検討を行っている佐野雅一によれば、若宮・如法経道場は「中世後期の奥嶋・北津田住民の生活基本単位」であり、そこへ集積された田畠・加地子得分田畠を整理したものがこの「土帳」であるとする[34]。そしてこの「土帳」が大別して「奥嶋若宮神田帳」（以下「神田帳」と略記する）、「若宮之如法経田事」（以下「如法経田帳」と略記する）の二つの部分から構成されていることを指摘し、それぞれの記載様式、記載内容の比較検討から、寄進された加地子得分田から構成された如法経田が、私的な下作職を獲得し寄進者の規制から離れたのち、最終的に安定した経営を行っている免田である若宮神田へと再編成されていく状況を示すものであるとする。

この「土帳」が二つの異なる性格の帳簿の複合体であるという佐野の指摘を前提としながらも、同じく若宮への信仰を背景として集積された物件が、なぜ二つの帳簿に書き分けられたのかという点については一考を要する。そこで改めてこの「土帳」を分析し考えを進めたい。

まず、史料[35]を掲げる（史料中の記号は筆者による）。

【史料五】

①（表紙）

「　奥嶋若宮神田土帳

祢き大郎兵へ
奥嶋惣庄
時聖圓京（花押影）」

②（表紙裏丁　モトノ表紙）

「奥嶋若宮神田帳

奥嶋惣庄
時聖（花押）」

奥嶋若宮神田帳　奥嶋惣庄
合文明元年己丑十一月十五日

タヒニ　一反　a常光坊
西タヒニ　一反　示覚坊
中嶋ニ　一反　得分八斗　小何（河カ）右近
性作ニ　一反　b蔵崎道円
※岩崎ニ　一反　c若宮祢き

一反得分八斗　d南ノ衛門
一反　常光坊
半　（南カ）□衛門
半　eハ、ノ惣内
半　f円山ノ一乗坊
半　gトクノ右近
一反六十歩　h善教
大　清雷庵
大　iハ、ノ妙道
半　j中庄ノ本光
半　kトクノ兵衛大郎
半　l畑ノ大夫
半　m東林房
一反　n畑ノ牛馬

若宮之如法経田事

合　文明元年己丑十一月十五日　奥嶋物

南ニ　畠四十歩　得分一斗二升 ヲカケ五十文　作人南ノ道了　一護（期カ）

チケノシリ　廿歩　得分六升 ヲカケ廿文　i作人 涌出物三月田

又南ニ　畠卅歩　得分七升　ii作人 同物四月田

宮ヤスニ　卅六歩　得分一升　iii作人 同物正月田

卅四坪ニ　四十歩　得分五升七合　iv作人 同物正月田

卅一坪ニ　半　得分二斗五升　作人 同物祢き

タヒニ新田　六十歩　得分七升　作人 同物祢き

Ⓐヲクノ五坪ニ　一反　得分三斗　作人 西慶　キ田ノ「□（東カ）ノ形部」

④延命寺前ニ　七十歩　得分八升　作人 同物祢き

⑤十七坪ニ　卅六歩　得分五升　作人 同物　「トキヤ 孫二郎」

---

⑥トキヤノ下ニ　卅六歩　得分五升 ヲカケ二升　作人 同物　「トキヤ 孫二郎」

トリイニ　井田卅五歩得分一斗五升　作人トクノ 兵衛大郎

田ハタノ前ニ　畠十歩　得分三升　作人南ノ 左衛門三郎

Ⓑクラノカキ内ニ　畠卅歩　得分一斗二升　v作人 涌出物三月田

田中ニ、神田　廿歩　得分五升　作人南ノ 左衛門大郎

同所ニ　廿歩　得分五升　作人森 小衛門五郎

十九坪ニ　九十歩　得分五升　作人蔵崎 道内

長口ニまつハリ　一所　得分三升　作人 福蔵法橋

南下ニ　畠六十歩　得分一斗八升 大豆一升「内ヨリ」　作人 弥二郎

ハ、ニ　畠一所　得分一斗五升　作人 智鏡坊奇（寄）進「妙道□□」

トクノ、下ニ　卅歩　得分六升　作人トクノ 孫二郎

同所ニ　半十歩　得分一斗「さかミ殿寄進」　作人 兵衛三郎

若宮ノ神主分　代百文　作人 白部ヨリ

フナイタニ
九十歩　得分一斗「イマナシ」　作人ハ、ノ兵衛大郎

キ田ノ南十八本ニ
六十歩　〃一斗「イマハナシ」　作人涌出惣

下神ニ
半　得分一斗五升「イマハナシ」　作人トクノ兵衛大郎

同所ニ
半　得分一斗五升「イマハナシ」　作人畑大夫

トキヤ前ニ
畠一所　得分一斗四升　作人涌出左近

宮ハマノ加地子
六百文　作人ヲキ嶋物ヨリ

「大西ニイチノシリ
畠卅歩　得分六升ヲカケ廿文　作人惣

于時文明元年己丑十一月十五日　奥嶋惣

凡—米貳石三斗七合か
其ホか銭七百文アリ、

この「土帳」は、文明元（一四六九）年に作成された表紙を含め全五丁からなる帳簿である。[36] 現在表紙が二つあるが、字体などから②が最初の表紙であったと思われる。[37]

表紙②には「奥嶋若宮神田帳　奥嶋惣庄　時聖（花押）」とあり、この帳簿が奥嶋惣荘の管理の下にある若宮の神田に関する帳簿であり、執筆したのは「時聖」であることが知られる。この点については表紙①の記載から「時聖」は圓京であるとしてよいだろう。「時聖」について、同じ蒲生郡の今堀郷の如法経聖は今堀に常住しているのではなく、近隣の天台系寺院である石塔寺等に属し、毎年十月の年度替えに交代して一年間今堀の如法経道場・庵室を拠点として村落での宗教活動を行っていることが指摘されている。[38] この例から考えた場合、文明元年十一月時点での新しい聖が圓京で、その圓京が新任にあたりこの「土帳」を作成したと考えられる。この点は坂本が指摘する近江一円にみられる社頭聖の役割として考えることができよう。[39]

「土帳」は、佐野の指摘のとおり「奥嶋若宮神田帳」（一丁から二丁表まで）と「若宮如法経田事」（二丁裏から四丁表まで）の二つの部分から構成されている。帳簿全体をとおして基本的に一人の筆と思われるが、後筆と考えられる

注記的な書き込みがあり、この帳簿が作成後も何らかの機能をもっていたことをうかがわせる。以下「神田帳」「如法経田帳」のそれぞれについて検討していきたい。

〈神田帳〉

「神田帳」の冒頭部分には「奥嶋若宮神田帳　奥嶋惣庄」とあり、次に「文明元年己丑十一月十五日」とあって、この記載を行った日付が記される。その次から具体的な内容に入るが、その記載様式は、

　一反《タヒニ》　常光坊

の如く「小字　反数　居住地　人名」が記載される。居住地の記載のないもの、得分記載のあるものなどの違いはあるが、ほぼこの様式によって全部で一九筆の記載がなされている。反数については半（一八〇歩）から一反の間でほぼ均一で、合計一町四反一八〇歩分が記載されている。

　人名や地名について検討すると、aの常光坊は嘉吉三（一四四三）年「奥嶋御庄名々帳」[40]に「常光坊名　七反」「常光坊名　六反三十歩」とあり、名主職所有者であると思われる。bの蔵崎道円の蔵崎は奥嶋荘内の地名である。cの若宮祢宜については涌出若宮の祢宜のことと考えられ、「土帳」の表紙①に「祢き大郎兵へ」とあることから、若宮にも祢宜がいたことが判明する。祢宜とは坂田聡によれば村人の最有力古老百姓であり、一方で神事に携わる在地の宗教的権威であるという[41]。dの南ノ衛門の「南」は奥嶋の地名で、南ノ衛門という名の人物は明応二（一四九三）年の勧進に八〇文奉加していることが判明する[42]。f円山は奥嶋荘内で独自に円山惣として共同体を形成する。g、kのトクノは奥嶋荘内の地名で、kトクノ兵衛大郎は後述する「如法経田帳」にも名が出る。またgトクノ右近は若干世代が上の可能性もあるが村人として寄進を行っている[43]。h善教は康正三（一四五七）年の大嶋社御輿錦勧進に「善教法橋」として五〇文出銭している人物と同一であろう[44]。iのハ、は奥嶋荘内地名、ハ、妙道は「如法経田帳」にもその

名がみられ、またgトクノ右近と同様に村人として名がみえる。j中庄は津田中荘、l・nの畑は「如法経田帳」にも名がみえる北津田内の地名、東林坊は阿弥陀寺の坊で文安の勧進に一〇〇文[45]、康正の勧進に五〇文の奉加をしている[46]。

以上煩雑になったが「神田帳」に記載された人名は、名主職所有者、祢宜、阿弥陀寺坊舎のほか、勧進に一定の金額を奉加するなど比較的有力な層とみられる。また各筆はすべて水田で、反数が比較的大きく、端数がほとんどない。以上のことから、この「神田帳」は荘園制の免田としての若宮の神田を書き上げ、それを請作者に割りあてた状態が記されているものと考えられる。寄進状などには「わきて若宮神田」[47]「岩崎神田（涌出新社修理田）」[48]「岩蔵若宮殿神田」[49]といった記載がみられ、若宮神田の存在が知られる。これらのうち「岩崎神田」は「神田帳」の「岩崎ニ　一反」（※部）と地名が一致するものの、他の地名記載は一致せず、なお若宮神田についての全体像は不明な部分が残る。

〈如法経田帳〉

如法経田帳の冒頭には「若宮之如法経田事」とあり、「合文明元年己丑十一月十五日」の下に「奥嶋惣」とある。

帳簿の記載様式は、

井田《トリイニ》　卅五歩　得分一斗五升　兵衛大郎《作人トクノ》

の如く、「小字　地目　反数　得分　居住地　作人名」というのが標準的な様式で、全二九筆分の記載がありそのうち二七筆がこの項目を記載している。

小字名をみると、南、東、トクノ、蔵崎、ハヽ、は奥嶋内の地名、森、畑は津田北の地名、涌出は若宮所在地、宮ハマは半島北側で沖の島の対岸にあたる地である。地目は全二九筆のうち水田一八筆、畠七筆、薗田一筆、銭二件、不明一所となり、反数は一〇歩から一反で、均一な数字ではない。合計すると五反一〇三歩と畠二所、不明一所となる。また「神田帳」にはなかった得分表示をみると、得分は一升から三斗で、「如法経田帳」で合計は二石二斗二升七合、ヲカケ七〇文・二升、大豆一升、銭七〇〇文となる。[50]

この得分の記載は、如法経田が加地子得分から構成されていることを表している。[51]若宮如法経道場に対する寄進状には「加地子米三斗まいらすべし」（【史料二】）などとあり、またみてきたとおり若宮宛寄進状では寄進者が作職を留保して加地子得分の一部を若宮に寄進するというかたちであり、このことから「作人」として記載されている人名は、作職を留保しつつ得分を寄進している寄進者と考えられる。

この作人では涌出惣に注目したい。涌出惣は第一節でみたように十四世紀中頃に開発がはじまったと思われる涌出地域が「惣」というかたちとなったものとみられ、作職を留保しつつ若宮如法経田に加地子分を寄進している。これらの寄進部分は正月田・三月田・四月田（ⅰ～ⅴ）といった神事に関わるものとして位置づけられており、つまりこれらは涌出惣の共有田で若宮の神事に関わる神田的な存在として機能していた。[52]

また涌出惣の肩書をもつ祢宜・トキヤ孫二郎・左近などは涌出の住人であり、祢宜は「神田帳」にある若宮祢宜と同一と考えられる。またトクノ兵衛大郎・畑大夫は同じく神田の請作者でもある。

白部が「若宮ノ神主分代百文」をここで寄進する理由は不明であるが、奥嶋荘内で白部惣として自立した共同体を形成している。[53]ヲキノ嶋惣からの「宮ハマノ加地子六百文」については、応永三十四年に宮浦内の加地子六〇〇文を懈怠なく沙汰するという契約状があり、この契約がそのまま継承されていることがわかる。[54]

以上のように「如法経田帳」は、各筆の反数が小さく、端数がある数字であり、地目は水田のほか畠、薗田、銭など多様である。そして作人は涌出惣・涌出某が半数近くを占めている。

さて、「如法経田帳」の記載と寄進状の内容を付きあわせてみると、【史料五】④⑤⑥は同じ小字名の寄進状があるもので、Ⓐ・Ⓑはそれぞれ小字・反数・得分が寄進状と一致しているものである。例えばⒶに対応するのは先にあげた【史料一】である。寄進状の時期から六〇年を経ているので、「如法経田帳」の作人「キ田ノ西慶」と、寄進状の寄進者「得宗ほけう」は異なるが、「得宗ほけう」の寄進状によって寄進された加地子得分は、「如法経田帳」に載せられ、その後も管理されていることが知られる。同様にⒷは【史料二】の波線部と合致し、応永四年に昌宗が「如法経田無退転之様」と寄進した物件であろう。(55)

以上のことから、この「如法経田帳」は若宮如法経田に寄進された加地子得分の納入状況を記録したものとして間違いない。寄進者は涌出関係が多く、とくに「涌出惣」が形成されていることが確認でき、おそらく若宮神事に関わる費用に関して、涌出物が共有、共作したものと思われる。つまり十五世紀後半のこの時期、涌出には惣が形成され、若宮如法経田についての多くは涌出惣が運営するような形となっていた。

そしてこの「土帳」全体についてみると、「神田帳」は荘園制のなかで設定された神田の面積とその請作者を列挙し、「如法経田帳」は如法経田に寄進された文明元年時点での加地子得分の書き上げと考えられる。そして「神田帳」は「半」「一反」といった端数のない面積記載や、二カ所に書きこまれた「得分八斗」の記載の存在から、得分記載がされていない「神田帳」の大部分は、この時期すでに機能していない状態とみることができよう。一方の「如法経田帳」は、端数を含んだ多様な額の記載から、この時点で機能している得分の書き上げであり（「イマハナシ」の記載は逆に最近まで得分があったことを意味する）、機能不全となっている神田部分にかわって、神事に関わるような「正月田」「四月田」などは、涌出物が作人となる如法経田で賄われたとみることができる。このように改めて「土帳」を分析すると、加地子得分田から構成された如法経田が私的な下作職を獲得し、最終的に安定した免田である若宮神田へと再編成されていく状況を示すとする佐野の主張には疑義を呈せざるを得ない。

寄進状でみると、先にも述べたように若宮創立初期には「岩崎神田」(56)「岩蔵神田」(57)「神領」(58)などとあるが、その後「岩崎若宮殿神田内在之」(59)「岩崎若宮神田内南ノ縄元一段内」(60)という表現があらわれ、若宮の神田のなかに私領ができ、それが再度若宮に寄進されるという事態となっている。このことは、神田部分がいわば私領化し免田としての機能を失っている状況を示し、それに替わるものとして如法経田が位置づけられているということなのではないか[61]。

つまり、若宮の運営基盤には、元来の大嶋社から分祀された若宮に対する免田としての神田と、その若宮に後から付加された如法経信仰に対して寄進された加地子得分があり、この時期実態としては如法経田が神田の機能を担っている状況があるが、この「土帳」は、その本来的な違いを書き分けていたということになる。神田と如法経田はいわば一対の運営基盤であり、それが二冊の帳簿として奥嶋惣により記録されているということになる。

（2）得珍保の場合

このように荘園制的な枠組みとしての免田と如法経田が二つの帳簿に書き分けられている例は、同じく蒲生郡内の得珍保今堀郷[62]、日吉社領安吉荘[63]でも確認できる。本節では奥嶋との比較の意味で得珍保における二つの帳簿の事例をみたい。

周知のように、得珍保は近江坂本の日吉十禅師社の社領として延暦寺東塔東谷仏丁尾衆徒等が管領する一円領荘園で、その一郷である今堀郷は十三世紀半ばに勧請された十禅師社[64]の宮座として結衆した今堀惣が村落運営の中核であった。十禅師社には山門から当初五筆四段の神田（免田）が設定され、そこにさらに寄進された物件を加えた神田が今堀惣へ集積され、惣の経済的な基盤となっていた。そしてまた今堀郷にも如法経信仰が浸透し、十禅師社の庵室に付属する如法経道場が如法経信仰の中心であった[65]。寄進状を整理すると宗教施設への寄進のピークが十五世紀にあり、最も多く寄進を集めたのは十禅師社と薬師堂、そしてやはり如法経関連であったことがわかる[66]。

今堀郷には神田納帳とよばれる多数の帳簿が残されており、仲村研の分析により十禅師社の神田についての変遷を知ることができる[67]。それによると建武二（一三三五）年十一月十日付の今堀神田注文[68]と同年十月日の今堀神畠算用帳[69]により、三段の借屋免、一段の御神楽免の計四段を十禅師社の免田とすることを山門が決定し、この時期に十禅師社の遷宮があったとする。さらに同年には神畠も設定され、十禅師社の免田畠は併せて七反三百歩となった。この免田畠は、応安三（一三七〇）年には一四筆、二町一四二歩と屋敷二宇（後欠なので実際はそれ以上）と加増され、さらに永徳元（一三八一）年の帳簿には、応安の帳簿とは重複しない一町一反六〇歩と得分七斗二升五合が書き上げられ、あわせて三町二段、屋敷二宇、得分七斗余りが永徳段階の十禅師社の免田を含む神田となった。その三年後の至徳元（一三八四）年の今堀郷神畠坪付（以下、至徳神畠坪付とする）には六六筆四町八段三二〇歩、七せまち等の地積、所在小字名、請作人名が記載されており、仲村はこの至徳神畠坪付はそれ以前の帳簿を集大成したものであり、今堀惣の完成と宮座の整備が整ったこの段階で作成された今堀神田畠の基礎台帳として位置づけられるものであると述べる。至徳神畠坪付には、神楽田、庵屋田、野神田、「八月彼岸ニ若女ヲ可訪」などの記載がみえ、さらに嘉慶二（一三八八）年の帳簿には「一反小正月四日御結柴原道阿ミ」などのように、至徳神畠坪付のなかから八筆の田畠を抜き出して特定の宗教行事運営に宛てることを「今堀村人等」が定めたことが知られ、この時期、今堀郷内の多くの宗教施設や年中行事が神田によって運営されていることがわかる。

このような変遷を経た応永二十三（一四一六）年に、十一月四日付で今堀惣神田納帳、十一月九日付で庵室田如法経道場寄進目録帳と相次いで二冊の帳簿が作成される。この二冊の帳簿のうち、今堀惣神田納帳（以下、応永神田納帳とする）は、基礎台帳としての至徳の帳簿を底本としてその情報を引き続き記載した上で、応永二十三年段階での新たな請作人や年貢額を加え、基本の神田畠四町八反三二〇歩を記載し作成されている。では、その四日後の日付で作成された庵室田如法経道場寄進目録（以下、応永如法経道場寄進目録とする）とはどのようなものであろうか。

応永如法経道場寄進目録は全一七件の物件が記載されている一丁半の小さな帳簿である。記されているのは地積・地字・得分・寄進者・作人であり、物件によっては注記もある。この記載内容は同時期に作成された応永神田納帳とは重複しないことから、基本台帳である至徳神畠坪付とは別の内容をもつことがわかる。そして帳簿の後半に記載された九件のうち三件についてはそれぞれ対応する応永二十六年、永享三年年紀の寄進状が残されており、目録成立の後も新たな寄進物件が書き継がれていることがわかる(79)。このことから、応永二十三年十一月時点でこの応永如法経道場寄進目録に登記されていたのは、八物件・合計米二石三斗五升・大豆一斗ということになる。

そして登記された物件のなかには、目録成立の三六年前に比丘尼善阿弥が左近四郎・介太郎両人の後生善処・頓証菩提を願い今堀郷如法経道場に寄進した際の康暦二（一三八〇）年の寄進状と対応する記載があり、ここから応永如法経道場寄進目録は、それ以前に寄進されていた物件を集成して作成されたことが判明する(80)。しかもこの康暦に寄進された物件は、寄進された時期が至徳神畠坪付の成立よりも七年前であるにもかかわらず、至徳神畠坪付には記載されていない。つまり仲村も述べているように、至徳以前から、今堀惣が基本台帳として整備した帳簿には登記されない田畠の存在があり、それが応永二十三年に応永神田納帳が整備された四日後に「庵室田如法経道場寄進目録」として、基本帳簿とは別に集成されたということが明らかとなる。

このように、奥嶋の若宮の場合と同様に、今堀でも十禅師社において如法経信仰が展開し、十禅師を支える本来的な免田としての神田と、それとは別に如法経田の存在があり、それが「庵室田如法経道場寄進目録」として神田帳とともに惣により集成されたことが確認できる(81)。

四　如法経をめぐる村落と領主

前節でみたように当該期の奥嶋や得珍保では、なぜ基本台帳とは別に如法経田だけを管理する必要があったのだろうか。次にこの点について、今堀を事例にさらに考えを進めたい。

嘉吉二（一四四二）年九月から十月にかけて、山門は得珍保各郷を対象にして検注を実施し(82)、その結果今堀には領主である山門により、嘉吉二年九月十七日付得珍保野方今堀算田目録[83]と同十八日付の得珍保野方算田取帳[84]の二冊の検注帳が作成され、この検注で今堀郷の耕地一筆ごとの地積と請作人、今堀郷の菜畠・屋敷を除く耕地が一四町二反一八五歩であることが確定された。この検注帳中には「神田」「神」などという注記をもつものも含まれていた。

そしてこの検注が行われたひと月後の十月十九日には、今堀惣の手により、得珍保野方下保今堀郷十禅師田坪付[85]という帳簿が作成された。これは、今堀惣が、正月四日・五月五日などの節供、ケチ（結鎮）など仏神への御供や堂社の修理、燈明などの費用に、どの田地のどの得分を宛てるかを書き上げたもので、ここにあげられた二七筆（一町八反二四歩）は、山門の検注帳にもすべて登記されている。つまり、この二七筆はいわば山門により公認された神田（免田）ということになる。この二七筆（一町八反二四歩）は、今堀惣が作成した至徳や応永の基本の神田畠四町八反三二〇歩に比較すると約四分の一にすぎず、一見神田が検注によって減少したかのようにみえるが、一町八反二四歩は嘉吉の検注によって改めて免田として認められた部分であって、至徳・応永の基本台帳のように免田に寄進によって随時集まってくる得分を加えたものとは異なる。この公認された免田のうち如法経田は四筆・一段六五歩であった。

今堀郷への検注から二カ月たった嘉吉二（一四四二）年十一月二十一日に、山門から得珍保図師に宛てて次のような下知状[86]が出される。

【史料六】

先度仏田佗事致披露之処、於如法経内者、蛇溝・今堀・柴原郷・中村郷各一段宛都合四反内、図師帳内二段、中村帳内二反可除之旨、依衆儀、執達如件、

嘉吉二年十一月廿一日　　　学頭代（花押）

得珍保図師一揆中

これは、得珍保の蛇溝・今堀・柴原・中村（尻無）四カ郷は前々より仏田についての何らかの嘆願をしていたが、それに対し山門は、如法経であれば各郷一段ずつの都合四段を免田と認め、図師帳から二段、中村帳から二段を除くことを衆議し、得珍保図師へ執達したものとみられる。

仲村が指摘するように「中村帳」を公文の帳簿と考えれば[87]、図師帳・公文帳から二段ずつ計四段を如法経免田として除くことが、学頭代から図師一揆中（得珍保の在地の沙汰人である図師と公文のこと）に公的に執達されていることは、山門の現地管理者としての図師・公文が管轄する二冊の土地台帳から、二段ずつ四段を免田とすることが決まったものと考えられる。

先にみたように、この時点では検注によって山門に把握された田地全体のなかには免田（一町八反二四歩）がすでに登記されているわけであるから、【史料六】で問題になっているのはそれ以外の部分、つまり十禅師神田ではあるが免田にはなっていないものについての佗言としなければならない。四カ郷の佗言の具体的な内容は不明であるが、仲村は嘉吉の検注に時期をあわせたかたちで新開地を免田として山門に認めさせる動きが郷内にあったと指摘し[88]、これが如法経田である可能性がある。さらに文安四（一四四七）年七月には次のような下知状[89]が出される。

【史料七】

今堀郷神田幷如法経田事

合参段半者

右嘉吉二年算田新開内被免除之上者、於向後不可有其煩之旨、依衆議、執達如件、

文安四年丁卯七月廿七日

学頭代（花押）

月行事（花押）

嘉吉の検注から五年を経た文安四（一四四七）年、山門は嘉吉二年検注で「新開」としたもののなかから、「今堀郷神田幷如法経田」として三段半を免除するということを衆議している。

　これについて仲村は、嘉吉検注後に今堀惣は新開地を神田（免田）として山門に認可させるように動いていくとするが、加えて、山門がこの動向に応じるなかで神田に加え如法経田を特筆していることにも注意したい。波線部の「神田幷如法経田」という表現からも、今堀郷の神田と如法経田を区別して取り扱っていることがわかる。これは応永二十三年の「神田帳」と「如法経道場寄進目録」と分けられた帳簿のあり方にも対応する。つまり如法経田は山門、今堀双方にとって特筆すべき位置づけと捉えられたといえる。

　ではなぜ如法経田は特筆すべきものと捉えられたのか。次の、得珍保名主御百姓等が寛正四（一四六三）年十二月十二日に作成した目安[90]が興味深い。

【史料八】

目安　得珎保名主御百性（姓）等謹言上

右子細者、当御領今堀郷如法経田候ヲ、公方ヲ作人年々無沙汰仕候、然間、作人御年貢ヲ無沙汰仕候へハ、下地ヲ被上召候事、不限当御領内ニ候処ニ今度自図師殿様、地主今堀之郷村人ニカ、リ、切米八百余石ヲ返弁可致由堅蒙仰候、万一不致其沙汰者、当村質物ヲ可被召押由被仰候、言語道断之不便之至極候、山上之御成敗非御扶持者、御百姓等難有候、此旨可然様ニ預御成敗者、忝可畏入候、仍目安之状如件、

寛正四年十二月十二日

これは、今堀郷如法経田に課されている山門への公方年貢を作人が未進した事に関して、得珍保に限らず作人に年貢の無沙汰があった場合作人を取り換えるのが普通であるのに、このたびは図師が、如法経田の地主である今堀郷村人に対して、未進年貢八〇〇余石の返弁を命じてきた上に、万一その八〇〇余石を沙汰しなければ今堀郷から質物を

押し取るとまでいっている。この言語道断の図師の行動に対して、得珍保名主百姓等が山門へ善処を依頼するという申状である。

ここからは、今堀如法経田には公方年貢があったこと、その如法経田は今堀村人が地主とされていること、八〇〇余石という多額未進があり図師がその支払いを地主である今堀村人に命じたことなどがわかる。

ここで問題になっている如法経田は嘉吉検注の際に確定された四筆一段六五歩の如法経田と考えると、仮に嘉吉二年以来約二〇年間の未進があったとしても一段六五歩からの公方年貢が一年四〇石ということとなり、整合的でない。むしろ八〇〇石が如法経田の公方年貢未進分そのものなのではなく、多くの寄進が如法経田に集中し免田以外の得分が増大し、それが在地に留保される状況となっていたことに対する山門側の規制とみることはできないだろうか。

以上、近江国蒲生郡の奥嶋荘および今堀郷において如法経信仰の展開と如法経田帳の存在を確認してきた。奥嶋では、涌出若宮へ寄進の集中とその後の如法経信仰への寄進が十四世紀の末期からはじまり十五世紀半ばまで増え続けていく。一方、今堀郷における如法経信仰の初見は奥嶋より若干早く康暦二（一三八〇）年であり、その後十五世紀半ばが寄進状数のピークとなる。このようななか、それぞれの村落では免田の帳簿とは別に、如法経田帳という帳簿のとりまとめがなされる。この如法経田帳の存在は、如法経といういわば新しい信仰に対する寄進を、他の宗教施設への寄進とは区別したかたちで村落が管理したことを意味する。それはどのような理由によるのであろうか。

奥嶋の場合には、如法経田へ寄進した加地子を「利銭出挙」で利倍し、あるいは広大な物件を如法経道場へ寄進すると同時に貸付活動を行っていた。つまり如法経に財が集中すると同時にそれを運用して利殖し、それにより如法経信仰を興行するという、いわば仏物の運用ともいえる動きがあった。一方今堀郷においても、如法経田を通じて村落にもたらされる財の増大をみることができ、おそらくいずれの村落においてもその把握のために如法経田帳が作成されたものとみられる。

繰り返しになるが、如法経信仰は如法経会での法華経書写に結縁し死者追善・自身逆修を願う信仰であり、村落における他の年中行事のように村人が執行するのではなく、近隣の天台寺院（奥嶋の場合は阿弥陀寺、今堀の場合は石塔寺）から聖が一年間派遣され道場を預かり如法経会を執行したことから、その必要経費としての如法経田は他の仏神田とは別に管理されるべきものであったのであろう。その理由の一つは奥嶋の場合にみるように、元来大嶋社奥津嶋社宮座・大座が中心的に担ってきた村落内の融通機能が応永年間頃から如法経道場へと移行し、文明元年の「若宮神田土帳」にみるように、若宮如法経田が村落にとり公的な位置づけをもつようになったことによるものとみられる。

それは言い換えれば、本来荘内の安穏を祈るべき荘園制的枠組みにおける免田（仏神田）が機能不全に陥ったとき、それに代わるものとして如法経信仰が村落のなかで実質的な役割を担っていくようになることを意味する。「現世安穏後生菩提」といった個別の願いをくみとることと引き替えに如法経田には財が集積される。如法経信仰を介在させて考えるとき、領主である山門勢力と村落の関係は対立を孕みつつも、如法経にまつわる財を相互に分けあう、いわば「相利共生」の関係にあるといえる[91]。

註

（1）本書第Ⅱ部第六章。

（2）大河内勇介「中世後期の村堂―近江国の如法経信仰を素材にして」（『ヒストリア』二五三、二〇一五年）。

（3）林文理「中世如法経信仰の展開と構造」（中世寺院史研究会編『中世寺院史の研究　上』法蔵館、一九八八年）、大河内前掲註（2）。

（4）奥嶋荘は王家領として成立・相伝したのち十四世紀には本家職が青蓮院門跡、領家職が岩蔵宮から善入寺へ伝領され、十五世紀には善入寺が本所一円領化していた（若林陵一「近江国奥嶋荘の荘園領主と在地社会」〔『六軒丁中世史研究』八、二〇〇一年〕、「近江国奥嶋荘における領有状況の変遷と在地社会―南北朝・室町期の守護勢力の進出を中心に―」〔入間田宣夫編『日本・東アジアの国家・地域・人間―歴史学と文化人類学の方法から―』東北大学東北アジア研究センター、二〇〇二年）。

（5）奥嶋荘・津田荘における大嶋社奥津嶋社とそれをめぐる物のあり方については若林陵一が詳述している（「近江国奥嶋荘・津田荘・大嶋奥津嶋神社にみる「惣」と各集落―奥嶋・北津田と地域社会の広がり」〔『民衆史研究』八三、二〇一二年〕）。

（6）本書第Ⅰ部第一章、第二章。また近年寄進状や寄進行為について社会的意味を問い直す研究が行われている（『歴史学研究』七三七「特集　寄進文書―その様式と社会的意味」二〇〇〇年、同八三三「二〇〇七年度大会全体会　寄進の比較史―富の再配分と公共性の論理」二〇〇七年）。

（7）毘沙門堂は別の史料から大嶋社奥津嶋社の背後の山中にかつてあった阿弥陀寺南谷にあることがわかる。阿弥陀寺は『近江輿地志略巻之五十六』によれば「阿弥陀寺跡　長命寺のつゞきに在。伊崎耶山阿弥陀寺と号す。南都元興寺の僧賢和の開基也。相伝、古昔南北の谷に、三百の坊宇あり。三千石の寺領ありて、甚繁昌せしに、何れのとしにか寺破滅す。」とあり、往時の威容がうかがえる。

（8）応永十四年九月二十七日西念田地寄進状（『大嶋神社奥津嶋神社文書』滋賀大学経済学部附属史料館編・発行、一九八六年、一〇四）。なお本章で使用した史料は同書を参照し滋賀大学経済学部附属史料館所蔵の原本および写真帳により校合した（以下『大嶋』と略記する）。

（9）応永十六年五月二十六日得宗房田地寄進状（『大嶋』一〇五）。なお史料中の「妙法行たうちや」は前後関係から「如法経道場」を指すものと判断した。

（10）応永十八年三月六日西念畠寄進状（『大嶋』一〇八）。

（11）永享八年卯月八日政所沙汰人領等聖田寄進状（『大嶋』一二六）、永享八年八月一日村人等故四郎刑部跡田地寄進状（『大嶋』一二七）。

（12）永享八年卯月八日政所沙汰人領等聖田寄進状（『大嶋』一二六）。

（13）坂本亮太は、近江一国にあっては聖の大部分が如法経信仰に関わる「社頭聖」であるとし、村落に集積された土地の管理・運用を計るなど経済的な機能をも有する、荘祈願寺と村落（寺社）を媒介する存在として注目し、追善供養の高まりを契機としつつも、集積された惣有財産の管理・運用を図る機能をも有し、宗教領主との関係のなかで惣村の自立を下支えする存在であったと位置づける（坂本「十三～十五世紀における在地寺社と村落」〔『歴史学研究』八八五、二〇一一年〕）。筆者は坂本のいう「社頭聖」の機能については首肯するが、一方で如法経信仰自体がもつ属性とそれを受け入れた村落の動向にも注意したいと考える。

(14) 応永九年二月九日尼昌慶家屋敷田畠寄進状（『大嶋』九七）。

(15) 貞和二年十一月八日僧円宣寄進状（『大嶋』三一）。

(16) 貞和三年二月十八日僧円実寄進状（『大嶋』三二）。

(17) 前掲註（1）。本書第Ⅱ部第六章。

(18) 観応元年十月九日奥嶋庄名主百姓愁状（『大嶋』三五）。

(19) 若林は十三世紀後半に大嶋社奥津嶋社が荘園鎮守から奥嶋・北津田「惣」鎮守へ変質し、さらに奥嶋惣の惣村鎮守として涌出若宮が機能するようになったと述べる（「近江国奥嶋荘・津田荘における惣村の成立と在地社会の変質」〔『歴史』一〇五、二〇〇五年〕）。筆者は奥嶋惣の成立については首肯するが、涌出若宮は奥嶋惣による涌出地域の開発と連動して大嶋社の分祀を配置したものであり、涌出の開発を実質的に進めた涌出惣の鎮守であると考える。しかしその成立経緯から奥嶋惣は涌出若宮に深く関与していた。

(20) 鈴木哲雄「常総地域の「ほまち」史料について」（初出一九九三年、のち『中世日本の開発と百姓』岩田書院、二〇〇一年）。「ほまち」は元来「ほりまち」で「ほまち」「まちぼり」などと変化したという。

(21) 畑井弘「山野湖水の用益と村落共同体—奥島における分業的非農生産および中世的発展の特殊性について」（初出一九六二年、のち『守護領国体制の研究』吉川弘文館、一九七五年）。

(22) 応永十六年五月二十六日得宗房田地寄進状（『大嶋』一〇五）。

(23) 応永十四年九月二十七日西念田地寄進状（『大嶋』一〇四）。

(24) 永享二年五月六日善音田地寄進状（『大嶋』一二三）。

(25) 応永十六年十月二十五日西念田地寄進状（『大嶋』一〇六）。

(26) 応永十七年正月二十二日西念田地寄進状（『大嶋』一〇七）。

(27) 応永四年六月日昌宗田地寄進状（『大嶋』八九）。

(28) 宝月圭吾は「中世の伊那西岸寺の経営と無尽銭」（初出一九八二年、のちに『中世日本の売券と徳政』吉川弘文館、一九九九年）において信濃の臨済宗・西岸寺が南北朝期に行っていた無尽銭の分析を行っている。それによれば「永代無尽本銭拾貫文置之」（一般の貸付）、「為造営永代無尽本銭拾貫文置之」（造営のため）、などとして各々拾貫文を基本銭とする貸付を、利子百文につき月額五文、年利六割として運用していた。このような運用の詳細を記した規式が残されており、当該史料の「利銭出挙注文」もこのようなものではなかったかと推測される。

(29) 本書第Ⅱ部第六章。

(30) 応永九年十一月二十八日兵衛大郎田地売券（『大嶋』九八）。

(31) 本書第Ⅱ部第六章。

(32) 宝月「中世における売買と質」（初出一九六六年、のちに前掲註（28）『中世日本の売券と徳政』）、菅野文夫「中世における土地売買と質契約」（『史学雑誌』九三―九、一九八四年）。

(33) 応永十二年卯月二十五日尼聖慶如法経道場聖職置文（『大嶋』一〇二）。

(34) 佐野雅一「中世後期奥嶋庄の若宮神田土帳について」（『史朋』一一、一九七六年）。

(35) 文明元年十一月十五日奥嶋若宮神田土帳（『大嶋』一六五）。なお原本の修正部分については適宜省略した場合もある。

(36) 現在、滋賀大学経済学部附属史料館に所蔵されている形態は、冊子の綴りがはずされ一丁ずつ開いた状態で裏打ちが施されているが、元来は縦帳である。

(37) 表紙①と②は一枚の料紙の表裏に書かれている。裏打前まではおそらく①が表紙になっていたものと思われるが、本文と表紙②の筆跡が同一とみられることから②が本来の表紙であったものと推定した。また表紙①は「祢き大郎兵へ」によってつくられた可能性もあり、「時聖」に「圓京」という名が記入されているところから、表紙の作り替えは帳簿の成立とそう遠くない時期のものであると推定される。

(38) 林前掲註（3）、伊藤唯真「今堀十禅師社の堂庵と宮座」（初出一九八三年、のちに『伊藤唯真著作集』Ⅱ、法蔵館、一九九五年）。

(39) 坂本前掲註(13)。
(40) 嘉吉三年十月十三日奥嶋御庄名々帳(『大嶋』一二九)。
(41) 坂田聡「村社会と「村人神主」」(初出一九九九年、のちに『家と村社会の成立』高志書院、二〇一一年)。
(42) 明応二年七月二十七日大嶋奥嶋社神輿装束勧進帳(『大嶋』一八三)。
(43) 応永三十年二月二十四日得能右近畠地寄進状(『大嶋』一一八)。
(44) 康正三年十月十日大嶋社御輿錦勧進帳(『大嶋』一四二)。
(45) 文安元年九月二十一日大嶋社撞鐘勧進日記(『大嶋』一三〇)。
(46) 前掲註(44)(『大嶋』一四二)。
(47) 貞和二年十一月八日僧円宣神田寄進状(『大嶋』三一)。
(48) 貞和三年二月十八日僧円実田地寄進状(『大嶋』三三)。
(49) 貞治七年二月五日字大夫田地寄進状(『大嶋』六一)、応安五年十二月二十七日大夫四郎作職放状(『大嶋』七三)。
(50) ヲカケについては佐野も指摘しているように御陰銭、御陰米の意であろう(佐野前掲註(34))。
(51) 後筆の「イマハナシ」の記載は加地子得分がその後未進になっていることの表記であろう。
(52) 涌出若宮は奥嶋惣の規制を受けつつも涌出惣の鎮守として位置するものと考える(前掲註(19))。
(53) 白部惣については若林「惣村の社会と荘園村落」(荘園・村落史研究会編『中世村落と地域社会』高志書院、二〇一六年)を参照。
(54) 応永三十四年六月日道祐等加地子契約状(『大嶋』一二二)。地理的には沖の島の南正面が宮ヶ浜にあたり、宮ヶ浜は断崖が続く奥嶋北岸での唯一の平地であり、沖の島が最も利用しやすい位置関係にある。また現在も宮ヶ浜周辺は沖の嶋地籍となっている。
(55) 原本調査の結果【史料二】の「同十七坪井田卅六歩、倉垣内畠卅歩在之」の部分は行間に割り込むように書かれており後筆と判断した。但し、ここでは寄進状作成と同時期の書き込みと判断しこのように結論した。
(56) 前掲註(48)(『大嶋』三三)。

(57) 前掲註(49)(『大嶋』六一)。
(58) 延文三年二月二十八日尼念法等燈油田寄進状(『大嶋』四六)。
(59) 応永二十四年卯月六日乙女田地寄進状(『大嶋』一一二)。
(60) 永享八年八月一日村人等故四郎刑部跡田地寄進状(『大嶋』一二七)。
(61)「神田帳」事書には「奥嶋惣庄」、「如法経田帳」事書には「奥嶋惣」とある。若林は村落が「惣庄」を称することで自立した対外接触が可能になるとする(前掲註(19))が、ここでは「神田帳」は荘園制的な免田として設定された系譜を引くものであるが故に「奥嶋惣庄」の記載が、また「如法経田帳」は荘園制的免田とは系譜が異なる加地子得分寄進田を書き留めたものなので「惣庄」とは書かず「奥嶋惣」としたと理解したい。
(62) 得珍保については仲村研a『中世惣村史の研究—近江国得珍保今掘郷』(法政大学出版局、一九八四年)、同b「得珍保今堀郷研究補遺」(『日本歴史』四九八、一九八九年)、吉田敏弘「「惣村」の展開と土地利用—得珍保今堀郷の歴史地理学的モノグラフとして」(『史林』六一—一、一九七八年)、「得珍保」(『講座日本荘園史六』吉川弘文館、一九九三年)、『八日市市史　第二巻　中世』(八日市市、一九八三年)などの論考がある。
(63) 応安元年十月十三日左右神社神田注文(橋本左右神社所蔵)。
(64) 十禅師社は今堀郷だけではなく、得珍保各村に勧請された(『八日市市史　第二巻　中世』)。また今堀十禅師社(現、日吉神社)関係史料は仲村研により『今堀日吉神社文書集成』(雄山閣出版、一九八一年)として公にされている。なお本章で使用した史料は同書を参照し滋賀大学経済学部附属史料館所蔵の原本および写真帳により校合した。又以下『今堀』と略記する。
(65) 林前掲註(3)。
(66) 仲村「売券・寄進状にみる村落生活」(初出一九八二年、のち仲村a前掲註(62))。
(67) 仲村「今堀郷の神田納帳」(初出一九八一年、のち仲村a前掲註(62))。
(68) 建武二年十一月十日今堀神田注文(『今堀』五七四)。
(69) 建武二年十一月日今堀神畠算用状(『今堀』三四六)。

(70)　応安三年十月十日今堀神田注文（『今堀』四〇五）。

(71)　永徳元年十月二十六日神田算用状（『今堀』三四二）。

(72)　この時期の神田の充実は、永徳年間が宮座の整備が成された時期であり、惣結合の確立と並行するものであったと仲村は指摘する（仲村前掲註（67））。

(73)　至徳元年十一月二十六日今堀郷神畠坪付（『今堀』三一八）。

(74)　嘉慶二年三月今堀神田目録（『今堀』三三二）。その行事は正月三日、正月四日御結（結鎮）、正月九日御経、正月十三日大仏供、三月三日、六月御田、御宮油田、庵室油田などである。

(75)　今堀郷における寄進状のピークは十五世紀であったが、十四世紀後半のこの時期から、特定の神田畠を郷内の宗教施設や行事の運営に宛てるようになってくるという（仲村前掲註（67））。

(76)　応永二十三年十一月四日今堀惣神田納帳（『今堀』五九〇—一）。原本の現状は今堀惣神田納帳（五九〇—一）と応永二十三年庵室田如法経道場寄進目録帳（五九〇—二）は合冊され表紙を含めて全一一丁で、五九〇—一が一丁から六丁、五九〇—二が七丁から一〇丁となっている。料紙の大きさは、表紙と一〜五丁、七〜八丁が縦二六・四センチ×横二一・〇センチ（二つ折りの状態で）、六丁が縦二四・一センチ×二一・〇センチ、九丁が縦二三・五センチ×横一九・五センチ、一〇丁が縦二六・三センチ×横二一・〇センチと、三種類の料紙が使われていることがわかる。この合冊が行われた時期は不明であるが、一〜八丁はほぼ同じ大きさであるところ、間にはさまれる七丁だけが小型である上、内容的にも筆跡も異質である。また九丁、一〇丁はそれぞれ異なる大きさで筆跡も異質であることなどから、この合冊は一〜五丁、六丁、七〜八丁、九丁、一〇丁の五種類のものをまとめたものであると思われ、これは記載内容とも合致している。ただし一〜五丁（五九〇—二）と八〜九丁（五九〇—二）は大きさも同じで作成も四日違いであることから、同じ料紙を使った可能性が高い。内容や料紙の大きさから考えて、合冊はそれぞれの史料が成立してからかなり時間が経ってからなされた可能性が高く、少なくとも当初のものではない。

(77)　応永二十三年十一月九日庵室田如法経道場寄進目録帳（『今堀』五九〇—二）。『今堀』で五九〇—二としている史料は、①応永二十三年庵室田如法経道場寄進目録帳、②応永二十六年夏畠ムキ納、③神主方へ下日記、④寛正四年出聖方へ渡へき分・入聖方へ渡へき分、⑤文明二年下行米神主方江、⑥宝徳元年出聖分、⑦年未詳、の七つの内容からなっている。料紙は、①七丁、八丁表前半まで、②八丁表後半、③八丁裏、④九丁表、⑤九丁裏、⑥一〇丁表、⑦一〇丁裏に記載されている。

(78) さらにそれ以降の寄進分や変更などの必要事項も随時加筆されていったようで、宝徳元（一四四九）年が記入された最も新しい年号となる。応永の帳簿がその後も基本台帳として使用され続けていたことがわかる。

(79) 応永二十六年十二月十八日左近畠寄進状（『今堀』二一五）、永享三年十一月十三日道泉田地寄進状（『今堀』四三四）、永享三年十一月十三日道泉畠寄進状（『今堀』四三七）。なお永享三年十一月十三日道泉寄進状（『今堀』四三四）に対応する応永如法経道場寄進目録の項目には、「永享四年」とあり、年が異なるが、他の内容が合致するため、対応していると判断した。

(80) 康暦二年九月日比丘尼善阿弥畠寄進状（『今堀』二二一）。

(81) 大河内は如法経道場が多くの下地得分を集積しつつ、得分の運用を可能にする蔵としての機能を果たしていたとし、如法経聖が蔵の事務を行っていたと指摘する（大河内前掲註（2））。

(82) 仲村a前掲註（62）。また吉田前掲註（62）、丸山幸彦「中世後期荘園村落の構造―今堀郷における村落共有田の形成を中心に」（『日本史研究』一一六、一九七一年）。

(83) 嘉吉二年九月十七日得珍保野方今堀算田目録（『今堀』三一九）。

(84) 嘉吉二年九月十八日得珍保野方算田取帳（『今堀』四七四）。

(85) 嘉吉二年十月十九日得珍保野方下保今堀郷十禅師田坪付（『今堀』三二三）。

(86) 嘉吉二年十一月二十一日山門衆議下知状（『今堀』三五）。

(87) 仲村a前掲註（62）。

(88) 仲村a前掲註（62）。

(89) 文安四年七月二十七日山門衆議下知状（『今堀』二四）。

(90) 寛正四年十二月十二日得珍保名主百姓等言上状案（『今堀』六〇二）。

(91) 別稿で若狭や摂津の天台系地方寺院の如法経信仰による民衆の滅罪願望の汲み取りと零細な米銭の多量な集積をみた（本書第Ⅰ部第三章）。

第Ⅱ部 在地財の管理運用システム

第五章　在地社会における寺社の出挙

本章では、中世の在地財の管理運用システムの一つである出挙について検討する。

筆者はこれまで中世の在地社会における寺社のあり方を考えてきた。そのなかでは、信仰という宗教的機能は寺社のもつ基本的な性格であり、それを前提とした在地社会の秩序形成・維持、相互保証の場という機能が、実態としての寺社のおもな役割と考えられる。そこで、在地の寺社を拠点として行われている出挙に注目して、それが実際にどのように行われているのかをみていくことで、寺社が在地社会において果たした機能を考えていきたい。

いうまでもないことであるが稲の生産性は非常に高い。井原今朝男は江戸期の農書から下田でも一つの稲穂から五〇粒、上田では一八〇〜三〇〇粒の収穫があることを紹介し、古代社会においてはより良質な種籾を選択しそれを耕作民に貸し付けて播種し、秋に耕作民は借りた種籾や農料に利息をつけて返済するという出挙のシステムが稲作農業に組み込まれており、不作・凶作がない限りは債務者には負担にならない合理的システムであると指摘する[1]。

研究史上古代の出挙については、小田雄三が十世紀以降公出挙制は消滅して平安期の富豪層による私出挙が国衙の勧農に代行され公的勧農の性格を帯びるようになるとし[2]、さらにそれを受けて鈴木哲雄は古代の公出挙制が中世的な形態に転換する契機となったものが里倉負名であり、彼らは公出挙を請け負い十世紀以降公出挙の本質である種子等（農料を含む）の貸与という勧農の役割を担うこととなった結果、負名による種子・農料の下行は公的な行為となり中世的出挙が成立したとする[3]。

また中世の在地における出挙については、田村憲美により、出挙米借券・出挙米請文・田地流文などの日付が勧農期の二、三月と返弁の時期である十一月以降に集中することから、勧農に占める出挙米の位置づけが重要であったと指摘されている。(4) さらに小田は南北朝以降の動向について、村落の自立が高まるなかでこれまで領主の主導により果たされてきた勧農が、村落の主体的な運営に委任されていくことにより、種稲の調達・管理の上で、村落の鎮守神や宮座が大きな役割を果たすと指摘している。(5)

そこで本章では十三世紀半ばから十四世紀半ばの在地の寺社で行われていた出挙がどのようなシステムで行われていたのかを検討していきたい。

一　肥後国海東社の出挙

本節では『蒙古襲来絵詞』を作成したことで著名な竹崎季長が、地頭として宛行われた肥後国海東郷において行った海東社に関する出挙について検討する。これについてはすでに薗部寿樹、田村憲美も注目しているところであるが、(6) あらためて検討してみたい。

海東社（現、海東阿蘇神社）(7) は熊本県宇城市小川町西海東に現在も鎮座する社である。海東郷は、鎌倉初期以来肥後国二宮甲佐社の社領で、海東社はその郷社であったともいわれている。(8) 元寇で戦功をあげた鎌倉御家人・竹崎季長が海東郷の地頭職を宛行われ、建治二（一二七六）年に入部した。(9) その後の季長の海東郷における領主支配については、正応六（一二九三）年の置文と正和三（一三一四）年および元亨四（一三二四）年の寄進状を根拠として、(10) 石井進、工藤敬一らが分析を行っている。(11) とくに正応六年の置文については、正応六年の日付をもち「海東郷御社　定置条条事奉写」ではじまる史料（本章では［正応置文］とする。）と、「海頭御社　定置条々事」ではじまり末尾に正和三（一三一四）年に書き改めた旨を記した史料[12]（同［正和置文］とする）の、内容に相違のある二種の置文が存在し、この史料学的検討も大きな論点であった。そして石井、工藤らの成果を踏まえた大山誠一[13]は両者の差異について、［正応置文］が正応六年に作成された本来の原本の写しであり、［正和置文］はその後の季長の地頭支配の拡大、強化を示すものとして奥書の日付である正和三年に作成されたものと結論づけた[14]。

この二通の置文についてはこのように作成年代や内容に差異があるものの、どちらも海東社の種々の祭田・灯油田・修理田のほか、祭祀に携わる祝・宣命・命婦の給田などに関する詳細な取り決めを記している。

この二つの置文でとくに注目したいのが御宮修理田の規定である。関係部分を次に示す。

【史料一】［正応置文］

一　①御宮修理田岩下神前二段、所当米毎年一石於納之、②為祝沙汰定器量之公文、③以五把利入出挙之時者、④不論親疎、無現質者不可入之、又雖募季長之子孫威、同無現質者、一切不可取之、⑤但春下秋収時者、使共遂結解、可存知其員数、⑥彼出挙米及二百石者、可専修造、

【史料二】［正和置文］

一　ⓐ御宮修理田岩下神前二段、所当米毎年一石納之（ママ）、ⓑ御使幷祝御蔵公文相共ⓒ以五把利可入出挙、ⓓ不論親疎、無見質者不可入之、但於百姓之農料分者、以連書之状可取之、御内人々者、至十二月一石米之質入給田四段可取之、下部者勘此分質入給田、随分限可取之、

一　ⓔ春下秋収之時者、御使相共遂結解、可申其員数、此則為全神物也、ⓕ彼出挙米及三百斛者、専修造、

御宮修理田は岩下神前に所在する二段で所当米は毎年一石（傍線部①ⓐ）、この一石で「五把利」の出挙を行うこと（③ⓒ）が規定されている。さらに「春下秋収」、すなわち出挙米の春の下行、秋の収納にあたっては結解を遂げ（⑤ⓔ）、その出挙米が二〇〇石（【史料二】では三〇〇石）となったら御宮を修造するよう規定している（⑥ⓕ）。ここか

ら修理田の所当米は春に出挙米として「五把利」で貸し出され、秋に利米つきで返弁されたものが蓄積されていたことがわかる。仮に所当米一石の米を五割複利で運用した場合を試算すると、一三年間で約二〇〇石（一九四石六斗一升九合五勺）、一四年間で約三〇〇石（二九一石九斗二升九合二勺）となり、一三～四年の間出挙を行うと、規定にあるように一定程度の規模の修造を行うことができるまで米が蓄積されることになる。

以上の規定に関してはどちらの史料もほぼ同様であるが、両者に相違があるのは、出挙の実施主体、【史料二】波線部「此則為全神物也」の文言が【史料一】にはみられないこと、そして出挙米の貸付先についての規定である。

まず出挙の実施主体については、【史料一】では「為祝沙汰定器量之公文」②とあり出挙の責任者は祝でその意を受けた公文が実施することになっているが、【史料二】では「御使幷祝御蔵公文相共」ⓑとあり、地頭の使、祝、御蔵公文が共同で実施するとある。大山はこの違いを重視し、前者すなわち正応の段階では、もともと甲佐社の末社であった海東社が伝統的に祝を通じて修理田や出挙米管理を行っていたものが、後者つまり正和の段階では、地頭の使が祝と対等の立場で出挙を行っており、正応から正和の間に地頭の支配力が進展したことを意味するとしている。[15]

次に【史料二】のみにある「此則為全神物也」をどう考えるかであるが、これについては大山の指摘する出挙主体の変容と関係があると考える。【史料二】では、出挙という行為に地頭の使が進出してきたわけだが、それにあたりこの出挙は地頭がみだりに行っているのではなく、他でもない御宮の修造を行うための神物の出挙であるということをわざわざ念を押していると理解できる。

そして出挙米の貸付先の規定については、【史料一】の場合は、誰であっても、たとえ季長の子孫が威を募る様なことがあっても、確実な見質をとり出挙米を貸し付けるべし④といわば公平な内容であるが、【史料二】の場合は原則は④と同様ながら但し書きがあり、「百姓之農料」として貸し付けられる場合には見質はとらずに「連《ママ》書之状」を取ることとされ、「御内人々」については十二月に一石米の見質として給田四段を入れ、「下部」については分限に従い給田を質に入れるべしとある。

この点について田村は百姓については「他の融資先とは異なって「見質」を取らない優遇条件が適用されていること」から「神物出挙が郷の〈勧農〉に果たす役割の大きさ」を指摘している(16)。さらに私見を加えれば、この二つの置文の間に、地頭としての支配二〇年間が経過するなかで、地頭と百姓側との折衝があり、その結果「百姓之農料」への貸付の優遇が実現したと考えることができる。

いずれにしても、季長が地頭として海東郷を経営するにあたり、海東社の運営をとくに重視していたことが明らかである。そしてその運営にあたっては出挙という方法が多く用いられた。そのことは正和三年および元亨四年の寄進状からもわかる。

正和三年の寄進状は「正和置文」の奥書の日付「正わ（和）三年正月十六日」の翌日である正月十七日の日付をもつ、地頭沙弥法喜（竹崎季長の法名）が「塔福寺幷御社修造料同領家御年貢重奉寄進」した寄進状である。塔福寺は「正応置文」と同じ正応六年に季長の菩提寺として創建されたといわれている(17)。

この寄進状によれば、「塔福寺免田三町」「此外寺社免田八段二丈」「地頭用作分五町」の計八町八段二丈が除田であり、それ以外の田地は「親類若党以下百姓等」が耕作し、そこからは「段別米三升宛」を毎年十月中に懈怠なく沙汰すべきで、海東社の場合と同様に「当社一祝幷地頭之使御蔵公文相共」にその用途を「五把利」で出挙を実施し、運用したなかから「毎年三石米為修造塔福寺可進上之」とある。

さらにその一〇年後の元亨四（一三二四）年に同じく地頭沙弥法喜が認めた寄進状では、「御宮のしゆりようとう」一六二貫文、米六七石の沙汰のために、「ひらはろのやしきつきのた七反三丈中」「わなりさかのやしきのまへの四反一丈小」のなかの「みなくち二反一丈」「ゐのしりニ中」の合計一町を永代寄進し、その年貢を毎年「御ミやのくらにおさめて、大くしならひにちとうたいくわんあいともに、五はりのりにすこにいれて」、御宮の修理用途にあてるべし、としている。この場合出挙を行っている「大くしならひにちとうたいくわん」とは大宮司と地頭代官のことであり、これは置文や正和の寄進状にある「一祝」「地頭之使」が進化したものであると工藤は指摘する。[18]

このように、地頭竹崎氏は海東社だけではなく檀那寺である塔福寺の経営に際しても、田地を寄進しその年貢を出挙して増資するシステムを導入し、大きな修造に備えたことがわかる。そして置文に「御蔵公文」とあり元亨の寄進状にも「御ミやのくらにおさめて」とあるように、海東社には出挙米を蓄積する蔵も付属していた。

この竹崎氏の修理田所当米の出挙については、石井、工藤が、海東郡の郷鎮守であった海東神社とその機能を地頭支配に繰り込もうとして神物出挙も郷社から引き継がれたのではないかと指摘するが、[19]これを批判した大山は郷社であるだけでは伝統的な郷の百姓の中心とはいえず、むしろ次第に竹崎氏の氏社化した海東社の「維持と神官らの生活を第一義的目的とする営利行為として行われた」という立場を取る。

この二つの指摘はいずれも重要であり対立するものではない。この出挙では［正応置文］の段階より「祝」が携わり、塔福寺の修造費用のための出挙も同様に「一祝」が関与している。そして元亨の寄進状に明らかなように、海東社の蔵を拠点として出挙が行われた。ここでは郷社か否かということは問題ではなく、すでに石母田正が「在地領主は、伝統的な祭事として表現される在地の秩序のなかで、なんらかの役割、とくに神社の経営と維持の役割を演ずることなしに支配はできない」[20]と指摘するように、地頭支配を強化させ海東社を氏社化したという竹崎季長でさえも、地域の寺社の存在なしには地頭としての支配ができなかったという点が重要である。さらに、竹崎が依拠した地域の寺社では、一祝などの手により出挙というかたちで財の運用を行い、免田や修理田での処理を超える大規模な修造費用を捻出する際のシステムをすでに構築しており、地頭をそのシステムにとりこんだということである。

二　大和国下田村の出挙

次に、村で行われた出挙の事例として大和国平田荘下田村の場合をみたい。現在の奈良県香芝市に鎮座する鹿島社には結鎮座があり建久七年から現代までの座入の記録である座衆帳などを含めた「下田鹿島社結鎮座文書」が残されている。[21]そのなかに「寺内納日記　延文二二年亥　十月十六日」と表紙に記された全一七丁からなる冊子がある。

この「寺内」とは、下田村の村堂である法楽寺で、本史料については、すでに坂本亮太が神仏習合における村落内の鎮守と村堂の特質や存在形態を明らかにするなかで、出挙米の下行、収納についても言及しているが、[22]本章でも村落において行われた出挙の具体的な実態を示す例として改めて検討していきたい。[23]

「寺内納日記」は、「出挙米納日記　亥年分十月十六日」から書きはじめられ、六年間の「出挙米下日記」「二月餅下日記」等がほぼ年月を追って書き継がれている。日記は表1にまとめたように①～⑳の二〇あり、異なる複数の筆跡が認められ日記ごとに異なる人物が記入したと思われること、合点が付されている日記も存在すること等から、校合を行うなど台帳として使用されていたものであると推察される。日記の多くは、「〇斗〇升　人名」といった書上で、一つの日記には三〇～四〇名が連記される。

「寺内納日記」の各々の日記の標題等から、その内容は主に八講田所当米関係、二月餅下日記、出挙米関係などであることがわかる。「寺内納日記」のなかの八講田所当米に関する日記を検討すると、「八カウ田」の所当米を貸付け一年後には弁済した記録であることがわかる。また延文五年～貞治三年の五つの日記が残る「二月餅」については「小在家へ二月餅下日記」等の記載から、毎年二月に村落内の「小在家」層一五～一八名に餅を下すことが行われ、[24]「寺内納日記」は寺を拠点に行われた様々な融通の記録であると考えられるが、[25]本節ではとくにそのなかの出挙について取

表1「寺内納日記」収載日記一覧

	一月	二月	三月	十月	月不明
延文三（1358）戊戌					①カシマノ宮ノ八カウ田所当米納日記　戌年分
延文四（1359）己亥				②出挙米納日記　亥年分十月十六日	③キツ子井ノ田所当米□□□　延文四年己亥
延文五（1360）庚子	④ハカウ田米引日記　子正月五日	⑤延文五年庚子　二月餅下日記	⑥寺内出挙下日記　延文五年庚子三月二日在地ニ下	⑦延文五年子十月六日モチ米ニヲク日記	⑧神ハウ別日記
延文六（康安元）（1361）辛丑		⑨辛丑年　小在家へ二月餅下日記 ⑩丑二月餅下日記	⑪延文六年辛丑三月一日在地下米日記	⑫丑十月十六日　寺クラニヲク日記	⑬モチノ米納日記
康安二（貞治元）（1362）壬寅					⑭康安二年壬寅　寺米下日記
貞治二（1363）癸卯		⑮二月餅下日記　卯年 ⑯貞治二年卯二月出挙米下日記二月二日			
貞治三（1364）甲辰		⑰辰年二月餅下日記	⑱出挙米下日記　辰三月二日人別		
貞治四（1365）乙巳			⑲出挙下日記　貞治四年乙巳三月二日	⑳乙巳年十月十六日	

り上げたい。

「寺内納日記」に記された出挙に関連する日記は、次の延文四年から貞治四年までの七件（表1参照）となる。

②「出挙米納日記　亥年分十月十六日」

⑥「寺内出挙下日記　延文五年庚子三月二日在地ニ下」

⑪「延文六年辛丑三月一日　在地下米日記　利分四升」

⑭「康安二年壬寅寺米下日記　利分五升」

⑯「貞治二年卯二月出挙米下日記　二月二日」

⑱「出挙米下日記　辰三月二日　人別　小在家七升／ケムシウ二升ツヽ／上ニヲロス大目マテ」

⑲「出挙下日記　貞治四年乙巳三月二日」

⑭は月が未記載、②は十月、⑯は二月、そのほかはいずれも三月一日あるいは二日の日付である。②は「出挙米納日記」とあり、それ以外の標題には「寺内出挙下日記」「在地下米日記」「寺米下日記」「出挙米下日記」（傍点筆者）などと異同があるが、記載はいずれも斗数と人名を書き上げる形式で、書き上げられた人数は二九～三八名で年により異なる。

そこでまず出挙米の下行記録と考えられる⑥～⑲を検討すると、毎年三月一日あるいは二日を定まった日として、寺と関わりが深い米による「寺内出挙」が行われ、その出挙は「在地ニ下」「在地下米」との表現から、「在地」を対象として下されていることがわかる。また延文六年⑪には「利分四升」、康安二年⑭には「利分五升」と注記がなされている。院政～鎌倉期における出挙の利息は「五把利」＝五割とされており[26]、この場合もおそらく一斗につき四升あるいは五升の利分をもって出挙がなされたと考えられる。

延文五年⑥の場合を例に取りもう少し細かく内容を検討しよう。延文五年の場合、「寺内出挙」は三月二日に「在地

二下」された。書上げは、

合

〵一斗　四郎殿　　〵一斗　道阿ミタ仏　　〵一斗　八郎

〵一斗　弥四郎　　〵一斗　彦四郎　　〵一斗　タツ三郎

（後略）

のような形式で三七名分の記載がある。

これら出挙米を下行された三七名を下行された斗数別にみてみると、一斗が最も多く一八名、九升が一名、八升が五名、五升が一〇名、四升が一名、三升が二名となる。

ところが書き上げられた人名を、二月餅を小在家に下行した記録である「二月餅下日記」の延文五年分⑤とつきあわせてみると、出挙米を下された三七名のうち一四名が小在家であり、その小在家が下行された斗数は、一斗が一名、八升が四名、五升が九名でとなっており、このことから小在家一名あたりに下された出挙米は、出挙下行全体からみた場合比較的少額であるといえる。この傾向は翌年の延文六（一三六一）年⑪も同様である。

ところが康安二（一三六二）年⑭になると「合　人別七升宛也」と記載があるように、小在家を含めた全員への下行が一人七升宛の均等となり、翌貞治二（一三六三）年⑯は一人宛五升、貞治三（一三六四）年⑱は一人宛七升、貞治四（一三六五）年⑲は一人宛一斗と、下行される出挙米の均等配分が四年間続く。

次に②「出挙米納日記　亥年分十月十六日」を検討する。この日記の作成は延文四（一三五九）年十月十六日であり、冊子の冒頭に配される。

一斗一升二合　三郎殿　三升餅米　一升五合十八日米　　一斗一升二合　四郎殿　五升餅米　一升五合経米

のような形式で書きはじめられ、三五名分が書き上げられている（傍線筆者）。

これは、「納日記」とあることからも、傍線部分は同年春に下行されたとみられる出挙米の弁済額（元本＋利分）を書き上げたものと推測される。冊子の冒頭に記されていることから、新規の拠出米のようにも考えられるが、書き上げの内容を検討すると、三五名のうち三一名の者の額が「一斗一升二合」であり、その「一斗一升二合」という斗数は、八升に四割の利分を加えた数（八升＋三升二合）に相当すること、同様に残り二名の額「八升四合」も六升に四割の利分を加えた数（六升＋二升四合）に相当することからも、四割の利分で出挙米が下行され、その弁済額が記された蓋然性が高いといえる。

これは先に⑥～⑲で検討したような毎年の出挙米下行に対応するものであり、本冊子には記されていないがおそらく延文四年三月にも出挙米の下行があり、十月十六日にその弁済がなされ、その際に利分も併せて返済されたものとみられる。

この冊子にはこの後出挙米の弁済に関してこのような詳細な記録はみられないが、延文四年「納日記」の末尾に「十月十六日　タウラ（俵）九ツ寺クラニ納可申候」との記載があり、弁済された出挙米は法楽寺に付属する蔵に収められたことが記される[27]。同様に、延文六年と貞治四年の十月十六日にも寺の蔵に俵を納める記載があり、基本的に毎年出挙米を三月二日に下行、十月十六日に収納、寺の蔵に保管するというかたちができあがっていたとみられる。

以上のことから、下田村では三月一日か二日に、法楽寺と関わりの深い米「寺米」が二九名～三八名に対して出挙として下行され、十月に弁済するというシステムがあったことが判明する。下行された出挙米には一斗あたり四升あるいは五升の利分が課され[28]、下行された先は結衆と小在家からなる「在地」であった[29]。そしてこのような村の出挙の拠点となったのが、法楽寺に付属する蔵「寺クラ」の存在であった。延文六年の場合（⑪）をみると三月一日に在地に合計三石二升を下すなどしたのちに同日に「ノコル分七斗三升」を「寺クラニヲク」とあり、出挙米を貸与した残りはその当日に寺の蔵に「ヲク」ことにもなっていた。寺クラは村の蔵でもあった[30]。

三　山城国高神社の出挙

以上在地寺社を拠点とする出挙について、肥後国海東社および大和国下田村の事例をみてきたが、同様の動きは鎌倉期の山城国高神社にもみることができる。

山城国綴喜郡に座する高神社には、文永九（一二七二）年、高神社の造営勧進に携わった阿闍梨弘弁が、本堂造営の準備状況、造営作業、諸神事、収入と支出、造営までの経緯と願意を記録した「文永九年山城国高神社造営流記」（以下、「文永流記」と略記）が残される(31)。この「文永流記」については田村憲美による再翻刻(32)、基本的な分析(33)が行われており著名な史料である。関係部分を次に示す。

【史料三】

右、当社御宝殿者、自仁平年中御造功之以降、一百廿余年春秋歳積星霜日重之間、朽損過法御体半顕、然而相当無神物、勧進無人力、爰去建長之比、①当郷与田村郷、依境相論、聊闘争出来之時、為郷民之沙汰、少分兵乱米已上二石五斗集置処、②彼闘争自然仁落居之間、以件用途、令寄進于神物畢、存私輩者、可人用之由、雖令結構、③有興隆族少々、加連署籠御宝殿、暫以神主之許(計)、令収納之処、員数倍々之間、④別立御倉、各結番、着毎年二人之沙汰人、令収納之、⑤以彼用途為本質、令勧進氏人者也（数字、傍線は筆者）

高神社の本殿は仁平年中（一一五一～五四）に建てられて以降、時を経て朽損甚だしく、ご神体が半ばあらわになる状態であったが、その修繕に充てる神物もなくまた勧進にあたる者もない状態であった。その後、建長年間（一二四九～五五）に多賀郷と隣郷の田村郷との間に境相論があり、「闘争」への備えとして「兵乱米」二石五斗を「郷民之沙汰」として集め置いていたが（傍線①）、実力行使が回避されたため、不要となったその費用を多賀神社に寄進し「神物」とし（傍線②）、高神社を興隆しようとする人たち少数が、連署をしてその二石五斗を御宝殿に籠めた。しばらくの間、神主のはからいで御宝殿に収納していたところ、「員数倍々」となったので（傍線③）、別に「御倉」を建て、順番に毎年二人の沙汰人をつけ、収納した（傍線④）。その費用をもって「本質」として氏人を勧進した（傍線⑤）。

ここで興味深いのは、鎮守社の「神物」と位置づけられたものが「員数倍々」となったことで、田村も指摘しているように、これは「神物」を原資とした出挙が行われたとみてよいであろう。そしてその前提として、郷と郷の境相論という共同で対処すべき事態にあたって集め置かれた「兵乱米」という共有財が郷という単位で形成されたこと、そしてその共有財を保管する施設としての郷鎮守の存在があったことに注目したい。

「暫以神主之許（計）、令収納之処、員数倍々之間」とあるところからも、「兵乱米」のままではなく、あくまでも神主のはからいにより「神物」としたからこそ、「員数倍々」となったと考えられるのである。

その後「員数倍々」となったため「御倉」を別に建てて毎年沙汰人を二人つけ収納を行ったとあるが、「毎年」とあることから、これは単純な保管ではなく「員数倍々」となる一年を単位とした運用が沙汰人を担当者として行われたことを意味しよう。

この「員数倍々」を具体的に想定してみよう。「文永流記」の決算部分に記された用途員数には「御倉神物」として米二九石九斗三升と銭七五貫三五〇文が記されている。仮にこの銭を米で換算すると[34]およそ五八石に相当し、「御倉神物」の米は当初の兵乱米二石五斗が約八八石に増加したと考えられる。二石五斗を、仮に出挙の利率「五把利」で毎年運用したとすると、九年後には近似の九六石一斗強になると試算される。概算ではあるが、確かに「御倉神物」で出挙とみられる運用がなされたとみることができる。

ここに、「兵乱米」という郷の共有財を改めて「神物」に変換すること、その「神物」を収めるための「御倉」の存在、そして「御倉」が高神社という郷鎮守に付属し、その郷鎮守を拠点とした出挙が行われていたことを確認することができる。

　ところで高神社には、永正六年の「高神社造営記録」という史料が伝来している。(35) 永正五（一五〇八）年に成就した多賀郷惣社大梵天王の上葺修造の記録を「時奉行　朝慈・尋海」が永正六（一五〇九）年に記したものである。史料文末に記された意趣によると、永正頃の高神社は破損がひどかったものの修理ができないまま時を経ていたが、永正五年正月頃から費用が集まったため修造をはじめたという。この際の用途の調達方法については「然仁、地下講朔弊弓場多賀寺山銭等少々取集、為是種子雖物成与、炎旱不熒(熟カ)ヨッテ雖成之間、貴賤奉加大夫成烏帽子着以下積集、永正五年正月始此ヨリ取立企修造」と記されている。つまり本来は「地下講朔弊弓場多賀寺山銭少々」を何らかのかたちで加増して修造に充てようとしたが、旱天により不熟であったために修造するには足りず、「貴賤奉加」や「大夫成、烏帽子着」などのいわゆる官途直物(36)を集めて修造する費用を得たとみてよい。これに関して同史料中の「一　当社銭請取分」にその具体的な内容が書き上げられているがこれによると、修造費用の充当分として集められたのは確かに「宮山」「多賀寺山」「弓場」、あるいは「大夫成」「烏帽子」、「奉加」などからで、これらの総額が七四貫二百六文となっている。そしてその総額に六一貫二〇七文の「社頭米」(37)が加えられ、修造費用として一三五貫五〇〇文を充てたとみられる。

　この「社頭米」とは何であろうか。修造費用に加えられた「社頭米」は「前ヨリ倉ニアル分」とされている。また「未仕足」とする二十一石二斗五升の米もまた「是も倉ヨリ出畢」とあり、この銭・米を併せて「社頭米銭」とも記されている。この場合の社頭は間違いなく高神社であり、つまり「社頭米」は常々高神社に付属する蔵に米のかたちで納められ管理され、社殿の修造費用が不足するといった臨時的な支出の必要が生じた場合に、蔵から支出されているとみることができよう。史料にはこの「社頭米」がどのように生み出されたのかについて直接記されていないが、先に述べたように「然仁、地下講朔弊弓場多賀寺山銭少々取集、為是種子雖物成与、」という状況は、修造費用捻出のために何らかの運用が行われていたことを示唆している。そこから敷衍して考えると、永正期の「社頭米」は出挙などの運用により増資され、それが臨時の支出が必要になったときのために、蔵に保管されていたものと考えることができる。

また、修造にあたりご神体が仮殿に移されている間の御供については、「五色餅　施主堀殿」「赤飯　施主下司殿」「御器　施主西殿」「柿□　奥寺殿」「山茸　同上（奥寺殿）」「柑子　明王寺」「野老　和泉殿」「栗　尊海房」とそれぞれに施主が決まっていたが、一方で「毎日御供、施主志次第」であり、そのため万が一「欠如之時」は日別二升十文宛を「自倉下行」することになっていたという。この記述からも、高神社を支える基本的な構造が機能不全となった場合の補完として、蔵とそこに保管された米が機能していたとみることができる。

さらに高神社ではこの永正の造営の際に重要な方堅を行うことができず、一六年後の大永三年に執り行うこととなった[38]が、その際の費用としても「蔵ヨリ出分米弐拾石二升」「蔵ヨリ出分料足弐拾壱貫五十一文」が支出されたことが記されている。

この永正～大永期の「社頭米」とそれを納める蔵の存在は、さきにみた文永九年の「神物」と「御倉」を想起させる。もちろんその間に二〇〇年以上の年月が経過しているわけで様々な変容を前提としながらも、郷の共有財としての「神物」「社頭米」を納める高神社の蔵が存在したこと、そこには常々米が保管されており、そこからは宮の造営や修造料足、供物の欠如など高神社に関する費用の支出がなされていたものとみられる。一方でそれらは「為是種子雖物成」するなどして「員数倍々」となるよう運用された。高神社神物の運用の具体的な様相は史料からははっきりと読み取ることはできないが、第一節でみた肥後海東神社の場合のように、郷内の百姓等への出挙米として貸し付けていたものと考えられる。

以上、十三世紀半ばから十四世紀半ばの在地で行われていた出挙についてみてきたが、これらに加えて次章で検討する近江の大嶋社奥津嶋社においてもその宮座である大座が主体となり神物の出挙を実施したことが明らかになっている。[39]

これらにより、まず当該時期に在地の寺社を拠点として出挙が行われていたこと、そしてその出挙は「神物」「寺米」など仏神物として蓄積された米が原資として用いられたこと、その原資を蓄積保管する「御ミやのくら」「寺クラ」「御倉」などが寺社に付属していたことなどがわかった。湯浅治久は村の蔵の存在が確実に確認されるのは中近世移行期から近世にかけてであるとするが、[40]これまでみてきた在地の寺社に付属する蔵の機能が在地の蔵として位置づけられることを考えれば、少なくとも十三世紀にまでその存在をさかのぼらせてもよいのではないだろうか。[41]

その蔵を保管の拠点として行われた出挙実施の主体をみると、海東社の場合は「祝」「御使」「御蔵公文」である。多賀郷の場合は明確ではないものの高神社の造営を主導した「氏人殿原」、それはおそらく高神社宮座を構成していたとみてよいであろう。

下田村の出挙については、出挙米の保管は「寺クラ」であり、出挙米は「寺米」とされた。下田村には十二世紀後半には鹿島社が座し、その宮座である「結鎮座」が遅くとも建久七年には存在していることがわかっている。[42]一方法楽寺は下田村の村堂として鹿島社と密接な関係をもちながら、村の年中行事の仏事および「習合祭祀」を担っていた。[43]また坂本によれば、下田村には結衆在家、小在家、間人在家の三つの区分があり、十三世紀前半～十四世紀なかばまでは殿原層を主体としていたが十四世紀半ば以降はそこに小在家が入座するようになったという。おそらくこの結鎮座が「寺米」による出挙を行う主体であったとみてよいだろう。つまり海東社を除いては、寺社を紐帯とした在地の「座」がその出挙の主体となっていることが注目される。座という点では田村が分析している十三世紀前半の山城国綴喜郡草内郷の草内講も、郷内仏堂を拠点とする寺座に関連する講組織であり、それが「仏物」の貸し付けを行っていたことが指摘されている。[44]

以上のように、在地の寺社を器として「神物」「社頭米」「仏物」「寺米」などの財が蓄積され、その寺社を紐帯とする在地の殿原層のグループである宮座あるいは寺座が、その財を出挙として貸し付けるというシステムが十三世紀前半〜十四世紀の在地社会では確立していたことがわかる。

次に出挙米の貸付対象についてみてみよう。海東社の場合、貸付対象については「百姓」「御内人々」「下部」と規定される。次章で検討する近江国奥嶋の事例では、宮座の決算書に記載されるのは宮座を構成する村人層で[45]、彼らは宮座から出挙米を貸し付けられる対象でもあった。多賀郷の場合は出挙米貸し付けの対象については不明であるが、この郷は田村が指摘するように、高神社を支える殿原層とそれ以外の里人からなっていた事がわかっている。下田村の場合は、結衆と小在家から成る「在地」に向けて下行されている。総じて貸付けの対象はその寺社を支える上層百姓とその下部に位置付く層が主体で、海東社の場合は地頭の被官も含んでいた。

ところでこの出挙の貸付対象、つまり借用者側はなぜ出挙米を借用する必要があったのか。多賀郷の場合も下田村の場合もその点については史料では明らかでない。奥嶋の場合、新三郎が出挙米を申請う文書は残されるが、借用した出挙米の使途については明記されていない。しかしながらさきにみたように古代以来の出挙の本質は勧農であり、海東社の場合には確かに「百姓之農料」としても貸し付けられている。田村はこの海東社の例から神物出挙が郷の勧農に果たす役割の大きさを指摘し、併せて広く鎌倉期の出挙米借用状の日付がすべて二月中旬から四月中旬に収まるという事実から「出挙米がたんなる貸付ではなく、地域社会と村落の民衆にとって特別な意味を持っていた」と述べる[46]。

この田村の指摘は出挙の本質を突いたものであり、首肯できるものである。しかしながら一方では例えば先の海東社の例で考えれば、わざわざ「百姓之農料」と明記していることは、「農料」以外の使途があったと考えられ、御内人や下部について具体的な使途は不明であるといってよい。つまり出挙米を借用する側が本当にその米を種子・農料を必要として借用しているのかどうかは、実のところはっきりしていないといえよう。そのようななかでなぜ多くが出挙米というかたちでの借用をするのであろうか。

この問題については本章の論証では不十分なため今後改めて考えていきたいが、一つこれまでの史料の検討からこの問いに答え得る方向性を提示しておきたい。

従来までの研究では、出挙を借用する側に主な視点が置かれていたと考えられるが、本章で扱った史料からは、むしろ貸し付ける側に蓄積された財からその本質がみえる様に思われる。繰り返しになるが、在地では「神物」「社頭米」「仏物」「寺米」などの財が在地の寺社に蓄積され、その寺社を紐帯とする宮座や寺座が、その財を出挙として貸し付けるというシステムができていた。海東郷で地頭が関与する出挙も「御ミやのくら」に蓄積された。

そして出挙というシステムは「五把利」という高利で運用することから短期間に「倍々」するという特性があった。その様にして「倍々」され蓄積された財はどのように使用されたのか。下田村の場合は史料上ではよくわからない。大嶋の場合は個人や惣、百姓中への支出（出挙か）のほか、寄合、結解などの際の酒飯、神事、祭礼などに支出された。(47)また海東社や高神社の場合は、宮の造営、あるいは修造料足、供物欠如の補完などに用いられた。海東社の場合には明快に「彼出挙米及三百斛者、専修造」と記されている。

ここから村の出挙、とくに神物・仏物を原資とする出挙は、その運用そのものの目的が当該の村にとって公共性を有することが重要な点だったのではないだろうか。日常的には寄合、結解などに関わる支出、祭礼や神事など村の寺社運営に関わることや、数年から十数年に一度の大型の事業としては寺社修造であろう。つまり「神物」「仏物」を原資とした在地の寺社の出挙は単なる利子付き貸借とみるよりも、本来的に公共性を属性としてまとっており、運用する側にとっても借用する側にとってもそこは必須の属性であったとみたほうがより理解が深まるのではないか。借用する側にとっては「神物」「仏物」、つまり聖なる米を借用することに意味を求めていたことは間違いないと思われるが、それだけではなく「員数倍々」し蓄積されること、蓄積された財は村や郷で共有される在地財として寺社修造のように公的に使用されることが重要な属性ではなかったろうか(48)。

註

（1）井原今朝男a「中世債務史の時代的特質と当面の研究課題」（『日本中世債務史の研究』東京大学出版会、二〇一一年）、同b『中世の借金事情』（吉川弘文館、二〇〇九年）、同c「中世寺院を支えた経済活動の実態」（『史実中世仏教　第二巻』興山舎、二〇一三年）。

（2）小田雄三「古代・中世の出挙」（『日本の社会史4　負担と贈与』岩波書店、一九八六年）。

（3）鈴木哲雄「中世前期の村と百姓」（『岩波講座日本歴史　第六巻　中世1』岩波書店、二〇一三年）。

（4）田村憲美「荘園制の形成と民衆の地域社会」（遠藤ゆり子・蔵持重裕・田村憲美編『再考中世荘園制』岩田書院、二〇〇七年）、「中世前期における民衆の地域社会―地域・村落の〈名士〉層と荘園制」（『歴史評論』七二一、二〇一〇年）。

（5）小田前掲註（2）。

（6）薗部寿樹「村落内身分の意義」（初出一九八九年、のち『日本中世村落内身分の研究』二〇〇二年、校倉書房）、田村前掲註（4）。

（7）建久六年三月日甲佐社領立券解案（『阿蘇文書』八、『大日本古文書家わけ第十三　阿蘇文書一』）の八代北郷の項に「南小河加海東幷国領薗肆箇所定」とある。

（8）石井進「解題　家訓・置文・一揆契状」（『中世政治社会思想　上』岩波書店、一九七二年）。

（9）工藤敬一「竹崎季長―その出目と領主支配」「竹崎季長関係文書について」（いずれも初出一九七五年、のちに『荘園公領制の成立と内乱』思文閣出版、一九九二年）。

（10）正応六年正月二十三日竹崎季長置文（『鎌倉遺文』一八〇九八）、正和三年正月十七日沙弥法喜竹崎季長寄進状（「塔福寺文書」一『熊本県史料第三』）、元亨四年二月四日沙弥法喜竹崎季長寄進状（「秋岡氏所蔵文書」二『熊本県史料第四』）。

（11）石井前掲註（8）、工藤前掲註（9）。

(12)　正応六年正月二十三日竹崎季長置文（『鎌倉遺文』一八〇九七）。

(13)　大山誠一「「竹崎季長置文」について」（石井進編『中世をひろげる―新しい史料論をもとめて』吉川弘文館、一九九一年）。

(14)　季長が正和三年に置文を書き改めた際になぜもともとの正応六年の日付をそのまま使用したのかについて大山は、海東郷入部後十七年の正応六年の正月に置文を作成し、二月には「蒙古襲来絵詞」の作成を発意し、またこの年に菩提寺の塔福寺を創建するなど、季長にとり特別な年であったことによるとしている（大山前掲註（13））。

(15)　大山前掲註（13）。

(16)　田村前掲註（4）。

(17)　工藤前掲註（9）。

(18)　工藤前掲註（9）。

(19)　石井前掲註（8）および工藤前掲註（9）。

(20)　石母田正「解説」（前掲註（8）『中世政治社会思想　上』）。

(21)　『香芝町史史料編』（香芝町史調査委員会、一九七六年）に「鹿島神社文書」として翻刻されている。

(22)　坂本亮太 a「中世村落祭祀における寺社の位置―大和国平田荘下田村を中心に」（『国史学』一八六、二〇〇五年）。

(23)　「寺内納日記」については基本的には前掲註（21）の翻刻を参照し、香芝市教育委員会生涯学習課にご提供いただいた写真を参考に校正して使用した。

(24)　小在家については、平山優、坂本などによれば、下田村の結衆在家・間人在家・小在家の三つの在家のうち、在家は結衆を構成する村の中心階層で小在家はそれに次ぐ家格であり、十四世紀半ばから十五世紀に本来的には座衆を構成しない小在家が座衆になっていく状況がみられるという（平山優「郷村内身分秩序の形成と展開―郷村祭祀と家役との関連を中心に」〔『戦国大名領国の基礎構造』校倉書房、一九九九年〕）、坂本 a 前掲註（22）参照。また坂本は小在家へ下行されている餅について これを農料であるとしているが、この「二月餅下日記」で下行されている餅はむしろ二月三日に行われる行事「オコナイ」に関係するものではないだろうか。応安二（一三六九）年に南北朝以前の年中行事を記録したとされる「経営古記」の二月の「行《オコナイ》」の記事に、餅は「行方《オコナイカタ》ェ十九枚」「荘厳衆一枚アテ下ス」などの記載がある。小在家と「行方《オコナイカタ》」「荘厳衆」の関係は目下のところ不明であるが、「二月餅下日記」の内容は、二月に行われる仏事である「オコナイ」において餅が人々に下行されていることに関わりがあることは指摘しておきたい（坂本b「中世村落祭祀の様相―大和国下田村における村落祭祀」〔『帝塚山大学大学院人文科学研究科紀要』三、二〇〇二年〕）。なお経営古日記については前掲註（21）、坂本b論文に全文の翻刻が掲載されている。

（25）坂本は、二月、三月に農料として餅米・経米を下行・貸与し、四～五升の利息とともに十月に寺蔵に納めさせて祭祀費用を得ていたとし、恒常的な出挙は在家別に餅を下ろし、「秋ノ時講枡ノ一升宛納」という形で農耕儀礼としての卯月八日の宮の十講（これは坂本のいう習合祭祀）により行われていたとする（坂本b前掲註（24））。

（26）井原今朝男「中世の銭貨出挙と宋銭流通」（初出二〇〇二年、のち『中世日本の信用経済と徳政令』吉川弘文館、二〇一五年）。

（27）このクラに関して坂本は、仏事として南北朝期の正月三日に行われていた蔵祭は「蔵開きであり、蔵を閉じ清浄化することで蔵内の種子に稲御魂を宿すために行うもの」としている（坂本a前掲註（22））。

（28）一般に出挙米の利分は「五把利」＝五割が原則とされている（井原前掲註（26））。

（29）坂本は小在家に篤く出挙が行われたとするが、実際には小在家へ下行された出挙米斗数は、少額から均等割へと変化しており一概にはいえないだろう。併せてこの下田村の出挙について「貞治三年には出挙額が結衆在家二升と小在家七升という差がある」という見解についても次の点で再考する余地があるのではないか。貞治三年⑱の日記は「七升　道阿ミタ仏」の形式で三三項目が書き上げられている（うち一つは一斗）。ただしそのうちの一七項目については「七升」の肩に小文字で「二ニ」の後筆が認められる。また標題の「出挙米下日記　辰三月二日」に続けて「人別　小在家七升／ケムシウ二升ツ、／上ニヲロス大目マテ」との記載があり、おそらく坂本の「結衆在家二升と小在家七升」の見解は、この記載を元に述べたものと思われる。しかし書上げの記載内容をみると均等に七升ずつであり、「人別　小在家七升／ケムシウ二升ツ、」の記載は、肩付きの「二ニ」とともに後筆の可能性も残り、後考を要する。また「応安六年には小在家のみ宛てている」とするが、出挙についてはこのようなことはなく、小在家のみに下行されているのは「二月餅」であり、この見解にも再考の必要があろう（坂本a前掲註（22））。

（30）坂本は明治四（一八七一）年下田村不残惣田畠絵図の法楽寺に隣接する位置に「郷蔵」が描かれ、「寺クラ」と「郷蔵」との連続性を指摘している（坂本a前掲註（22））。

（31）「文永流記」は現在、京都府立山城郷土資料館に寄託されている。本章では田村憲美による再翻刻（註（32））を、科学研究費（代表・小林一岳）の調査において撮影を許された原本写真と校合した。

（32）田村「史料紹介　文永九年山城国高神社造営流記について」（『鎌倉遺文研究』九、二〇〇二年）。

（33）田村前掲註（4）。

（34）国立歴史民俗博物館「古代・中世都市生活史（物価）データベース」において文永九（一二七二）年には安芸国で米七石七斗四升が銭一〇貫文、紀伊国で米七石二斗が銭七貫二〇〇文とある。ここでは仮に前者を採用して換算した。

（35）巻子一巻。現在、京都府立山城郷土資料館に寄託されている。本章では科学研究費（研究代表者・小林一岳）調査報告書「中世後期の山野紛争データベースの作成による地域社会形成に関する研究」（平成二五年度～平成二七年度科学研究費補助金基盤研究C課題番号25370798）に掲載された翻刻と、調査において撮影を許された原本写真と校合して検討した。なお、高神社の宮座祭祀については、根本崇「中世山城多賀郷の宮座について―郷鎮守の本殿造替との関係を中心に」（小林一岳編『日本中世の山野紛争と秩序』同成社、二〇一八年）を参照のこと。

（36）薗部寿樹「中世後期村落における乙名・村人身分」（薗部前掲註（6）『日本中世村落内身分の研究』）。

（37）科研費報告書（前掲註（35））では「社殿米」と翻刻しているが、原本写真との再校合の結果「社頭米」とすべきであると判断した。

（38）大永三年十一月二十四日高神社宝堅目録（高神社所蔵）。この記録は巻子で、十二紙貼継のA本と、七紙貼継のB本があり、ともに写しとみられ、内容に若干の異動が認められる。いずれも現在、京都府立山城郷土資料館に寄託されている。本章では科学研究費（前掲註（35））に掲載された翻刻と、調査において撮影を許された原本写真と校合した。

（39）本書第Ⅱ部第六章参照。

（40）湯浅治久「蔵と有徳人―歴史と民俗のあわいにて―」（『中世人のたからもの　蔵があらわす権力と富』高志書院、二〇一一年）。

(41) 大河内勇介は如法経道場や村堂が蔵の機能を果たしていたと指摘している(「中世後期の村堂—近江国の如法経道場を素材にして」〔『ヒストリア』二五三、二〇一五年〕)。
(42) 「結鎮座」の入座記録である「座衆帳」は建久七(一一九六)年以来現在まで書き継がれている。『香芝町史』史料編(前掲註(21))参照。
(43) 坂本b前掲註(24)。
(44) 田村前掲註(4)。
(45) 本書第Ⅱ部第六章。
(46) 田村前掲註(4)。
(47) 本書第Ⅱ部第六章。
(48) 薗部は中世における(村落)祭祀と出挙の関連には、古代以来の伝統的な背景があったことを指摘し(薗部前掲註(6))、また井原も、令の儀制令のなかの「春時祭田条」にある「酒肴等の物は公廨を出して供せよ」の記載に注目し、八世紀の農村では、村ごとの神社で神々への祈祷料のための出挙である「公廨稲」が春時祭田の酒肴料調達のための社会システムとして機能していたと指摘する(井原c前掲註(1))。確かに本章で検討した在地寺社の出挙との類似がうかがわれるが、具体的な関連性については後考を期したい。

第六章　中世村落における宮座と出挙

本章は、中世村落において在地の祭祀組織である宮座が果たした機能、とくに出挙について考察するものである。ここで取り上げる大嶋社奥津嶋社はともに式内社で、鎌倉期から奥嶋荘と津田荘（とくに北津田）の鎮守として「両社」と称されてきた。弘長二年の「庄隠規文」は惣掟の最も古い例として知られ、早い時期から内部規制、百姓結合が強い惣荘・惣村として論じられてきた。(1) その宮座として十四世紀前半頃から「大座」があらわれてくる。黒田俊雄はこの大座に関して、鎌倉期までの特権的な集団の性格が変貌し、村落の重層的関係を含みこんだ多数の農民の参与がある農民的・被支配的な宮座であると類型化し、「おとな」をはじめとする村落上層民も「あくまで「荘民」であっていかなる領主的性格をももちえなかった」としてその被支配的・農民的性格を重視する。(2) それに対して田端泰子は、大嶋社奥津嶋社両社を支えた村人は鎌倉期からすでに結束し、村人が構成する大座は出挙の実施や地下支配を行っていたと述べ、「荘内で領主権を行使するべき存在であった」として領主的側面を強調する。(3) この論点については宮座の機能を考えることで再検討の必要がある。また薗部寿樹のいうように、宮座が中世における村落集団の中核組織であると考えた場合、その財政の運用の構造を明らかにすることが重要である。(4)

そこで、まず大嶋社奥津嶋社の宮座「大座」の特質をその形成過程から検討した上で、「大座」の財政管理がどのように行われていたかを南北朝期の「ツカイアシ日記」を史料としてその構造を明らかにすると共に、「大座」が行っていた出挙の実態を具体的に示し、宮座が村落において果たした機能を検証していきたい。

一　用益保全と結衆の論理

1　湖水用益と村人等

現在、琵琶湖に突き出すように半島状を呈した奥嶋地域は、もともと湖上に浮かぶ島嶼であり、『近江輿地志略』(5)巻五五に、「奥島村　北庄の西北にあり。地続きに非ず。葭沼有て間隔る。北庄より渡来の橋を過て、此地に至る」と記され、享保当時、奥嶋はまだ島であり、葭沼を渡来橋で渡って奥嶋へ向かった様子が記されている。すでに十三世紀末、弘安五（一二八二）年に「ワタライノ辻」(6)という地名が大嶋神社奥津嶋神社文書中にみえ、これはおそらく現在の渡合橋付近を指しているものと思われる。そして「ワタライノ辻」周辺にはまた「渡井之供田」(7)とあるように、水田が開かれていた。おそらく中世から近世にかけての当該地域は、その大半を三〜四〇〇メートルの山に覆われ、周囲は湖ないしは内湖、沼地に囲まれ、山麓から島中央部にかけて若干の水田の広がる部分があったものと推測される。(8)

このような地理的条件は、自ずと当該地域における生業に限定と特色を与えることとなり、畑井弘はこの自然的地理的条件のもとに展開された奥嶋の非農業的生産活動として、古代以来供御人として朝廷に献上してきた郁子、商業的生産としての樵木採草、大工・檜皮工、石灰、藺、舟運、魞《えり》漁をあげている。大嶋神社奥津嶋神社文書からは、確かに畑井の指摘するように、非農業的＝非水田的生産を見出すことができ、当該地域の住人が「山野湖水を用益して幅広い分業的生産に活躍した」ことが特徴的であると考えられる。

なかでも奥嶋地域の魞漁は著名で、琵琶湖における魞の初見史料は大嶋神社奥津嶋神社文書中の仁治二（一二四一）年預所法眼某下文である。(9)魞とは琵琶湖に特徴的な漁法・漁具で、風波の少ない沿岸や内湖、入江に、割竹や葭で編んだ竹簀を立て回し、複雑な迷路に魚を誘い込むものである。(10)大嶋神社奥津嶋神社文書中にはこの魞場や魞の寄進状、売券が散見し、また魞をめぐる相論もあり、当該地域の歴史を考えるにあたって欠くことのできないものである。そこで、まず当該地域における魞漁をめぐる相論を契機とした宮座「大座」の形成について検討していきたい。

永仁六（一二九八）年六月四日、大嶋社奥津嶋社神官と村人等により次のような起請文が記された。[11]

【史料一】

定置　①両社神官村人等一味同心事

右此起請文、意趣者、当社供祭江入（魞）、②為中庄々官百姓等依被切捨、致訴訟処、若於此沙汰飜、③或致返忠、或両庄於乱衆儀物者、両庄一同庄家追出可加刑罰者也、若背背（ママ）此旨輩者、日本国中之大少神祇、殊当社大明神可蒙神罰冥罰於其身者也、仍勤状如斯、

永仁六年六月四日

又定、

就非此沙汰、縦異事出来時者、両庄一同之可為沙汰者也、

これによれば、大嶋社奥津嶋社の「供祭江入（魞）」、つまり神事のための魞が、中荘荘官・百姓等によって切り捨てられたという。この事態に対し両社神官と村人等は領主に対し訴訟をしたが、返忠（裏切り）、あるいは奥嶋・津田両荘の衆議を乱す者がいたならば、両荘一同はその者を荘家から追い出し刑罰を加えると神に誓い、さらに付帯事項として、非常事態が起きた場合は両荘一同が事にあたるものとすることを念を押すように確認している。

そしてこの起請文に引き続き、「津田・嶋両村人」が両社社頭に誓ったこと、つまり先の起請文の内容について「いちと（一同）うたるへし」と定めた北津田三九名、奥嶋五八名、計九七名の連署状が作成される。それが次の史料である。[12]

【史料二】

「□（端裏書）もん」

定　津田・嶋両村人つしんて（謹）申上候、社とうの沙汰にをきてハ、①いちとうたるへし（一同）、もしこのむ（ね脱）をそむき、しさいを□（申）、かゑりちうをも申たるか、ゑらんともから（違乱）にをきてハ、②庄ないをひんしゆ（擯出）□るへく候、□沙汰いたすへく候、右このむ（ね脱）をま□

永仁六年六月

北津田□

はつ四□（略押）（以下三八名連署　省略）

奥嶋分

衛門大郎（略押）（以下五七名連署　省略）

この連署状でも先の起請文と同じく「ゑらんともから」については「庄ないをひんしゆ（擯出）□」（傍線部②）する、と定めていることがわかる。

まずこれらの史料からは、両社＝大嶋社・奥津嶋社の神事のための「供祭魞」というものの存在がわかる。そして「津田・嶋両村人」によってそれを切り捨てたとされたのは中荘荘官百姓であるが、この場合、中荘とは津田中荘のことである。奥嶋の東半は奥嶋荘、西半には津田荘が展開するが、この時期すでに津田荘は北・中・南の三つの各々が、共同体として独自の動きをみせていた。その一つの例がこの永仁の魞相論で、この相論は奥嶋荘と津田荘の相論ではなく、荘の異なる二つの村、すなわち奥嶋荘の嶋と津田荘の北津田が一味同心して津田中荘に対抗している。つまりこの場合、津田荘という枠組みよりも、津田中、北津田という荘のなかの共同体単位の利害が優先され、北津田は荘の異なる隣村嶋と「両庄衆議」「両庄一同」(13)というかたちで結束していることがわかる。

この様な事態が出来する背景は、次の史料によって知ることができる。

【史料三】

「（端裏書）□教書　永仁六年」

①大嶋社供祭事、料所破損間、及神供之退転之上者、土民等私江利（魞）如先年可被停止之由、彼社訴申之間、被下知其旨之処、供祭闕如、被止私江利（魞）者、速可差出供祭之江利（魞）之由、社家幷村々成評定、差置所々之処、②中庄沙汰人等無故切捨彼江利（魞）之間、③既為神敵可被行罪科之由、社家頻訴申候間、被召決両方之処、切江利（魞）之条承伏□

この史料は後欠で差出が不明ではあるが、端裏書の「□教書　永仁六年」の記載や内容から一連の魞相論に対する領主側からの裁許状であることは間違いない。傍線部①には、この事態の前提となる状況が記されている。おそらく魞場というのは限定された領域であることから、魞が増加したことにより神供を進めるための魞をたてる魞場が破損する事態となったものと思われる。そのため神供が滞ってしまったので、大嶋社としては本来的に魞は神供のためのものであるという主張から、そこに増加してきた「私魞」を停止するよう訴え、それが認められる下知があった。その下知を受けて「社家幷村々」（【史料三】破線部）では、私魞の停止、供祭魞の差出しを評定し魞はそのまま差し置かれた、という状況である。その後、傍線②あるいは【史料一】【史料二】にあるように、中荘沙汰人等の私魞のために供祭魞が切り捨てられるという事態が起こり、大嶋社はこの中荘の行為を「神敵」（【史料三】傍線部③）であるとして訴訟に及んだ。それに対する最終的な裁許は不明だが、大嶋社および神官・村人らは【史料一】【史料二】のように起請文を書き一味同心し、中荘の動きに対応しようとした。

この永仁の相論から五〇年あまり経った康永元（一三四二）年、再び中荘との魞相論が起こる。(14)この事件は、中荘の孫三郎が「当庄之供斎之恵利(魞)」を切り上げたため、両荘一同は神木を振り「庄堺」まで発向したところ、孫三郎は驚愕して神輿に対して嘆いたが、村人等は一切許さなかった。そこへ「惣追補(捕)使代輔阿闍梨御房」が仲介となったので神輿は荘堺から戻ったというものである。

ここで興味深いのが「令両庄一同奉振神木、既為発向奉入庄堺之処」という部分で、両社供祭のための魞を中荘の者が切ったことについて、「両庄」は神木を「庄堺」へ発向しているという点である。そして最終的には「供斎之恵利并御神領等」について「有致煩輩、為有厳密其沙汰」を衆議してこれを「置文」としていることからも、両荘は、この康永の相論において魞相論を有利に解決するための論理として、「庄堺」で区画された「御神領」を問題とすることとしたのである。

そうであれば次には「庄堺」となる境界が問題となる。本来ならば「庄堺」とは奥嶋荘と津田荘の堺であるはずであるが、この場合、奥嶋荘と津田荘はともに神木を奉じ「両庄一同」と称して中荘孫三郎大夫に脅威を与えているわけであるから、「庄堺」とは、同じ津田荘に属する北津田と中荘との堺、と考えざるを得ない。

つまり中荘との相論は、この康永の段階に至って、嶋・津田北両荘村人らにとって中荘と堺を接した領域的な両社の「御神領」をはっきりと意識させることとなったといえる。

2　魞漁にみる排除と結衆

永仁の相論で問題となっている私魞は、おそらく嶋、北津田、さらに中荘沙汰人らも含む周辺の有力百姓＝村人等の所有であったと考えられる。つまり村人等が所有していた私魞の増加により供祭魞からの神供が進められないという事態が起こり、そのことに対する大嶋社の訴訟が私魞停止の下知となったわけであるから、次にはその下知を受けた「社家并村々」のなした「評定」（【史料三】破線部）が問題となる。

【史料三】の発給者が不明であるが、「社家」は大嶋社神官であり、「村々」は津田荘と奥嶋荘を構成する個々の共同体のことを指していると考えられる。下知に関係した利害関係のある村々がこの下知を受け、私鮲を停止して神供を速やかに差し出すことを決定した、これが「社家并村々」の「評定」した結果であった。

この評定の後、中荘による供祭鮲切り捨て事件が起こることになるが、このことは、中荘側としては「中庄々官百姓等依被切捨」（【史料一】傍線部②）とあるように、荘官と百姓等が中荘としてまとまり、私鮲停止・供祭鮲興行という村々評定に抵抗を示したものといえよう。

一方、この切り捨て事件に対して大嶋社奥津嶋社＝両社の神官と、北津田・奥嶋＝両村（「両社神官村人等」【史料一】傍線部①）は、再び訴訟を致す一方、連署状をとり「いちとうたるへし」（【史料二】傍線部①）と誓い、違反したものに対しては「或致返忠、或両庄於乱衆儀物者、両庄一同庄家追出可加刑罰者也」（【史料一】傍線部③）、「庄ないをひんしゆ」（【史料二】傍線部②）といった厳しい規制を行い、結束の強化をはかった。

このときの、中荘の動きと両社両村人の動きから次のことを読み取り得る。この地域に生活し両社神事を執行してきた両村人にとって、神供の貢進と私鮲とは両立しなくてはならないものであったが、その意味で下知の内容はそのままでは承伏できないものであったはずである。そこでおそらく両社神官と村人は結託して、他村、あるいは領主に対しては、両村が関わる鮲をすべて「両社供祭江利」といわば公的に位置づけ、両社供祭の鮲と両村人の私鮲との、双方の保全を図ろうとしたのではないか。

大嶋社・奥津嶋両社の社領については明確な史料はない。この点について畑井は「住民の用益する山野湖水が即ち当社の潜在的社領という状態を形成」していたと指摘する。(15) この指摘を受け鮲相論について考えれば、さらに次のことが指摘できよう。

鮲漁はその漁具漁法の特殊性から、地形などが限定された湖水を占有することによって展開していく生業である。

その限定されたなかでは、自らの権利をいかにして保全するかという点に腐心することになる。そこで永仁相論に於いては、両荘村人等は自らも結束を堅くし、その上で奉ずる神の下に結集し、他のものを排除する論理を構築したのであろう。そしてその後五〇年を経たとき、停止されたはずの私鮲はさらに増加し再び相論が起こった。

この康永相論の段階では鮲一つひとつが供祭鮲である、という論理だけで私鮲の増加をとどめることはすでに不可能であり、さらに領域的な「御神領」という論理をもって、生業を保全するための楯としたのである。そしてこの「御神領」化は、鮲相論が中荘との堺相論に転換するような、嶋・津田北両村の一円領化を意識化させたといえよう。つまり共同で生業保全を行った嶋、北津田「村人等」は、それを一つのきっかけとして荘園の異なる自らを「両庄」と称し、大嶋社奥津嶋社（両社）神を奉じさらに強固に結衆したといえる。

3　大座の成立

嘉暦元（一三二六）年に大嶋社修理田に関する次のような定書[16]が記された。

【史料四】

定置　大嶋大座修理田事

合壹段者、①此内半者、津田村人分也、

在近江国蒲生下郡奥嶋御庄内

字上水代西縄本参段目也、

右件修理田者、②両庄大座村人中○中庄自字紀大郎手買取天、加借屋修修（理）者也、而壹段買券ぉ両村人書分テ、座衆中預置之処、嶋分ぉ

引失之間、為向後亀鏡所書改也、若千万一稱有本證文、雖致違乱、更不可被信用者也、仍置文如件、

嘉暦元年丙寅五月廿三日
西念　青蓮　道円
道信　乗念
津田村人為向後證據暑（署）判
錦守末　大中臣宗房

この史料から「両庄大座村人中」が大嶋大座修理田として「字上水代西縄本参段目」一反を買取っていることが知られる（傍線部②）。そして一反の修理田のうち半分は津田村人分（傍線部①）とあることからも、津田村人・嶋村人の「両村人」を構成員に含み大嶋社に結集する「両庄大座」の成立をここに確認することができる。

この【史料四】は大嶋神社奥津嶋神社文書中の「大座」の初見史料であるが、大座の成立は永仁舦相論以降少なくとも十四世紀ごく初頭まではさかのぼると考えてよいであろう。そしてこれまでの検討から、舦漁という用益を排他的に確保することが、大座の成立契機の一つであったものと考えたい。すでにそれ以前から津田・嶋村人等が大嶋社神事の神供采配などを結集して行っていたことは次節でふれたいが、舦という用益保全のために改めて結束を強め、その際両荘の住人等までをもその結衆のなかにとりこみ大座が成立したことは、その一方で領域的な境を接する中荘を神敵と称してその用益からは排除したことと考えられる。

つまり大座は本来的には村人等を中心とする両荘住人で組織された祭祀組織であるが、これまでみてきたような観点からみれば、構成員の用益保全を行うことをも、その本質としていたことがうかがえる。先述のように、田端[17]は大嶋社奥津嶋社両社を支えた村人は鎌倉期からすでに結束し、相論となった舦が「神社の供祭舦であったということが、村人の舦漁業権を保証する役割を果たしている」として、「神社が惣結合の精神的紐帯となるのは、こうした背景をもつから」だと述べる。これは本節の検討からして一面正しい指摘であるが、さらに次節以降、宮座という組織が村落のなかでどのような機能を果たしていたかという点を具体的に探っていきたい。

二　宮座の展開とその収支

1　大座の構造

大嶋社奥津嶋社の前史については諸説あるが、史料上では鎌倉初期すでに「両社」とあることから、平安末〜鎌倉初期までに現在のかたちになったものと考えられている[18]。そして萩原龍夫などの研究[19]により、すでに十三世紀中頃から奥嶋荘、津田荘という異なる荘園に属する嶋、（北）津田の二つの村落が「両庄」と自称し、共同で神事を執行し、十三世紀末に複数の座の存在が、弘長、文永の神事日記[20]からは四名の村人の存在が高牧實[21]などによって指摘されている。

大座の初見は前節でみた嘉暦元（一三二六）年の大嶋社修理田置文案【史料四】で、「両庄大座村人中」が修理田を買取ることがみえ、ここからこの時期[22]大嶋社の宮座は「両庄大座」と称され、構成員は津田村人・嶋村人の「両庄村人」で、また村人の人数は七名を数えることができる。弘長、文永段階とは座のあり方に一定の変化をみることができる。

応安元（一三六八）年の「大嶋御供料之事」「息津嶋御供料事」等の定書[23]には次のような記載がある。

【史料五】

（前略）

一大嶋大座村人々数之事

①神田領村人廿三人之前ハ可有之、此外ハ前ハ不可有者也、

②嶋庄村人ハ廿一人之前可有之、此外之前ハ不可有之、
一③御供なうらいの前、已上百五十六前之内、
④七十九前ハ左之村人方へなうらうへし、
⑤七十五前ハ右之村人方へなうらうへし、
⑥左之横座十一前、同二らうゑ十一前、
⑦右之横座十前、同二らう十前、此分おをろすへし、
両横座四人つゝハ九度、節供にハ上衣にて可有出仕、其余之村人者ひたゝれにて可有出仕、ひたゝれなくハ不可出仕叶、⑧此四人つゝのおとなハ付之なうらう事あり、と祢をまわりてなうらうへし、
（後略）

この部分についてはすでに黒田[24]、高牧[25]による指摘があり、それらによりながら再度検討してみたい。大嶋社の宮座に参加するうちの村人の前（膳）は、神田領（北津田）村人は二三人（傍線部①）、嶋荘の村人は二一人（傍線分②）で、ここから両荘村人は計四四人であったことがわかる。次の一つ書の「御供なうらいの前」（傍線部③）は、両社に捧げられた御供をおろした直会の膳の配分で、左之村人におろされるのは七九膳（傍線部④）でこのなかから「左之横座十一前」（傍線部⑥）「二らうゑ十一前」（同）を配分、また右之村人におろされるのは七五膳（傍線部⑤）でこのなかから「右之横座十前」（傍線部⑦）「二らう十前」（同）を配分することになっていた。そして横座の内四人が「おとな」（傍線部⑧）である。人数から考えて、おそらく左右それぞれの「横座」と「二らう」が、前項の村人にあたるものと思われる。高牧は「二らう」は二臈で中座にあたるものとしている。この時点での大座は、全体で左七九人、右七五人の計一五四人であったとみられる。そのうちの左右それぞれ二〇人前後の計四〇人ほどが両荘の「村人」と称される人々で、その村人のなかでの横座のうち左右各々四人ずつが「おとな」という構成になっていたとみられる。

表1　両社祭礼供米等一覧

		大島社	奥津嶋社
		斗	斗
七月	早稲之御はつお	7.5	5.0
七月七日	さうめんの代	200文	200文
九月九日		7.5	5.0
霜月祭礼	御供	7.5	5.0
正月一日	御供	7.5	5.0
三月三日		7.5	5.0
四月祭礼		7.5	5.0
五月五日		7.5	5.0
六月一日御田		7.5	3.0
二季彼岸米		6.0	6.0
霜月祭礼	御水米	15.0	10.0
四月祭礼	御水米	15.0	10.0
		計9石6斗	計6石4斗
		200文	200文

そして節供にあたって、おとなは上衣で出仕、その他の村人は直垂にて出仕するということが決められていた。この定書からみえる村人は両荘併せて四〇人ほどで、この定書の記載内容が現実を反映したものであれば、大座初見の嘉暦から四〇年以上経ち、村人の人数はさらに増加していることになる。

つまり十三世紀おわり頃には、少数の村人が指導的な役割を果たしていたが、鎌倉末、十四世紀はじめ頃には座に結衆する人数も逐次増加し、前節でみたような契機で「大座」という宮座が形成され、それは村人を指導層とする重層的構造の宮座であった。黒田はこのような大座について「上層農民の特権を表示する形態をつうじて祭祀儀礼が農民のものとなっていた」[26]と述べる。確かに大座は第一義的には祭祀儀礼を運営する団体であり、そこにおいては村落内の重層的構造が表示されることになり、同時に、日常的に大座修理田などで宮を管理し、供料を負担し、節供などへ出仕する一方で、直会（「なうらい」）を受ける存在でもあったのである。そこで次にとくにこの時期の大座の、具体的な活動について検討したい。

2　大座の収支

大嶋社奥津嶋社の祭祀を先の「定書」からまとめたのが表1である。それぞれの社で、正月、三月、四月、五月、六月、七月、九月、霜月と二季彼岸に、神事や祭礼が執り行われていたことがわかり、ここから祭祀関係費用の合計は一六石と四〇〇文となる。この「定書」の記載を萩原[27]は「形式的記載」とするが、少なくとも村落にとって両社の祭礼を運営するための必要経費として定められた額であり、一定の目安となろう。ではこの経費一六石はどのようにして調達されたのだろうか。薗部の整理に従えば寄進地などの惣有地からの収入や頭役がそれにあてられたと思われるが、宮座役についてもはっきりしたことがわからない。また前節でもみた当該地域では住民の用益する山野湖水が両社の潜在的社領を形成していたという畑井の指摘もあるように、大嶋社奥津嶋社の社領、免田などの全体像は不明である[28]。表2は大嶋神社奥津嶋神社文書のなかから大座および大嶋社奥津嶋社に寄進・売買された物件を一覧にしたものである。ここから単発的であるが寄進、売買などの様子が判明する。

また表2の(2)(4)(6)(7)(8)では大座が物件移動の主体となっているのであるが、寄進・売買の対象が両社である場合と大座である場合が実質的にどのように弁別されていたのかはここからは判断しがたい。しかし少なくとも大座には独自の財産があり、それを進退する主体であっ

表2　大島社奥津嶋社、大座の財産

			内　容		所　在	文書番号
(1)	文保2年	(1318)	神田社拝殿修理料田	1段	字彊内	No. 21
(2)	嘉暦元年	(1326)	大座修理田	1段	字上水代西縄本参段目	No. 26
(3)	文和4年	(1355)	(大島社へ寄進)	魞場1所	都那師入江	No. 43
(4)	延文3年	(1358)	(大座之衆中へ売渡)	山林	得能山林	No. 47
(5)	延文5年	(1360)	大嶋社奥津嶋社御供米の料足	田半	柏原田地	No. 52
(6)	応安元年	(1368)	質物方に大座神物として沽却	井田30歩	字堀町十一坪	No. 62
(7)	応安元年	(1368)	質物方に大座神物として沽却	40歩	字門尻九坪	No. 63
(8)	永和4年	(1378)	嶋之大座中へ寄進	半(得分2斗5升)	字正作廿五坪	No. 77
(9)	永徳2年	(1382)	大宮殿の嶋人中へ寄進	45歩(得分1斗)	六坪新田	No. 79
(10)	嘉慶2年	(1388)	嶋郷之大宮へ寄進	72歩	神土畔	No. 81
(11)	応永2年	(1395)	嶋宮庵室上葺のため寄進	1段(得分3斗)	字カウノミトシロ	No. 87
(12)	応永16年	(1408)	大宮殿の下米に寄進	小15歩(加地子3斗)	字みやかす	No. 106
(13)	応永32年	(1425)	大嶋大明神に寄進	1所	導祖神本山乾面	No. 117
(14)	永享8年	(1436)	大嶋息津嶋御宝前に寄進	半30歩	九坪	No. 125
(15)	長禄2年	(1458)	大嶋息津嶋神社の社頭に寄進	蘭田36歩	字十坪	No. 143

No. は『大嶋神社・奥津嶋神社文書』文書番号。

たことはみてとれる。それではこの財産を大座はどのように管理・運用していたのか。そこで次に十四世紀中頃の大座米の「ツカイアシ」を記した日記を検討し、大座が行っていた収支システムについて検討を加えたい。

関係する日記は貞治四年、(29)応安三年、(30)応安五年(31)の三点で、まず貞治四（一三六五）年「ツカイアシ日記」の構造を検討する（A～E、イ～ニは筆者。なお、原本ではEはDの下段に配置されている）。

【史料六】

貞治四年三月廿一日大座米ノツカイアシ

A

イ　二斗九升八合内 平九郎弁

ロ　一斗七升源三郎下、寺升、三月廿一日、文書ナシ、

ハ　一斗与一大郎下、同日寺升、文書ナシ、

ニ　一升六合　米下時サカテニ入、

B

「米ハカル時、一升サカテ入」、(異筆)

庄升孫四郎弁

六斗六合四勺内　二斗 ホ寺升 中村 又二郎　一斗新三郎 へ寺升　一斗五升 三月廿二日 道円《ハマノ(房)》、中二郎(後)御家口入、ヌノコ一アリ、

一斗 門ノハタノカキトクノリ、寺升、彦二郎女房請取、

C

青蓮、ヨリ　米

五斗内 百文《ヲコク》 代 八升五合サケウテ、　六升《サケ》代四十二文コマ石エヤル、　三升代廿一文源三郎殿ヤル、

五升四月一日、　一升五合代十一文　三郎大郎方へヤル、以上七十四文サカヤエヤル、

三升ケ、時入三月廿八日　残廿三文アリ《ミミ》　西谷法橋方へサカテ入、

残米二斗九升五合三アリ　内　三升五合源三郎殿カリ、寺学房口入、五月廿一日、寺升、
五升七月一日ヲコク　又一斗七升五合、白部かたミ時六月六日

D

庄升
一石津田殿へ、衛門口入、四月廿五日

残五升内四升三合アサコイ侘時、サケニ入
残七合サカナ五月廿一日

E

寺升
五斗六合内　源三郎カリ　寺升一斗五升源三郎カリ、文書ナシ

残三斗五升六合　アリ、四月廿八日

八升百文惣カリ、一斗又二郎カリ、源三郎殿口入
侘時、文書ナシ、五月四日
五月廿一日文書ナシ、

寺升
一斗六升五合源三郎殿カリ、文書ナシ
五月廿一日寺学、口入、
一升一合以上

この史料は、貞治四（一三六五）年三月二十一日に納められた大座米から、米銭が随時支出されていく状況を七月一日以降にまとめて記載したものである。日記は大きくA～Eの五つのブロックから構成される。A部分を検討すると、上段部イに「二斗九升八合　平九郎弁内」とあり、下段部のロ～ニは、「斗数・人名・「下」・升の種類、月日」が記載される。これは平九郎が大座に対して二斗九升八合を弁済したことをあらわし、下段のロは源三郎に一斗を、ハは与一大郎に一斗を、ニは一升六合を「米下時サカテニ」へ、それぞれ支出したことをあらわす。つまり、上段は大座に対して弁済された部分（大座を主体とすれば収入部分）、下段ロ～ニはその弁済額から支出した内容の明細という構造

表3　【史料六】貞治4（1365）年3月21日大座米ノツカイアシ

	収入			支出				
	単位：升	人名	升	単位：升	支出先	備　考	月　日	升
A	イ 29.8	平九郎		ロ 17.00	源三郎下	文書ナシ	3月21日	寺升
				ハ 10.00	与一太郎下	文書ナシ		寺升
				ニ 1.60	米下時サカテ二入			
	計 28.6							

B	60.64	孫四郎	庄升	ホ 20.00	中村又二郎			寺升
				ヘ 10.00	新三郎			寺升
				15.00	ハマノ道円房	中二郎後家口入	3月22日	
				10.00	門ノハタノカキクトクノリ	彦二郎女房請取		寺升
	計 55.00							

	収入			支出				
	単位：升	人名	升	単位：升				升
C	50.0	青蓮房		5.00		ヲコク	4月1日	
				※8.50	100文	ウテ		
				①計 13.50				
					酒6升	42文	サケ／コマ石エヤル	
					酒3升	21文	源三郎殿ヤル	
					酒1.5升	11文	サケ／三郎大郎方ヘヤル	
					計	74文	サカヤヘヤル	
				3.00		ケヽ時入	3月28日	
				＊(1.955)	23文	西谷法橋方ヘサカテ入		
				②計 4.955				
				3.50		源三郎殿カリ／寺学房口入	5月21日	寺升
				5.00		ヲコク	7月1日	
				17.50		白部かたミ時	6月6日	
				③計 26.00				
	①＋②＋③＝44.455							

※より1文＝0.085升
＊は1文＝0.085升で試算

D	(105)			100.00	津田殿へ	衛門口入	4月25日	庄升
				残5.0				
				4.30	アサコイ佗時サケニ入			
				0.70	サカナ		5月21日	
	計105.00							
E	50.6		寺升	15.00	源三郎カリ	文書ナシ		寺升
				8.00	100文惣カリ	文書ナシ／佗時	5月21日	
				10.00	又二郎カリ	源三郎殿口入	5月4日	
				16.50	源三郎殿カリ	文書ナシ・寺学房口入	5月21日	
	計49.50							
	以上1.10							

になっている。Aでは、弁済部分イ（二斗九升八合）から、支出であるロ（一斗七升）、ハ（一斗）、ニ（一斗六合）が差し引かれるが、ロ・ハ・ニの合計はイとは一致しない。A〜E各ブロックはすべてこのような構造になっている（表3参照）。そして貞治四年日記【史料六】全体では三月二十一日から七月一日までの支出状況を記載している。

以上から、この日記は納帳と下行帳の機能が一体化した大座に関する算用帳の一種と考えられるが、年間を通してではなく二〜三カ月単位の収支の動きを記載し、全体の合算などは行われていない。【史料六】A〜E各ブロック内は、上段には「弁」として大座米弁済額、下段にはそこからの支出明細が記載される。つまりこの日記からは、大座への「弁」を行うブロックごとに収支管理がなされていたことが読みとれる。このような構造は、応安三年日記（表4）、応安五年日記（表5）もほぼ同様である。これらの構造をわかりやすく示したのが表3〜表5である。

まず、弁済部分についてみたい。貞治四年日記【史料六・表3】Aでは、平九郎が二斗九升八合（イ）を弁済している。このような人物には【史料六】ではB孫四郎、C青蓮房、応安五年日記では大座七郎（表5A）の名がある。一方応安三年日記（表4）では、神主・左近殿・大夫四郎（表4A）、衛門三郎（表4B）の名が弁済者としてでる。このうち神主は神田升で弁済しており、大夫四郎は若宮神田作職所有者で[32]「ヲリ米にて立用」とあることから神供の下物から立用して弁済していることが判明し、また左近殿は修理田と関わりがあることがわかる。また応安五年の若宮に対する魞竹簀寄進者を書き上げた史料(33)に、「左近殿」「大四郎（大夫四郎）殿」「衛門三郎」の名がある。以上のことからこの弁済者は神主や修理田の管理など宮の運営に深く関与し、一方で魞漁に一定の権利をもつ人々でもあると考えられ、これらは先にみた大座のなかの村人等に相当するだろう(34)。

次に支出部分を検討したい。まず個人宛の支出がみられる。貞治四年日記【史料六・

表4　応安3（1370）年12月18日大座米納米

	収入				支出				
	単位：升	人名		升	単位：升	支出先	備考	月日	升
A	100.00	神主		神田升	50.00	372文ウル／惣ノ百姓中ヘヤル	但質ヲトル		神田升
	60.00	左近殿	スリ田米		50.00	十一月オマツリサカテ飯入			
	50.00	大夫四郎	ヲリ米にて立用		10.00	大嶋マツリ			
					10.00	ヲキツ嶋マツリ	二口入		
	計210.00				計120.00				
B	残110.00				5.00	明寂坊天神之時		12月13日	寺升
	13.00	衛門三郎	井田加地子		4.00	明寂坊天神之時		12月25日	
					3.50	明寂坊天神之時		12月26日	
					4.00	天神ヨリモトリ		12月26日	
					5.00	サケ			
					11.00	100文ニウテスキノシタミ時サカテニ弁		2月17日	
					5.00	ヨリアイ時アコ石殿方ヘヤル		2月29日	
					3.50	サケ／津田殿ヨリモトリ			
					（以上41.50）	（タビ、、入）			
	計123.00				計41.00				
C	（16.8）				残16.30	大夫四郎下・形部殿・源四郎殿ニヤル		3月2日	
					0.50	スリ田米ウル不足ニヤル			
					計16.80				

表3】Aでは源三郎、与一大郎、Bでは中村又二郎、新三郎、ハマノ道円房、Cでは源三郎殿、Dでは津田殿、Eでは源三郎にそれぞれ支出されるが、Dの奥嶋荘下司代一族かと思われる津田殿への一石を除き、ほとんどが一斗～二斗である。また応安三年日記（表4）では、Cに大夫四郎、形部殿、源四郎殿に支出されている。また応安五年日記（表5）のAでは左近殿、Bでは左近殿方と道願房方、□郎大夫殿方に支出されている。これらの人物のうち大夫四郎、道願房、形部、源四郎、左近殿は、先にみた魞竹簀寄進者に同名がみられ、また大夫四郎、左近殿については弁済者とも名が一致する。これらが同一人物であるとすれば、弁済者と支出先が、魞漁に権利をもつ同一の層にともに属しているということになる。

次にその他の支出をみると、貞治四年日記【史料六・表3】Aでは「米下時サカテ」、Cでは八升五合を一〇〇文に換金し七四文をサカヤへ支払い、「ヲコク」「ケ、時」「白部かたミ時」へ支出、Dでは「アサコイ佗時サケニ」、またEでは「惣」へ支出する。応安三年日記（表4）Aの支出部分には「五斗代三百七十二文ウル　惣ノ百姓中へヤル、但、質ヲ□ル」とあり、これは質物をとり百姓中へ貸付している状況とみられる。また「十一月オマツリサカテ飯」「大嶋マツリ」「ヲキツ嶋マツリ」など社の祭祀への支出がみられ、またBでは「天神之時」「スキノシテミ時サカテ」「ヨリアイ時」「サケ」などがみられる。応安五年日記（表5）のAでは「百姓名田ワリツケ時」「寺へサカテ」「マス代」「エリサシノ中へ」「飯」「ヨリアイ時飯ニスル」「サケ」などの支出がある。以上のように支出の内容は、個人（人名＋殿、人名のみ、寺僧）、惣、百姓中、百姓名田ワリツケ時、寄合、結解の際の酒飯、隣村との関係（「白部かたミ時」）、神事・祭礼などで、内容に不明なものがあるものの、大座は弁済単位ごとにこのような支出を行っていたことが判明する。

以上のことから、大座の収支に関わるいくつかの点を指摘することができる。まず、大座の収支は納帳と下行帳の機能が一体化した算用状により管理されていた点である。大座に対しては弁済者単位に弁済がなされ、それぞれの弁

表5　応安5（1372）年大座米納ツカイアシ

	収入				支出				
	単位：升	人名	備考	升	単位：升	支出先	備　考	月日	升
A	20.00	大座七郎			8.50	百姓名田ワリツケ時入	一升マス代ヤル		
					1.00	マス代ヤル			
					3.00	左近殿	モロコスシ□ヘヤル		
					3.10	寺ヘサカテニ入			
					3.30	左近殿□	代38文/□魚ニモク		
					計18.90				
B	60.00	神主米	神田		10.00	エリサシノ中ヘヤル		2月29日	寺升
					10.00	左近殿方へ	ハシメテ		
					10.00	道願房方へ	ハシメテ		
					5.00	御飯ニ入		4月1日	
					5.00	飯ニスル	ヨリアイ時		
					4.00	タヒ、、サカテニ入		4月7日	
					5.00	サケニ			
					6.00	□郎大夫殿方ヘヤル	代66文		
					計55.00				

済単位から支出がなされていた。

　また、弁済されたものからの支出については先にみたとおりであるが、大座の祭祀組織としての側面に関わる支出は貞治六年日記の「ヲコク」、応安三年日記の「十一月オマツリサカテ飯」「大嶋マツリ」「ヲキツ嶋マツリ」のみで、その他は「百姓名田ワリツケ時」「ヨリアイ時」「ケ、時」「米下時」など、村落運営の節目に関わる局面での「サケ」「サカナ」「飯」、あるいは寺などへの「サカテ」が多くを占める。もちろん祭祀関係の日記が別に存在した等の可能性もあるが、少なくともここからは、宮座が村落運営の中枢であったという薗部の指摘のように、大座が当該村落の運営の中心的な機能をもっていたことが、収支システムの上からはっきりと確認できる。

　また「ヤル」「下」「カリ」という表現での個人宛、惣宛、百姓中宛の支出がある。このうち個人宛の支出では、先にみたように弁済者名と支出先人名が同名のものがあり、これが同一人物とすれば、この弁済者達と支出先個人は同一にグルーピングされることになる。この弁済者はおそらく弁済単位に責任をもつ大座の上層にあたる村人等であり、大嶋社奥津嶋社の修理田やその他の寄進物件などの共有財をそれぞれが請け負うかたちで管理運用し、弁済したものと考えられる。この収支自体は大座のものであることから、それらを改めて祭祀費用や村落運営費用に支出し、同時に惣や百姓中、あるいは村人個人に貸し付るかたちをとったものと考えられ、おそらく村人等は、大座から共有財を請け負い、運用し一定額を弁済するというかたちで大座の財産を管理していたと考えられる。以上のように年間を通しての動きなどは不明な断片的な史料であるが、大座の算用状からその収支を管理するシステムが明らかになり、大座が祭祀組織であると同時に村落運営の中枢組織であることを具体的に確認することができた。

三　財の運用からみる宮座の機能

1　出挙米の貸付

本節では、前節で[35]確認した大座の収支システムから、個人宛の支出に関連する出挙についてその内容を検討していきたい。まず次の史料をみたい。

【史料七】

(端裏書)「大座中□新□□(三郎)」

申請　出挙米事

①合貮斗者、

右件米者、以来秋之時、②加五把之利分、可弁進、若不致其弁者、③奥嶋御庄内字ほりまちの井田参拾歩お、永可
被取進者也、仍為後日沙汰状如件、
貞治貳年壬（閏）正月十九日　新三郎（略押）

これは貞治二（一三六三）年閏正月付の新三郎の出挙米借用状である。新三郎は米二斗の出挙米借用を請い（傍線部①）、借用した二斗は秋に五割の利子を加え返済し（傍線部②）、返済できなかった場合には「奥嶋御庄内字ほりまちの井田」三〇歩を差し出す（傍線部③）としている。端裏書から大座中宛と判明する。またこれに関連する次の史料(36)がある。

【史料八】

（端裏書）「大座中新□□□（三郎売）券」
売渡進　私領田地新放券文事
合参拾歩者、但、①直米壹石伍斗漆升五合慥請取了、
在奥嶋御庄内字堀町十一坪井田参拾歩也、
右件田地元者、字新三郎之先祖相伝之私領也、然而②質物方ニ限永代大座神物所沽却進在地明白也、
但、（可脱）雖本証文相副、依有類地不能副進、雖経後々代々、更不可有他妨、仍為向後亀鏡之放券之状如件、
応安元年六月五日　字新三郎（略押）
法心阿弥陀仏（略押）

この史料は、応安元（一三六八）年、新三郎が私領「奥嶋御庄内字堀町十一坪井田参拾歩」を売却した売券である。しかし「質物方」に「大座神物」として沽却した（傍線部②）とあることからも、これは単なる売買ではないことが

わかる。売買物件の「堀町十一坪井田参拾歩」は【史料七】で借用の際の担保「ほりまち井田三十歩」と同一の物件であり、【史料八】売券の売主は、【史料七】で出挙米借用を願った新三郎と同一人物である。つまり、新三郎は貞治二年閏正月に大座から出挙米を借用した（【史料七】）が返済できず、五年後の応安元年六月にはその担保「堀町井田三〇歩」を大座に沽却するかたちで精算したのである。ここから大座による出挙では、質物をとり、返済がなされない場合には大座に対して質物を沽却するという処理がなされていたこと、また大座に沽却された質物は「大座神物」とされたことがわかる。

このようなかたちで大座が出挙を行っていたことが判明したが、その大座による出挙米の運用の実態についてさらにみたい。

2　出挙米の運用

先に検討した【史料七】によれば、新三郎が貞治二年閏正月に借用した出挙米は二斗（傍線部①）で、その秋には「五把之利分」（傍線部②）を加えて返済すると約しているが、結局秋に返済することができず、五年後に質物の沽却というかたちでいわば返済したこととなった。ここで、貞治二年から五年間の新三郎の借用額を、年を追って試算してみたのが表6である。これは借用分に利息を加えたものが新たな借用額となる複利計算と仮定して考えた。まず貞治二年閏正月に二斗を借用し（表6ⅰ）、その秋には五割の利息を加えた三斗を返済するはずであった（表6ⅱ）。しかし返済はなされずに、翌貞治三年にはその三斗が借用額となり、秋の返済予定は四斗五升（表6ⅳ）となる。このようにしていくと貞治六年秋には、一石一升二合五夕の借用分に五斗六合二夕五の利分を加えた一石五斗一升八合七夕五（表6ⅴ）が借用分と試算できる。

【史料八】で新三郎が質物を沽却した応安元年は貞治六年の翌年六月であり（二月に改元）、その際の直米は一石五

表6　新三郎出挙米借用額試算表

		借　用	秋　返却予定
貞治2年閏1月19日	1363	2斗 i【史料七】傍線①	2+1=3斗 ii
貞治3年	1364	3斗 iii	3+1.5=4.5斗 iv
貞治4年	1365	4.5斗	4.5+2.25=6.75斗
貞治5年	1366	6.75斗	6.75+3.375=10.125斗
貞治6年	1367	10.125斗	10.125+5.0625=15.1875斗 v
貞治6年12月	1367	結解状　新三郎 【史料九】k	1石5斗1升8合7夕
応安元年6月5日	1368	新三郎売券　直米 【史料八】傍線①	1石5斗7升5合

斗七升五合であった（【史料八】傍線部①）。この額が、先に試算した貞治六年秋までの新三郎の借用相当額（表6 v）の近似値であることに注意しておきたい。さらに、次の【史料九】(37)をみたい。

【史料九】

貞治六年十二月大座中ケ、状

合

a 一石　衛門允

b 一斗八升七合五夕内（出米一斗、シリ田、ケン助弁）　治部允（六月一日四升酒）

c 五斗七升五合（庄所当ニ立用）　与二

d 四斗二升三合（五升五月一日御コクニ入、）（文書アリ、）　百姓中

e 七升五合十五夕（文書アリ、）　村人中

f 三斗三升七合五夕（文書アリ、）　新三郎

g 五斗七升三合七夕　与一大郎

h 三斗三升七合五夕（文書アリ）　与一大郎

i 六斗六升三合七夕（文書アリ、）　百姓中

j 二斗六升五合五夕（北ノ）（文書アリ）　大夫四郎

k 一石五斗一升八合七夕（此米方ヘホリ町井田卅出候、）　新三郎

l 六斗七升五合（文書アリ、）　又二郎

m 六石三斗七升八合七夕（百姓中）（文書アリ）百姓中

n 廿三石一斗七升五合六夕（百姓中）

o 卅七石九斗二合（文書アリ、）　百姓中

p 以上七十四石三斗八升五合四勺

これは貞治六（一三六七）年十二月に行われた「大座ケ、」すなわち大座の

結解の記録である。このうちに注目したいのはk（破線部）で、そこには「一石五斗一升八合七夕　新三郎」「此米方へホリ町井田卅出候」とある。この「一石五斗一升八合七夕」は先の試算表6のv、すなわち複利計算で試算した場合の新三郎の貞治六年段階の借用相当額と一致し、このことから結解項目kは、【史料七】【史料八】でみた新三郎の出挙米借用に関わるものということができる。

大座では貞治六年十二月にその年の結解のための座が開かれ、そこで新三郎の出挙米借用の件も決算項目となり、貞治六年末までの累積借用額が「一石五斗一升八合七夕」であったためこれ以上繰り越すことはせず、「此米方へホリ町井田卅出候」、すなわちこの借用出挙米を質物としている堀町井田三〇歩によって精算することが決められたのである。そしてその結果十二月の結解から約半年後に出されたのが、【史料八】の売券である。その際の直米は一石五斗七升五合（【史料八】傍線①）であり、それは貞治六年末での借用額に五升六合三夕を加えた額となる。この五升六合三夕という加算分は、大座が半年の間に若干の利分をつけたものであろう。

以上の検討から、大座は、神物と称する財産を保有し、そこから出挙米を貸し付けていたことがわかる。大座の出挙は、秋に五割の利分を加えて返済することになっていたが、その年に返済できない場合は「借用分＋利息」が新たな翌年の借用分となる複利計算で運用されていた。そして借用の際には質物が設定されており、数年間繰り越した結果最終的に返済できないことが確認されると、質物が大座神物へと沽却されるというかたちで最終的な精算処理がなされた。沽却の際の直米は、実際はその年まで累積した出挙米借用分に相当した。

以上は大座が行った出挙システムの詳細を知ることができる数少ない例であるが、そのことは新三郎の例が特殊であるということではない。例えば【史料九】のh「三斗三升七合五夕　与一大郎」、l「六斗七升五合　又二郎」、f「三斗三升七合五夕　新三郎」という記載に注目したい。この三人は、前節でみた貞治四年日記【史料六・表3】にも登場し、貞治四（一三六五）年に、与一太郎が一斗（Aハ）、又二郎が二斗（Bホ）、新三郎が一斗（Bヘ）を、それぞれ大座より支出されていることが判明する。試みにこの各々の支出額を、先ほどの新三郎と同様の方法（秋に五割の利分を加えて返済する、その年に返済できない場合は「借用分＋利息」が新たな翌年の借用分となる複利計算）で試算してみると（表7）、貞治六年の返済予定額はそれぞれ、与一大郎―三斗三升七合五夕、又二郎―六斗七升五合、新三郎―三斗三升七合五夕となり、この値は【史料九】のｈ「三斗三升七合五夕　与一大郎」、ｌ「六斗七升五合　又二郎」、ｆ「三斗三升七合五夕　新三郎」と一致する。つまり【史料六】に記載された貞治四年の大座から三人への支出は、貸し付けられた出挙米であり、【史料九】のｈ、ｌ、ｆは、それぞれの貞治六年十二月段階での利子を含めた借用分に相当すると考えてよい。

以上のことから、大座は出挙米の貸し付けを行い、「神物」を運用していたことは明らかである。

3　大座の機能

古代の出挙は種籾の貸与を本質としていたとされるが、中世においてはこれまで領主制との関わりから、戸田芳実[38]は種子農料を与え再生産を可能にする条件づくり（＝領主の百姓に対する勧農）、また藤木久志[39]は端境期・播種期から収穫期を一サイクルとして設定された農民に対する種子農料の供与や村人の生命維持目的[40]、といった属性を指摘する。一方では、網野善彦[41]により日吉神人、熊野神人などが神仏に捧げられた初穂を運用した私出挙活動も指摘されている。小田雄三[42]は、生産全体の管理（＝勧農）が中世後期の自立した村落の主体的運営に委任されるようになるなかで種稲の調達・管理の上で大きな役割を果たすのが鎮守神および宮座であったとの見通しを述べる。また薗部寿樹[43]も、領主勧農にかわって登場する在地勧農の延長線上に村落独自の出挙米貸し付けが展望されるとするが、いずれも見通しに留まり具体的な分析は行われないままであった。

しかしこれまでの検討のように、大嶋社奥津嶋社の宮座・大座においては、財を運用して出挙米を貸し付けるシス

表7　与一大郎等借用額試算表

与一大郎

	元	利	元＋利
貞治4（1365）	1斗（**史料六 A ハ**）	5升	→ 1斗5升
貞治5（1366）	1斗5升	7升5合	→ 2斗2升5合
貞治6（1367）	2斗2升5合	1斗1升2合5夕	→ 3斗3升7合5夕（**＝史料九 h**）

又二郎

	元	利	元＋利
貞治4（1365）	2斗（**史料六 B ホ**）	1斗	→ 3斗
貞治5（1366）	3斗	1斗5升	→ 4斗5升
貞治6（1367）	4斗5升	2斗2升5合	→ 6斗7升5合（**＝史料九 l**）

新三郎

	元	利	元＋利
貞治4（1365）	1斗（**史料六 B へ**）	5升	→ 1斗5升
貞治5（1366）	1斗5升	7升5合	→ 2斗2升5合
貞治6（1367）	2斗2升5合	1斗1升2合5夕	→ 3斗3升7合5夕（**＝史料九 f**）

テムが確立していたことが明らかとなった。

そうであるとすれば、前節で検討したツカイアシ日記にみられた大座の個人宛の支出も出挙米などの貸し付けであったと想定できる。そこで【史料九】を再検討すると、この史料は「貞治六年十二月大座中ケ、状」であり、a〜oの各項目は大座が貸し付けた米の貞治六年分を書き上げた可能性が高い。出挙米貸付の可能性が高いf新三郎・h与一大郎・l又二郎をはじめとし、a衛門允、b治部允、c与二、g与一大郎、j大夫四郎は前節のツカイアシ日記でみたような村人等に対する個別の貸付とみられる。そしてeには村人中とあり、これは個人ではなく村人中という、村人たちが構成する組織体であり、ここへも貸付が行われている。そしてd、i、m、n、oには百姓中がみられる。この百姓中宛の額は合計で六八石五斗四升二合三夕となり、これは貞治六年結解合計額（p）の九割以上にあたる。これもまた大座の貸付と考えるならば、百姓中が大座に対し六八石余もの債務を負っているということにもなる。つまり結解状からみた場合、百姓中は大座の貸付対象、つまり債務契約の主体となっているともいえる。これはツカイアシ日記でみた「惣ノ百姓中へヤル、但、質ヲトル」【表4A】という記載に対応し、大座は百姓中に対しても質をとって貸付を行っていたと考えられる。

そして、このことはまた百姓中が、村人中と同様、組織体として大座と対応する存在であったということを意味する。つまり北津田・嶋両村の宮座・大座は、村人中と百姓中という複数の組織体で構成されていることが明らかとなり、そして大座という結衆は、それらの組織体を包含する存在であったと考えられる。そう考えれば、百姓中宛の貸付額六八石五斗四升二合三夕は、単純な百姓の負債と捉えるのではなく、大座の相互扶助機能による貸付ととらえられる。ツカイアシ日記の弁済分からは、祭祀関係費用のほか村落生活の運営に関わることへも多くの支出を行っていることが判明しており、大座は村政全般に配慮してその調整を行う必要経費を支出していた。そう考えれば百姓中への貸付けは、村落運営のための必要経費ととらえることが可能である。

そしてまた総計（p）の七四石二斗二升五合四勺を貞治六年時点の大座の総貸付額と考えるならば、そのような額を一つの宮座で運用していたということは、宮座の機能が単なる祭祀運営だけではなく、まさに村落組織の中枢である証左といえる。(44)

はじめに述べたように田端は大座の領主的側面を強調し、大座が実施した出挙を「大座の名による荘民からの収奪」と位置づける。確かに出挙について、単に高利の借米という側面のみをとらえればそのような評価もあろう。しかし先にもみたように、出挙については種子農料の供与による再生産維持という属性が指摘されており、この種子農料の供与という属性は次の収穫の促進を本来の目的とすることから、単純な高利とすることはできない。本章でこれまで検討してきたように、奥島において魞という生業の保全を行うことが契機となり成立した大座は、神物の収支を管理するシステムを構築し祭祀を運営、寄合・結解への支出と同時に、村内の村人個人への出挙米貸付、百姓中、村人中への貸付を行い、村落運営上の必要経費への支出を行うような存在であった。その意味で出挙は、相互扶助的機能をもつ宮座の村落運営システムの一部であったといえる。

　重要なのは、鎮守神へ奉献される供物を神物として運用し得るのは宮座という存在で、同時に神物そのものを下行される対象となるのも宮座であり、そしてさらに生産を維持するという役割をも担う存在であったという点である。南北朝期の大嶋社奥津嶋社の宮座・大座は、鎮守神への信仰にもとづき、相互扶助機能を統括する村落運営組織の中枢として位置づけられる存在であったといえる。

　黒田は中世村落の宮座を、農民的・被支配的宮座と、領主的・支配的宮座の二形態に類型化し、大座を前者として位置づける。本章ではその類型化を前提とした上で、この場合より重要なことは、そこからさらに進んでその機能の内実を明らかにすることであると考えた。その結果、経済関係を基軸とした地域社会における相互扶助のシステムが明らかとなり、在地の寺社およびそれに対する信仰は、結衆の精神的紐帯という属性をもつと同時に、宮座という形態をとることにより地域の用益保全を行い社会的再生産の保障を行う相互扶助的組織としての機能を具体化する存在でもあったといえる。

　本章では荘鎮守の宮座の機能、とくに出挙について検討してきたが、当該地域における村落レベルの神社をめぐる社会関係や山門を拠点とする如法経信仰のあり方も含めて、地域社会の宗教構造をその社会的機能から再考する必要があろう。(45)

註

(1)　福田栄次郎「近江国〈奥島荘・津田荘〉」(『講座日本荘園史六』吉川弘文館、一九九三年)に概要とこれまでの研究がまとめられている。

（2）黒田俊雄「村落共同体の中世的特質」（初出一九六一年、のちに『日本中世封建制論』東京大学出版会、一九七四年）。

（3）田端泰子「中世後期における領主支配と村落構造―惣荘・惣郷の機能と役割―」（初出一九七八年、のちに『中世村落の構造と領主制』法政大学出版局　一九八六年）。

（4）薗部寿樹『日本中世村落内身分の研究』（校倉書房、二〇〇二年）。

（5）寒川辰清編輯。寒川は膳所藩の儒者で、本書は膳所藩主本多康明の命により享保十九（一七三四）年にまとめたものである。本章では『大日本地誌体系』（雄山閣、一九七一年）によった。

（6）弘安五年二月十八日理覚田畠譲状（「大嶋神社奥津嶋神社文書」九）。なお本章における「大嶋神社奥津嶋神社文書」は、滋賀大学経済学部附属史料館所蔵の原本および架蔵の写真帳によった。また文書番号・文書名は一部を除き同史料館編・発行『大嶋神社奥津嶋神社文書』（一九八六年）に従った（以下『大嶋』と略記する）。

（7）正応三年十一月二十日錦末弘田地請文（『大嶋』一四）。

（8）畑井弘「山野湖水の用益と村落共同体」（初出一九六二年、のちに『守護領国体制の研究』吉川弘文館、一九七五年）。

（9）仁治二年九月日奥嶋庄預所法眼某下文（『大嶋』一）。

（10）江入、江利とも。奥嶋の場合は内湖・河口で使用する小型の河魞型のものか。伊賀敏郎『滋賀県漁業史　上（概説）』（滋賀県漁業協同組合連合会、一九五四年）、『内湖と河川の漁法―琵琶湖総合開発地域民俗文化財特別調査報告書3』（滋賀県教育委員会、一九八二年）、高橋昌明『湖の国の中世史』（平凡社、一九八七年）。

（11）永仁六年六月四日両社神官村人等一味同心規文（『大嶋』一五）。

（12）永仁六年六月両村人等社頭一味同心連署規文（『大嶋』一六）。

（13）永仁六年大嶋社供菜料所魞裁許状（『大嶋』一八）。

（14）康永元年二月日両庄村人衆議置文（『大嶋』二九）。千々和到は、康永元年二月の日付をもつこの史料について、未来年号の文書であることから後日筆記されたことを示すと指摘している（千々和「中世民衆的世界の秩序と抵抗」〔『講座日本歴史4　中世2』東京大学出版会、一九八五年〕）。暦応五年から康永に改元されるのは四月二十七日であることから、確かにこの史料は後日作成されたことは明らかである。しかしながらこの史料は、「両荘村人等集会」のなかで事件の顛末を「為後日亀鏡、衆議」したもので、端裏書にあるように「置文」とされたものである。ここからこの史料の作成は、康永元年からそれほど時間が経過しないうちになされたものと考えられる。

(15) 畑井前掲註（8）。

(16) 嘉暦元年五月二十三日大嶋大座修理田定置文案（『大嶋』二六）。

(17) 田端前掲註（3）。

(18) 大嶋社は元来大嶋郷の地主神で現在の比牟礼八幡社の位置にあったが、平安末期、佐々木氏の勢力伸張に伴う八幡神勧請により旧大嶋社地は比牟礼八幡社となり、大嶋社は、沖島を遙拝する役割を果たしていた奥津嶋社がすでにあった現在の地に移されたともいわれている（式内社研究会編『式内社調査報告　第十二巻東山道1』皇學館大学出版部、一九八一年）「日牟礼八幡宮」「大嶋奥津嶋神社」の項、『日本の神々5　山城・近江』（白水社、一九八六年）、『日本歴史地名体系　滋賀県』（平凡社、一九九一年）のうち「大嶋奥津嶋神社」の項など。

(19) 萩原龍夫『中世祭祀組織の研究』（吉川弘文館、一九六二年）。弘安七年から正応三年の五年次にわたる入座記録（『大嶋』一二）の存在から、両社おのおのが座をもちそれを鎌倉末に合併して大座としたと推定している。

(20) 弘長三年五月八日大嶋社三度神事日記案（『大嶋』三）、文永十一年大嶋三度神事定日記（『大嶋』七）。

(21) 高牧實「中世の宮座と臈次階梯」（初出一九八〇年、のち『宮座と村落の史的研究』吉川弘文館、一九八六年）。

(22) これまでの史料などでも、宮座に関わる史料はすべて大嶋社に関するものであった。「両社」（『大嶋』一五）「大嶋奥津嶋」（『大嶋』三五）などと並び称せられ同一社地に祀られていたと推定され、また応安元年の神事定（『大嶋』六四）にも一対で「大嶋御供料之事」「息《（奥）》津嶋御供料事」と記されることから、大嶋社と奥津嶋社の存在は明確で供料も別々にあったが、こと宮座に関する記載では「大嶋大座村人々数事」とのみあることから、それぞれの社の宮座が対等なかたちで合併して大座となったのではなく、黒田も指摘するように（黒田前掲註（2））、大座は基本的に大嶋社の宮座であり、その宮座が奥嶋・津田両荘の住人から成っていたとすることが妥当であろう。おそらく比牟礼社が八幡社となったとされる事態に伴い、両社の関係にも何らかの変化がありこのような違いが形成されたものと考えられるが、事態の詳細はなお不明である。

(23) 応安元年霜月日大嶋奥津嶋御供定書案（『大嶋』六四）。
(24) 黒田前掲註（2）。
(25) 高牧前掲註（21）。
(26) 黒田前掲註（2）。
(27) 萩原前掲註（19）。
(28) 萩原は両社の神田を、文明元年の奥島若宮神田土帳（『大嶋』一六五）から導き出すが、これは大嶋神社、奥津嶋神社のものではなく、嶋村涌出の若宮社に関わるものである（本書第Ⅰ部第四章参照）。
(29) 貞治四年三月二十一日大座米遣足日記（『大嶋』五七）。
(30) 応安三年十二月十八日大座納米日記（『大嶋』七一）。
(31) 応安五年大座米納遣足日記（『大嶋』七五）。
(32) 応安五年十二月二十七日大夫四郎作職放状（『大嶋』七三）。
(33) 応安五年八月六日若宮觚竹簀寄進人数木札（『大嶋』七二）。
(34) 各弁済ブロックの弁済者は単独あるいは複数で記載されるがその違いは目下の所不明である。
(35) 貞治二年閏正月十九日新三郎出挙米借状（『大嶋』五五）。
(36) 応安五年六月五日新三郎田地売券（『大嶋』六二）。
(37) 貞治六年十二月大座中結解日記（『大嶋』五九）。
(38) 戸田芳実『日本領主制成立史の研究』（岩波書店、一九六七年）。
(39) 藤木久志「戦国期社会における中間層の動向」（初出一九七〇年、のちに、『戦国社会史論』東京大学出版会、一九七四年）。
(40) 藤木「村からみた領主」（初出一九九四年、のちに『戦国の村を行く』朝日新聞社、一九九七年）。
(41) 網野善彦「未進と身代」（『中世の罪と罰』東京大学出版会、一九八三年）、「初穂・出挙・関料」（初出一九八四年、のちに『増補　無縁・公界・楽』平凡社、一九八七年）。
(42) 小田雄三「古代・中世の出挙」（『日本の社会史　第四巻　負担と贈与』岩波書店、一九八六年）。

(43) 薗部寿樹「村落の歳時記―結鎮、おこない、そして吉書」(『日本村落史講座6　生活I』雄山閣出版、一九九一年)。

(44) ちなみにこの額は、例えば近江国高島郡在地領主朽木氏の大永二(一五二二)年一年間の収納分(八五石二斗二升八合)に匹敵し、運用額の大きさが知られる。

(45) 本書第I部第三章、第四章。

第七章　戦国期在地社会における憑子の機能

本章では在地財の管理運用システムの事例として戦国期の憑子《たのもし》(1)を検討する。

中世社会には多様な集団が存在し、とくに在地社会においてはそこに生活する者自らが組織した座や講、あるいは「〜方」「〜衆」と称する集団の存在があった。第Ｉ部第二章でみた十六世紀の伊勢国小倭郷では成願寺を結節点とする「壇方」「徳政衆」「老分衆」(2)が寺院と地域との間に介在し、また前章で検討した近江国奥嶋荘では鎮守社の宮座が村落運営のための金融システムとして出挙を実施するなど(3)、任意の集団による機能分担が地域社会を支える仕組みの一つであったと考えられる。そしてその集団が共有する財が集積され、運用されたことがこれまでの検討でわかっている。

そこで本章ではその運用の事例として憑子の有り様を検討する。憑子は周知のとおり中世から近世に発達し、仲間の寄合が基礎になって講を結び米銭を拠出し、籤や順番法で講中のものにまとまった額の米銭を融通した金融組織である(4)。これまでの研究から憑子の概略を述べれば、次のようになる(5)。

①一人から数人の発起人を親とする。②その講親が同志者を募り、講を組織する。このメンバーを講中・講衆・衆中などという。③親と講衆がともに講運営の規約を締結、これを規式・法式・置文という。④講中は時を定めて相会し、毎回特定の金穀を拠出する義務がある。この金穀を懸銭・懸足という。⑤毎回収集した懸銭は籤あるいは入札の

方法で講衆の一人に貸出す。貸出された金銭を取足という。⑥一度当籤した者は二度の抽籤の権利はないが、その後も懸銭を拠出する義務がある。これは自己の債務の定期弁済ということにもなり、利子が加えられたり、質物保証人（請人）がたつ場合もある。⑦講衆が悉く当籤したところで講は終局する。これを満という。

以上のようなシステムで基本的な運営がなされる任意の組織が、憑子である。憑子については古くから三浦周行、[6]中田薫、[7]などにより語源、盛行期、無尽との異同などが追究され、その後も寺社を中心とする多様な局面での憑子の諸相が紹介された。[8]また在地社会における憑子については、三浦圭一、藤木久志により、農民の自治的相互救済的な経済組織であったものが在地領主層や商業高利貸商人の財源追求の手段となり、本格的な農民収奪の方法としての評価がなされている。[9]しかし、その後の村落論、地域社会論などの進展により、在地社会を考える研究視角は大きく広がり、憑子についてもシステムの内実をふまえ地域社会における機能を明らかにした上で、これら村落論、地域社会論と切り結ぶ必要がある。そのようななか熱田順は、これまで憑子の本質について営利目的なのか、あるいは相互扶助的であるのかという議論が憑子の成立背景に目を向けないまま行われてきたことを批判し、今堀、山国荘、東村、太良荘などの事例を検討した結果、強力な実行的支配権を有する領主権力が存在する地域では相互扶助的な憑子が行われ、一方政治的な混乱状況のなかでは憑子を利用した営利行為が展開していたと指摘している。[10]

本章では近江国栗太郡部田村（現草津市青地町）に鎮座する小槻神社を拠点として展開した憑子を検討する。[11]青地荘鎮守と考えられる小槻神社[12]は、青地城の南側に鎮座し、神主家は現在、井口氏である。井口氏については、弘安四（一二八一）年に青地基氏が小槻大社に寄進した神櫃銘文の「池神主　源頼尚」部分に、異筆であるが「井口兵部少」とあり、[13]また貞治三（一三六四）年の小槻神社神輿裏銘には「神主　井口彦三郎重頼」[14]とみえる。また貞治五年、上庄名衆給売券差出の「池神主重頼（花押）」に異筆で「井口彦三郎」と註記される。[15]以上のことから、弘安四年段階から「池神主」という呼称のあったことがわかるが、井口氏が小槻神社神主となった時期については後考を要する。

この井口家文書の中世史料のほとんどが永正～天正期の憑子・講に関わる史料で、ここから当該地域において廿日憑子・神明講・大憑子など複数の憑子の存在が明らかとなる。これらのうち本章では、金融システムが復元できる廿日憑子と神明講を中心に分析を行う。廿日憑子に関する史料は四〇点で、初見は永正十（一五一三）年、終見は天正三（一五七五）年である[16]。一方、神明講に関する史料は四二点で、初見は大永元（一五二一）年、終見は天正十（一五八二）年で、初見は神明講が若干遅れるものの、この二つの講に関する史料群はほぼ同時期のものである。

つまり井口家文書の廿日憑子および神明講の史料は、戦国期後半の約六〇年を通じての、当該地域において機能していた金融システムの断続的な記録であり、本章ではこの構造を解明することを目的とする。

一　廿日憑子の構造

1　廿日憑子の規式と衆中

廿日憑子の初見は、永正十（一五一三）年十月二十日付の次の史料である[17]。

【史料一】

□日①憑子御人数事

□②年始テ　于時五升懸

西才宿
又六殿　　弥四郎殿

衛門二郎殿　　与二郎殿

③亥才宿

井上 彦三郎殿　　三河殿之 戌才宿 岩千代

道宗 孫太郎殿　　林殿

城殿之 御ちこ　　又太郎殿之 御さる 貞城寺殿

源兵衛殿之 才鶴　　（異筆）「兵衛二郎殿」

江大夫殿　　太郎左衛門殿之 猿法し

松尾殿之 猿寿　　なき 彦七

④「六」（異筆）十五人

⑤一番ハ下行　壱石　弐□（石カ）下行ニ当ル神事迄ハ弐斗増

末代ハ　弐石相定候

永正十年癸酉十月廿日

⑥天下一同之□共少分も

不可有相違□米ハ衆中より外へ

不可出者也、□所定如件

【史料一】は廿日憑子の初見史料であり、傍線①「憑子御人数事」とあることからこの憑子の講中は一六名であり[18]（傍線④）、一回の懸米[19]は五升である（傍線②）。つまりこの史料は憑子のはじまりに作成する規式と講中の名簿である。

憑子では毎回集めた懸銭を講衆の一人に貸し出す（取足）が、傍線⑤はこの取足の取り決めである。「一番ハ下行壱石」「末代ハ　弐石相定候」とは、この取足を一番目に受ける者の額は一石、最後に受ける者の額は二石との意であろう。最後に取足を受けるものの額が高いのは、自分が受けとるまでに懸米を出し続けている（貸し続けている）わけで、その利子も含めた額であると考えられる。「弐□（石カ）下行ニ当ル神事迄ハ弐斗増」とは、下行分は二斗ずつ二石まで増額していくということであろう。ここで注目したいのは、二石になったとき、つまりこの憑子が満となったときには、何らかの「神事」があるという点である。つまりこの憑子の本来の目的は、神事と関わりがあるということになる。傍線⑥はいわゆる徳政担保文言であるが、注目したいのは波線部で、この憑子の衆中のなかでの完結、結束を契約している。また、名に付された「酉才宿」などの註記により、永正十（酉）年にこの憑子の最初の宿を又六殿、翌十一（戌）年には三河殿之岩千代、十二（亥）年には井上彦三郎殿がつとめることが判明し、毎年もち回りで講の主催を行っていたと考えられる。

2　廿日憑子のシステム

以上のような規式のもとに、一六人のメンバーが各々五升宛出しあい、憑子を行うこととなった。次にその運営方法を具体的にみていきたい。

（1）貸付・返済

初回の会合は永正十年十月二十日、つまり規式が作成された日に行われたことが次の史料[20]からわかる。

【史料二】［全体を×にて抹消］

廿日憑子

　米預御人数事

一斗　　源兵衛殿（花押）
一斗　　与二郎殿（花押）
一斗　　江大夫殿（花押）
一斗　　兵衛二郎殿（花押）
一斗　　太郎衛門殿（花押）
一斗　　衛門二郎殿（花押）
一斗　　なき彦七（略押）
一斗　　猿法師（花押）
　　①以上八斗　定米
②御宿ハ初頭　又六殿　源兵衛殿合力ニ□相立候
　　永正十年癸酉十月廿日
　酒直ハ末代三斗下行

【史料二】は規式【史料一】と同日付で、傍線②にみるように又六殿が宿となっている。これは【史料一】の宿に関する記載と一致し、これが初回の憑子に関わる史料であることが確認できる。事書には「廿日憑子米預御人数事」とあり、「一斗」と八人の署名、「以上八斗　定米」が記載される。そして文書全体に×印が大書されており、この史料の機能が最終的に終わっている事を示している。これは何について記載した史料と考えるべきであろうか。

まず事書から、書き上げられた八名は「米預御人数」、つまり一斗ずつ米を預かった人々であろう。傍線①にはこれらの合計が「以上八斗」とあり、この八斗という額は、【史料一】で一六人の衆中が五升宛出して集まった八斗と一致する。

このことからこの憑子は、一六名の衆中が拠出し集まった八斗を八人が各々一斗ずつ借用するというかたちであったと理解される。八人の借用者のうち五人は規式所載の衆中と名が一致し、二名は近似する（大郎左衛門殿之猿法し＝猿法し／源兵衛殿之才鶴＝源兵衛殿）。

（2）講米の運用

次に、廿日憑子がはじめられて二年後の、永正十二（一五一五）年の史料[21]を検討したい。

【史料三】

廿日憑子米預御人数事

二斗　神主殿（花押）

二斗　源兵衛殿（花押）

二斗　太郎左衛門殿（花押）

一斗九升　弥四郎殿（花押）

二斗　江大夫殿（花押）

二斗　兵衛二郎殿（花押）

三斗三升　衛門二郎殿（花押）

一斗八升　なき彦七（花押）

以上壱石七斗

永正十二年乙亥十月十四日

①宿ハ神主殿　酒直三斗下行候

米下行[2]　一番　一石　又六殿
（後欠）

【史料三】の形式は【史料二】とほぼ同様で、三回目の廿日憑子の際の史料と考えられる[22]。

傍線①「宿ハ神主殿」から神主殿を宿として実施されたことがわかり、これは【史料一】傍線③「亥才宿井上彦三郎殿」と対応するものであろう。記載されたメンバーは八人とも規式【史料一】の衆中および初回の憑子【史料二】に名がみえる。ただし【史料二】と異なるのは、各々に貸し出された米の額と、米の下行が行われている点である。

【史料二】では貸し出された米の合計額は八斗（傍線①「以上八斗　定米」）、【史料三】では一石七斗となっている。つまり永正十年から十二年までの三年間で、この憑子で扱う米の額（定米）が、酒直も含め二倍強に増加していることになる。その後も大永六（一五二六）年には四石九斗三升五合、同七年には五石七斗三升と次第に増加している様子が看取される[23]。定米の増加は、それが運用され利分が生じていることを意味する。具体的にみると、永正十年には一人一斗宛貸し出され、それが利子付きで翌永正十一年に弁済され（その際に×印あるいは合点が付される）、再び貸し出される。そして永正十二年には利子付きで弁済されたもののなかから、八人に対して合計一石七斗を貸し付け、同時に又六殿に対しては一石を下行していることがわかる（【史料三】傍線②）。この米の下行は、規式の規定（【史料一】傍線⑤）に従い、一回目の取足が又六殿に配分された事を示している。

一般的に、拠出したものを一回につき一人に順番に貸し出す方法の憑子が知られているなかで、この廿日憑子は、それとは異なる運営方法をとっていたものと考えられる。

（3）講中への得分権の売却

借用分を返済できない場合に借用者は、廿日憑子中に私領得分を売却して処理した。享禄二（一五二九）年十二月十九日、城大炊助家持と奥村太郎左衛門尉賀澄はそれぞれ「要用有」により「廿日憑子中」に対して私領田地を売却している（井口家文書二四・二五）。この二通の売券によれば、それぞれの売却面積と売却額（現米）は異なるが、その田地からの得分はどちらも「村升」換算で二斗五升代となっている。この二通の売券が記されたのは、この年の憑子の開催日であり、その際の史料[24]が残されている。

【史料四】［全体を×にて抹消］

享禄二

廿日憑子米御預り御人数

壹石六斗二升八合　加か殿（花押）

七斗　次郎兵衛殿（花押）

二斗七升　将《シカリ》監殿（花押）

以上弐石五斗九升八合

享禄二年己丑十二月十九日

当年

①二斗五升　大井殿ョリかい申候

②二斗五升　太郎左衛門殿ョリかい申候

後年おほえのため如件

この史料には享禄二年十二月十九日の廿日憑子の際に、「加か殿」「次郎兵衛殿」「シカリ将監殿」の三名がそれぞれ米を借用したことが記されているが、傍線①・②には、大井殿から二斗五升、次郎左衛門殿から二斗五升の米を「かい申候」とある。ここに記された大井殿と太郎左衛門殿は、先述の売券の差出である城大炊助と奥村太郎左衛門尉賀澄と同一人物であり、二斗五升も売券に記された私領の得分（村升で二斗五升）と一致する。ここから、城大炊助家持（大井殿）と奥村太郎左衛門尉賀澄（太郎左衛門殿）は、前年借用分をこの年返済することができず、その返済のために私領を廿日憑子中に売却し、返済はその私領からの得分で何年かかけて賄うことになったものと考えられる。つまり借用者はこの田地に関する権利のうち、作職のみ手元に留保し、それ以外の得分権は廿日憑子講中へ譲渡したということになる。

（4）売券を質物とする

廿日憑子中から借用する際には質物を入れた。まず次の売券(25)をみたい。

【史料五】

売渡申私領田地之事

合壱段者、在近江国栗本郡四図之内、戸田村之内
字柳、公方ハ弐斗六升六合五才
九斗代内、池宮庫宝修理料ニ入
弐斗九升大村へ入
其外無諸役、
①定徳分憑子中へ入

右件私領田地、元者奥村加賀守賀延雖為先祖相伝、依有要用、現米②九斗四升二合ニ売渡申処実正明白也、本証文ハ盗人ニ被取候て無之候間副不遣候、万一於此下地違乱煩申者出来候者、任御法可被処盗人罪科者也、仍為後日新放券状如件、

享禄三年庚寅十一月十一日　奥村加賀守 賀延（花押）

この売券は、享禄三（一五三〇）年、奥村加賀守賀延が先祖相伝の田地を「現米九斗四升二合」（傍線部②）で売却し、なおかつ得分（斗代明記されず）を憑子中へ入れる（傍線①）、というものである。得分を憑子中へ入れるということは、先にみた【史料四】の例のように、借用者が廿日憑子中に私領得分を売却し、借用分を返済できない場合の

処理とする場合と同様である。

ところが同日に開催された憑子の史料(26)には、次のようにある。

【史料六】［全体を×にて抹消］

廿日憑子米預り人数

①九斗四升二合　②加賀殿　③うりけん状質物に御入候

二斗　兵エ二郎殿（花押）

四斗　将監殿（花押）

□□九斗五升　次郎衛門殿（花押）

以上弐石□（四カ）斗九升二合

（後略）

この享禄三（一五三〇）年十一月十一日に行われた憑子では、「加賀守殿」「兵エ二郎殿」「将監殿」「次郎衛門殿」がそれぞれ米を借用している。そのうち加賀守殿は九斗四升二合借用して、売券を質として入れていることがわかる（傍線③）。この加賀守殿は【史料五】売券の奥村加賀守賀延と同一人物で、ここで質物としているのは【史料五】の売券であり、売却額の「現米九斗四升二合」（【史料五】傍線②）と、【史料六】における加賀守の借用額（【史料六】傍線①）は一致している。

つまり【史料五】の売券は、売券の形式をとった質券ということができる。宝月圭吾によれば、中世社会においては次第に質券と永代売券の区別が不明瞭になっていき、質券における借銭を売券における代銭に、抵当地を売却地に、借銭利子を買主が購入した土地の収穫物とみなす考え方が普遍化していくという(27)。そうであれば、売券記載の「現米九斗四升二合」（傍線部②）は、加賀守が憑子講中から借用した額であり、「定徳分憑子中へ入」（傍線部①）は、利子の支払いに相当すると考えられる。

3　廿日憑子の変容

永正十（一五一三）年に一六人で開始された廿日憑子は、開始から一六年後の享禄元（一五二八）年、あるいははじめて下行が行われてから一六年後の享禄三（一五三〇）年で一巡することになるはずである。この変わり目にあたっての状況については史料が明確ではないが、廿日憑子の開催日は当初十月二十日であり、その後も十月中の開催であったが、享禄二年から十一月～十二月の開催となっていき、天文期頃から全般的に様相が変化していく。

（1）配当方法の変化

次の史料(28)は天文四（一五三五）年の憑子のもので、シカリ殿以下五名が合計二石三斗を借用している。

【史料七】［全体を×にて抹消］

廿日憑子　借米之事

七斗八升　シカリ殿（略押）
三斗四升　志んか（略押）
四斗八升　大井殿（略押）
二斗二升　兵太郎殿（略押）
五斗　甚五郎殿（花押）

以上二石三斗

天文四年乙未十一月十六日
朝めし　はんけい

頭米　三斗　一斗　新五殿宿
　　　此年十四人　一斗五升宛　下行申候

貸付けの方法はこれまでと同様であるが、問題となるのは傍線部「此年十四人　一斗五升宛　下行申候」である。先にみたように、米の下行はこれまで永正十（一五一三）年の規式（【史料一】傍線⑤）に従って、一人ずつ順番に配当を受けるかたちであった。ところが、この年は一四人の衆中に均等に割りあてられているという変化がみられる。このかたちは翌天文五年にも「此年十四人に一斗宛ヒキ申」とあり同様である。そして元亀頃から借用者の明細が記載されなくなるなど、史料形式も変化していく。

（2）年貢

永禄十（一五六七）年十一月吉日作成になる「廿日憑子納帳」（井口家文書六九）がある。これは、憑子講が所有する字亀井・字柳・字御コシ屋・字トシリ・字下ノ井コモ池シリ・字香ノ池の下地を管理する帳簿で、それぞれの字名ごとに面積、斗代、作人の異動が記されている。これらの下地は、売却などのかたちで憑子中に集積されたものと考えられる。この帳簿の成立以降、元亀頃から「借シ米幷年貢加テ弐石九斗三升、九人ニ一斗七升あて配分也」（元亀三〔一五七二〕年十一月日、井口家文書七八）といったかたちの記載がみられるようになる。「年貢」とはおそらくこれら講有地からの年貢であると考えられ、廿日憑子の運用は、年貢と借米の収入から配当を配分するかたちへと変化していく。

以上、廿日憑子のシステムについてみてきた。当該地域の廿日憑子は、衆中より拠出された米を、衆中を含む「預御人数」に貸し出し、翌年返済された元利を再び貸し付け、衆中は配当を受けるというかたちであった。貸し付けられた米を返済できない場合には、質としていた下地得分を憑子衆中が買得するかたちで処理していたことから、講有の下地群が形成されることとなった。

二　神明講の構造

1　神明講の運営

井口家文書中の神明講の初見は、大永元（一五二一）年十月十四日付の次の史料[29]である。

【史料八】［全体を×で抹消］

預り申神明講米之事

①合参石者

壱石　②質券③字源兵衛殿前一反④無沙汰仕者永代神明講へ可被召候　東出　又次郎衛門（略押）

大五斗　字笠堂之前大　毛作共可被召候　岡本　衛門次郎（略押）

五斗　字コイテ半　永代可被召候　岡本　孫太郎（略押）

五斗　字野神殿前半　永代可被召候　井上源正（花押）

五斗　字源兵衛殿前半　永代可被召候　東出　孫三郎（略押）

⑤何も無沙汰仕候者、質券田永代神明講へ可被召候、其時兎角申候者可被行盗人御罪科者也、仍状如件、

大永元年辛巳十月十四日

様式としては第一節でみた廿日憑子とほぼ同様である。この史料からは、大永元（一五二一）年十月十四日の神明

講で、あわせて三石の「神明講米」が、東出の又次郎衛門ほか五人に質券を入れた上で貸し付られたことがわかる。例えば筆頭に記された又次郎衛門の場合は、一石を借用し、その担保として「字源兵衛殿前一反」の質券（傍線②③）を入れている。そしてもし返却できなかった場合はその下地が永代神明講へ召されることが約され（傍線④）、この点は、傍線⑤でも重ねて確認されている。そして全体が×で抹消されており、翌年弁済されたことを示している。

先にみた廿日憑子の場合と異なり、神明講の場合は規式や衆中についての史料が残存していない。そのため拠出者や拠出米の情報を得ることができない。ただこの【史料八】は、貸付米に端数がないこと無沙汰の場合の処理が重ねて確認されていることなどの点から、神明講が結成された初回のものではなかったかと推察される。一人あたりの拠出米額、衆中の人数などは不明ながら、大永元年に合計三石の拠出米が集められ、神明講が開始されたものと考えられる。

2　講米運用の実態

ここで、神明講米の運用の実態をみてみよう。さきにみた【史料八】では、大永元（一五二一）年の講米は三石であった。それが大永六（一五二六）年にはおよそ三〇石まで増加する。その様相をまとめたものが、掲出の表である。大永元年に三石であった講米は、次の【史料九】[30]にみるように、二年後の大永三（一五二三）年には七石に増加している。

【史料九】［全体を×にて抹消］

①壱石九斗六升　預り　東出又次郎衛門尉（軸印）

五斗　此内四升あいとくかり　奥村五郎衛門尉殿（花押）

表　神明講米定米の増加状況

大永元年	3石（史料8傍線①）	6割複利試算
大永2年	（史料なし）	試算4.8石
大永3年	7石8斗4升4合（史料9傍線②）	試算7.68石
大永4年	11石3斗1升3合	試算12.28石
大永5年	16石7斗3升3合	試算19.66石
大永6年	合計30石1斗4升6合（史料10①＋②＋③） ①5石9斗9升8合貸付分（史料10①合計） ②惣米2石4升8合　残し置分（史料10傍線部②） ③17人に1石3斗宛（22石1斗）分配（史料10傍線③）	試算31.457石
大永7年	4石1斗2升5合→定米減少	

壱石　　井上殿（花押）
五斗一升　　蔵人《山もと》殿（花押）
壱石四斗　　岡本 孫太郎（軸印）
二斗八升　　北カイト 中司（軸印）
九斗八升　　岡本 衛門二郎（軸印）
七斗一升四合　　岡本 中司（軸印）
五斗　　定使（軸印）
②定米七石八斗四升四合
大永三癸未十一月三日

【史料九】では東出の又次郎衛門をはじめ九人がそれぞれ米を借用し（傍線①）、その合計額は七石八斗四升四合となっている（＝定米、傍線②）。表にまとめたように、定米は、翌大永四年には一一石三斗一升三合、大永五年には一六石七斗三升三合と毎年増加し、大永六年には三〇石一斗四升六合までになり、さらにそこから衆中への配当がなされている。その状況を次の【史料一〇】[31]で確認したい。

【史料一〇】［全体を×にて抹消］
①一石三斗　　下殿様分　　東出 又二郎衛門預り申候
四石二升　　惣ノ米　　同人ニ預ケ申候

九斗一斗ツ合一石　東殿分　岡本 衛門二郎預り申候
一石　岡本 孫太郎
六斗　東殿分　同人
二斗　東殿分　定使 井上殿預ヶ申候
八升五合　定使 衛門四郎預ヶ申候
四斗二升四合　定使 衛門四郎
七斗三升五合　おくむら 五郎衛門殿預ヶ申候
二斗三升四合此内五升引分ニ宿へ取へく候のこり候て一斗八升四合預ケ申　定使 衛門四郎預ヶ申候

②惣米弐石四升八合のこし置候

③十七人ニ一石三斗宛分配仕候てのこり候て如此候

大永六年丙戌十月廿四日

大永六（一五二六）年十月二十四日の神明講で動いた米は、次のとおりである。まず、東出の又二郎衛門が一石三斗を借用したのを筆頭として計一一人がそれぞれ米を借用し（傍線①）、その合計は五石九斗九升八合となる。そして傍線②「のこし置」く惣米は二石四升八合。傍線③には「十七人ニ一石三斗宛分配仕候」、つまりこの年には配当が一人宛一石三斗あり、これを衆中一七人に配分したので、配当分の合計は二二石一斗となる。以上の①・②・③をあわせたものがこの年の神明講で扱われた米の総額で、三〇石一斗四升六合となる（表）。

つまり神明講では、大永元（一五二一）年に衆中が拠出した三石を利子付きで貸し付け、借用者は翌秋の神明講開催日に利子付きで返済するという貸し付け・返済を毎年繰り返すことで、年々定米が増加しているということになる。その場合の利息について、近似値となるよう試算すると、六割複利弱であり（表）、配当については、廿日憑子の場合は当初順番法であったものが途中から均等割となったが、神明講の場合は当初から均等割であったことがわかる。

3　講のサイクル

【史料一〇】でみたように、大永六（一五二六）年には三〇石一斗四升の総額から定米から合計二二石一斗の配当があったわけだが、その翌年、大永七年の史料（井口家文書一七）をみると、奥村五郎衛門殿の一石二升九合を筆頭に六名が借用し、その合計である定米は四石一斗二升五合となっており、取り扱う米の額が前年と比して著しく減少していることがわかる。これはおそらく、大永六年に配当があったことなどから考えて、大永元（一五二一）年からはじめられた講が六年で一区切りついたのではないか。それを裏付ける史料が次の「宿日記」[32]である。

【史料一二】

「（端裏書）□つかのやと」

宿日記

（大永六）一番　（岡本）中司　（大永七）二〻　（定使）衛門四郎
めいとく〻〻〻〻
（享禄元）三〻　（東出享禄元）又二郎衛門　（享禄二）四□　（享禄三）井上殿
（享禄□）五□　東殿　（享禄四）六〻　（おくむら）又五郎殿
（享禄五）七〻　蔵人殿　（天文二年）八〻　下殿

天文三年 九〻 明徳子 虎　天文四年 十〻 岡本 孫太郎
天□五丙申岡本 十一番 東左衛門　天文六年 十二〻 同
天文七年戊戌 十三番 岡本 孫太郎　天文八ねん 十四〻 井上殿これ岡分
天文九年子 十五番 東出 中司　十六〻なき 栗本 又二郎衛門
□七番 新阿弥　十八番 御庵様

この「宿日記」には一番から一八番まで、宿を務める人物の名が順番に記載され、一五番までの肩には大永六（一五二六）年から天文九（一五四〇）年までの年号が付記されている(33)。ここから、大永六年には「岡本中司」を一番宿として神明講が新たに開始されて、その講は衆中一八人で構成され、一八人の衆中が毎年順番で宿を担当するということがわかる。つまり【史料一〇】にみたように、それ以前の講は大永六年に配当が分配されたところで一巡し、同年から新しい一八人による一八年間の講が再び開始されたことがわかる。

さらにこの「宿日記」は次のように続く。

またはなかへりの宿日記
天文拾三年きのへ たつ 一番 岡本 中左衛門尉
□十四年乙巳年 二〻 めいとくふん
天文十五年丙 午 三〻 下殿
天文十六年 ひのと ひつし

四ゝ　　　　こうしゆやさま

傍線部に「またはなかへりの宿日記」とあるように、天文十三（一五四四）年には講が再び最初に戻り（「端《はな》かえり」）、一番の宿は「岡本中左衛門尉」が務め、この年から次の新しい一八年一回りの神明講が開始されたことがわかる[34]。

4　神明講田からの年貢

天文十三年にはじめられた神明講からは「納分」という神明講田からの年貢が、元本に加えられる様になる。

【史料一二[35]】［全体を×にて抹消］

弘治元年閏十月十六日

ナシモト
五斗　　中司
同
五斗　　又二郎衛門
タカヒ
五斗　　衛門太郎
五斗　　彦三郎
納分
一①二石四升か
②六斗五升五合
一つ合③二石六斗九升五合

此内④一石二升酒直ニ下行申候、□　⑤御はつほ
三百文　代米四斗八升引
ハシ一斗六升かて也
⑥〆壱石一斗九升五合か惣中在米以上也

ヲロシ
五斗　中司（花押）
同　八升五合　□殿（花押）
同　一斗六升　三雲へゆかれ判ハ無之候　□（花押）
同　四斗五升　又二郎衛門
⑦壱石一斗九升五合以上

この史料から講米の動きを整理すると、まず「ナシモト」「タカヒ」という下地からの年貢の合計が納分（傍線①）[36]となる。この「納分」と前年貸付分の元利[37]（傍線②）とをあわせたものが、この年の収入（傍線③）となる。そこから必要経費である引方（または下行分とも。酒直（傍線④）・初穂（傍線⑤）[38]を引いたものが「惣中在米」（傍線⑥）、つまり手元にある分で、これがこの年の貸付分となり、中司はじめ四人に貸し付けられたものとみられる（貸付分合計が⑦）。天文十三（一五四四）年からの神明講においては、神明講田とでもいうべき下地からの年貢があらたに登場してきたことがわかる[39]。

以上、神明講のシステムについてみてきた。当初拠出された講米を、「神明講米預ケ人数」に貸し出し、翌年返済された元利を貸し付けるかたちで運用し、一定期間定米が蓄積されると衆中へ均等割で配当米が分配する方法をとった。

貸し付けに際しては質券を入れ、返済できない場合には講中が下地を買得し講有財を形成していたと考えられる。

この神明講はその名のとおり伊勢信仰の拠点であり、御師来村に際しての饗応や伊勢参宮費用の支出を行うことが本来の機能であるが、一方では廿日憑子と同様の、在地における金融システムとしての機能も有していた。

以上、戦国期の青地荘において約六〇年間継続的に行われていた廿日憑子と神明講について、その運用実態を検討してきた。それぞれの講では、拠出した原資を相互に利子付きで貸し付けて運用し、運用して増えた米から衆中に対して配当を分配していた。これは衆中のものに順番方などでまとまった米銭を融通するこれまで知られている憑子とは、異なった方法であることがわかった。

それでは、このような憑子を運営していたのはどのような人々であったのだろうか。

当該地域は現在の滋賀県草津市青地町周辺にあたり、享保十九（一七三四）年の寒川辰清『近江国輿地志略』に「中世青地駿河守領するゆへに、志津庄を改て青地の庄と号すといふ」と記され「青地十五村」からなるとされる。小槻神社の北側には青地城が展開し、城の西側には神明社が鎮座する。この青地城を拠点とした青地氏は佐々木氏の支流の守護代馬淵氏を始祖とするといわれ、弘安四（一二八一）年に青地基氏が小槻神社と同神の小槻大社に神櫃を寄進、康永二（一三四三）年には青地重頼が同じく神門を寄進、また貞治三（一三六四）年青地左衛門太夫頼定が小槻神社に神輿を寄進するなど、小槻大社・小槻神社に深く帰依していることが知られている。

(40)(41)(42)(43)(44)(45)(46)(47)(48)

この青地氏の家臣を書き上げたとされる永禄六（一五六三）年二月十一日付「御人数次第」という史料には、井上殿、三河殿、林土佐守殿、城殿、江大夫将監殿、奥村加賀守殿、大炊助殿など、廿日憑子の人数にみられる名や官途名をみることができ、また家臣名に肩書きされた城目村、馬場村、岡本村などの村名から、廿日憑子を構成するのは青地氏の家臣で、青地城を中心とした青地荘域の南部の各村に展開していたことがわかる。

また、神明講の構成メンバーについては、奥村五郎衛門殿・東殿・山本蔵人殿などと殿呼称のあるものと、殿呼称のない又二郎衛門・孫太郎・衛門五郎など官途成した仮名と、新阿弥・道寿などの法名が混在するという特徴があり、また定使衛門四郎・岡本中司など、荘官的な肩書きをもつものがあることも特徴の一つである。ここから神明講は廿日憑子とは異なり、殿呼称のある侍身分の者と、百姓のなかでも上層に位置づくおとな衆が混在して構成されていたものと考えられる。神明講構成メンバーの拠点とした地については、現在のところ岡・岡本のほかは比定できていないものの、地域的には青地荘南部とみてよい。

そして青地氏の小槻社への帰依を考えると、廿日憑子が当初の目的としたのは小槻神社の神事に関わることであると推察され、つまり廿日憑子は、小槻神社に結衆する一種の宮座を土台として成り立っていると考えられる。[50]一方、神明講については、「御はつほ」の存在や、伊勢御師へのもてなし（井口家文書四五）、伊勢参宮の費用を支出する例（井口家文書九一）などから、伊勢信仰の拠点であったことは間違いなく、この結衆の紐帯となっていたのは青地城郭内に今も鎮座する神明社であった可能性が高い。

以上みてきたように、廿日憑子と神明講を比較すると運用のシステムは類似するものの、構成メンバーや結節とする社などが異なっていることがわかる。そして井口家文書からは廿日憑子、神明講のほかにも、ほぼ時期を同じくして大憑子、三河憑子、六人憑子の存在も判明する。このことから当該地域には、結衆の身分や紐帯が異なる複数の講、憑子が部分的に重なりあいながら広がっており、それぞれで相互に米を拠出し借用し、あるいは配当を受けるといった金融システムを構築していたことがわかる。

繰り返しとなるが、廿日憑子や神明講は拠出した原資を相互に利子付きで貸し付けて運用し、運用して増えた米から衆中に対して配当を配分するというもので、貸し付けられた者が返済できない場合は講中が下地を買得して、それは講有財産となった。これは従来検討されてきた営利目的や収奪の方法としての憑子とは異なり、また特定の家に土地が集積される様子も看取されず、むしろ地域の紐帯である神社の神事を安定的に存続させるためのシステムであったとみられる。これが熱田のいう強力な支配権を有する領主権力が存在する地域であるからなのかという点については、[51]史料の残存状況から判断を留保せざるを得ない。しかし憑子はそれ自身単独で相互扶助機能や営利などの属性をもつわけではなく、むしろそのシステムがどのような社会の要請にくみ入れられ機能したのかが問題なのではないか。まさに熱田のいうように「上級領主への定額納入を義務としない金融システムであった[52]」ため、在地社会において財を形成する一つの手段となったことは間違いない。

以上、第Ⅱ部を通じて、在地財の蓄積と管理運用の事例として出挙と憑子を検討してきた。出挙も憑子も、いずれも信仰を司る寺社を拠点として在地社会の秩序維持のため、財の蓄積と運用を行っていたことが明らかとなった。

註

（1）「たのもし」は一般に中世では憑、憑支・憑子、近世では頼母子などの表記があり、本章で主に扱う史料では憑子・頼子とある。史料をのぞき、本章の叙述では「憑子」と表記することとする。
（2）本書第Ⅰ部第二章。
（3）本書第Ⅱ部第六章。
（4）憑子に関する研究史は『歴史学事典　第一〇巻　身分と共同体』（弘文堂、二〇〇三年）「無尽／頼母子」の項（井原今朝男執筆）を参照。
（5）中田薫「頼母子の起源」（『法制史論集　第三巻上』岩波書店、一九四三年）。
（6）三浦周行「頼母子の起源とその語源」（『法制史の研究』岩波書店、一九一九年）。
（7）中田前掲註（5）。
（8）阿諏訪青美「奈良福智院地蔵堂の再興と「勧進憑支」」（初出一九九八年、のちに『中世庶民信仰経済の研究』校倉書房、二〇〇四年）、小葉田淳「中世における社寺の講について—社寺の経済組織の研究」（初出一九三〇年、のちに『日本経済史の研究』思文閣出版、一九七八年）、川戸貴史「戦国期東寺の頼母子講」（初出二〇〇三年、のちに『戦国期の貨幣と経済』吉川弘文館、二〇〇八年)、新城常三『新稿社寺参詣の社会経済史的研究』(塙書房、一九八二年)、萩原龍夫「伊勢信仰の発達と祭祀組織」(『中世祭祀組織の研究』吉川弘文館、一九六二年)、宝月圭吾「中世の伊那西岸寺の経営と無尽銭」(初出一九八二年、のちに『中世日本の売券と徳政』吉川弘文館、一九九九年)、福田栄次郎「「田代文書」の「憑支」について—中世領主制の一考察—」(『明治大学人文科学研究所』二六、一九八四年)など。

(9)　三浦圭一「中世後期村落の経済生活」(初出一九五九年、のちに『中世民衆生活史の研究』思文閣出版、一九八一年)。藤木久志「荘園制解体期の村落と領主」(初出一九七三年、のちに『戦国社会史論』東京大学出版会、一九七四年)。

(10)　熱田順「中世後期の「頼母子」に関する一試論」(『中央史学』三七、二〇一四年)。

(11)　本章で検討する井口家文書は小槻神社(井口家)の所蔵にかかる文書群で、中世史料一一三点、近世・近代史料六九五点。最古は貞治五(一三六六)年上庄名衆給売券(『草津市史第一巻』草津市史編さん委員会、一九八一年)。なお市史では井口吉貞家文書としているが本章では井口家文書とした。同家文書は一九六三年東京大学史料編纂所による中世分の撮影、一九八〇年頃の草津市史による撮影および仮目録作成が行われ、その後所蔵者による再整理が実施されている。本章では閲覧させていただいた井口家所蔵原本を使用し、文書番号・文書名は市史編編纂室作成の仮目録に従った。井口家文書原本調査においては、小槻神社および井口盛司氏にひとかたならぬお世話になった。また、草津市教育委員会八杉淳氏にもご教示を頂いた。深く感謝申し上げたい。

(12)　旧郷社。祭神は於知別命・天児屋根命。於知別命は古代当地方に勢力があった小槻山君広虫など小槻氏の祖神といわれ、北東約一・五キロに位置する小槻大社(栗東市)と同神。延喜式神名帳の栗太郡八座のうち「小槻神社」に比定。天徳四(九六〇)年志津池のほとりに遷座したことから「池宮」とも称される。また祈雨の神として、旱魃時に降雨を祈願する神事も行われる(日本歴史地名大系二五『滋賀県の地名』平凡社、一九九一年)。

(13)　前掲註(11)『草津市史第一巻』。

(14)　『近江栗太郡志巻二』(滋賀県栗太郎郡役所、一九二六年)。

(15)　貞治五年十二月二十五日上庄名衆給売券(「井口家文書」一)。前掲註(11)『草津市史第一巻』。

(16)　『草津市史第一巻』では、終見を天正八年としているが、原本調査の折に天正八年の史料は見出せなかった。当面原本が確認された天正三年を終見としておく。

(17) 永正十年十月二十日廿日憑子御人数注文（「井口家文書」六）。

(18) 傍線④には「十五《六》人」とあり、実際の記載は一七名であるが、「兵衛二郎殿」は後筆とみられることから、講衆は一六名とみてよい。

(19) 中田前掲註（5）。銭の場合、懸銭・懸足という。廿日憑子は米を懸けているので懸米とする。

(20) 永正十年十月二十日廿日憑子米預人数注文（「井口家文書」七）。

(21) 永正十二年十月十四日廿日憑子米預人数注文（「井口家文書」八）。

(22) 【史料二】に「戊年宿　岩千代」とあり（永正十一年は戊年）、また史料群全体からみて毎年一回の憑子が催されていたことが推察されることから、史料は残されていないものの、おそらく永正十一年にも憑子が催されていたと考えられる。

(23) 永正十二年から大永六年の間は、廿日憑子関係の史料が残存しない。

(24) 享禄二年十二月十九日廿日憑子米預り御人数注文（「井口家文書」二六）。

(25) 享禄三年十一月十一日奥村賀延私領田地売券（「井口家文書」二八）。

(26) 享禄三年十一月十一日廿日憑子米預り人数注文（「井口家文書」二七）。

(27) 宝月圭吾「中世における売買と質」（初出一九六六年、のちに宝月前掲註（8））。

(28) 天文四年十一月十六日廿日憑子借米注文（「井口家文書」三三）。

(29) 大永元年十月十四日神明講米預り注文（「井口家文書」九）。

(30) 大永三年十一月三日預り米注文（「井口家文書」一〇）。

(31) 大永六年十月二十四日預米人数注文（「井口家文書」一五）。

(32) 宿日記（「井口家文書」四八）。

(33) 宿日記の端裏書には「□つかのやと」とあり、これは〝廿日憑子の宿〟であることを意味しよう。しかし記載された人名は神明講関係の人物であることなどから、この宿日記は神明講に関わるものと判断した。また原本を確認すると、墨色が最低二色確認できる。大永六年に作成されたものに随時年号が追記されていく、あるいは毎年書きついでいくかその折衷であろうが、現在のところ確定できない。少なくともこの日記に準じて講が開催されたか、その予定であったと考えている。
(34) 実際の神明講関係史料の残存状況をみると、享禄二年から天文十二年の間は史料が残されておらず、天文十三年から再び連続して残されるようになるという状況である。
(35) 弘治元年閏十月十六日講中米納分注文（「井口家文書」五〇）。
(36) 計算上は二石のはずであるが、合計が二石四升となることについては不詳。
(37) 【史料一二】の翌年、弘治二年にも同様の史料があり、傍線②にあたる部分に「卯才ヨリノ元リ」とある。弘治元年は卯年にあたる。
(38) 翌弘治二年の史料には、これらの書き上げに「預り米人数事」とある。
(39) この神明講田には、「廿日憑子納帳」にあたるものは残されていない。
(40) 砥山村・山寺村・馬場村・岡本村・部田村・追分村・草津村・大路井村・中澤村・小柿村・坊袋村・川邊村・目川村・岡村・澁川村。
(41) 前掲註（11）『草津市史　第一巻』、『滋賀県中世城郭分布調査　三』（滋賀県教育委員会、一九八五年）。
(42) 前掲註（11）『草津市史　第一巻』。
(43) また小槻山公の末裔小槻宿禰が青地に住し青地を称し、馬淵基綱を嗣とし源氏に改めたともいう（『近江栗太郡志』）。
(44) 前掲註（12）参照。
(45) 前掲註（13）。
(46) 同年には「小杖社神主源重頼」が小槻社の正一位の神階授与を請い許可される（『園太暦』康永三年八月二十九日条）。
(47) 『栗東の歴史　第一巻古代・中世編』（栗東町役場、一九八八年）。
(48) 前掲註（14）。
(49) この史料については『草津市史　第一巻』（前掲註（11））「第六章　戦国期の草津」に翻刻の上解説が付されている。
(50) 青地荘の北半分の岡・山寺・目川・坊袋の各村には、青地氏の侍である宇野氏・芝原氏などが展開し、下砥山に鎮座する小槻大社に「榊本衆」として結衆していた。このことから小槻神社にも同様の侍衆の結衆が存在していた可能性が高い。宇野日出生「中世武士団と祭祀権―近江国青地氏と小槻大社を中心に」（『儀礼文化』二八、二〇〇一年）、前掲註（47）『栗東の歴史第一巻』。

（51）熱田前掲註（10）。

（52）同前。

第Ⅲ部　在地財の社会的機能

第八章　寺社造営にみる在地財の機能

本章では寺社造営を切り口に、在地財がどのようなかたちで生み出され活用されていたのか、いわば在地財の機能について考える。

これまで荘園と荘園における寺社については、荘園領主の荘鎮守を通じてのイデオロギー支配という切り口で研究成果をあげてきた(1)。しかし近年は、とくに中世後期の社会において、荘鎮守を在地の百姓の共同性を象徴する場としてとらえ、地域社会のなかでの位置づけを探る視点の有効性が提唱されている(2)。中世前期においてはその史料的制約から、荘園制という枠組みを地域社会のなかでどう位置づけるのかがまず議論となっているが、苅米一志は在地寺社の荘園制的編成について次のように整理する(3)。十世紀末以降、百姓層の建立による集落単位の寺堂や小社、在地領主によって建立される氏寺・氏神の二系統の在地寺社がある。多くは中小寺社であることから、寺社は荘園の立券によりその領域に含み込まれ、領家から免田を受ける。この二系統の上部に荘鎮守がありこれは立券以前のものを引き継ぐ場合と、立券に伴い新たに建立される場合があるという。

本章で検討する禅定寺のある山城国綴喜郡田原郷一帯は山中の修行場とされ、禅定寺の前身は桑在寺《くわあり》という寺院であったといわれている(4)。また禅定寺の住人は以前から「御香寄人」となっており、そこへ禅定寺が正暦二（九九一）年に建立され(5)その広大な杣山や田畠とともに延久三（一〇七一）年、禅定寺は平等院の末寺となり、中世には他の平等院領と同じく摂籙渡領とされ藤原氏氏長者の管轄下にあった(6)。

このように、広大な杣山とそこを本拠として生活する住人を含み込んだ地域が摂籙渡領とされたのならば、先の苅米の整理に従えば禅定寺は荘鎮守と同様なものと位置づけられよう。杣山と住人を包括するエリアを禅定寺荘と考えれば、この禅定寺荘は「山城国禅定寺惣田数帳」(7)では定田が八町二段一九歩、所当米一五石六斗六升三合、寺社免田が七町九段四一歩、所当米三一石三斗二升一合の荘園である。

そのうち寺社免田の内容をみると、

本堂　修理田、修正田、修二月田、毎月御仏供田、毎月講田、大般若田、八講田
薬師堂　修理田、毎月御仏供田、毎月講田
地蔵堂　修理田、正月七日修正田、毎月御仏供田、毎月講田
毘沙門堂　毎月三日御仏供田
権現　御燈田

となっている。このことから、荘園制のくくりでみれば、摂籙渡領である禅定寺荘の在地寺院として平等院末寺の禅定寺があり、領家から免田を受ける存在であったとみることができよう(8)。

このように広大な杣山に囲まれた禅定寺では堂社の造営修理が頻繁に行われていた事が知られる。次節ではこの状況をみていきたい。

一　禅定寺の堂社造営

禅定寺で行われていた堂社の造営修理の記録が、「禅定寺造営年次目録」(9)（以下「年次目録」とする）として残されている。この冊子の内容は、正暦二（九九一）年の平崇上人による建立のそもそもを記した「山城国綴喜郡禅定寺建

立事」と、その後元永元（一一一八）年からの堂社の造営修理について記した「禅定寺本堂以下堂社寺造営事」の二部構成になっている。

まず例を挙げその記載形式をみてみよう。

【史料二】（アラビア番号は表1による。以下「年次目録」の引用は同様）

1　□〔一〕永延元年丁亥十二月大房造立　六間二面萱屋　一宇西室是也云々、
　是ハ本堂建立以前、先造営アリト①縁起見タリ、

12　一　文治三年丁未十一月三日大房上人御房造営
　別当中納言阿闍梨良覚、致随分私力、勧誘土民、所造営也、②委細ノ日記在之、

20　一　文永元年甲子十一月七日ヨリ、同御堂□□板敷、
　奉行同永信法橋③委細日記別ニ在之、時別当不注之、
　□　藤原兼氏
　下司形〔刑〕部入道俗名助清　田上ニ居住、

冊子全体は、年月日と造営修理の内容が記され、次にその時の別当、住僧、下司など関係人物の名が記されるという形式で五〇件に及ぶ造営の概要がリスト化されている。

冊子前半の「山城国綴喜郡禅定寺建立事」では【史料一】傍線部①の「縁起見タリ」、あるいは「縁起不記之間、時代不審」などの表現がみられ、この冊子の記者が禅定寺の別にある縁起を参照しながら記していることがわかる。ま

表1　禅定寺堂社の造営・修理関連記事

No.	年月日	西暦	造立内容	関係人物	造営の経緯概略	備考	典拠
1	永延元年十二月	九八七	大坊造立			本堂造立以前、先造営ありと縁起にいう	年次目録
2	正暦二年三月二十八日	九九一	鋒始同堂曳之				年次目録
3	長徳元年	九九五	造立事畢				年次目録
4	長徳四年十月十九日	九九八	木直日設			供養仏堂請僧六〇口、楽二部	年次目録
5	長保三年正月	一〇〇一	湯屋作立				年次目録
6	年未詳	—	三昧堂・毘沙門堂建立（不審）				年次目録
7	元永元年	一一一八	本堂修理	別当鶏足坊・禅定寺下司賀茂助道入道			年次目録
8	仁安三年七月	一一六八	毘沙門堂修理				年次目録
9	嘉応元年	一一六九	本堂修理	別当東南院法眼御房・下司賀茂兼俊			年次目録
10	治承五年二月	一一八一	本堂椎鐘始鋳之	願主入道寂西（兼俊入道）			年次目録
11	元暦二年	一一八五	三昧堂造営	下司兼俊入道・別当西林房阿闍梨	下司兼俊入道三間四面堂一宇他所より買取、別当西林房阿闍梨、当庄一年所当米弁公事を優免、下司兼助以下庄民同心合力し、件の堂宇をもってこの寺を造立	委細日記別にあり	年次目録
12	文治三年十一月三日	一一八七	大房造営	別当中納言阿闍梨良覚	別当中納言阿闍梨、私力を随分致し、土民を勧誘し、造営	委細ノ日記あり	年次目録
13	建久三年二月十一日	一一九二	毘沙門堂修理	別当宰相禅師御房			年次目録
14	建仁二年二月二十七日	一二〇二	本堂仏壇修理	時住持職相舜・下司兼助賀茂（別当御房）			年次目録
15	承元四年三月二日	一二一〇	本堂修理	寺住持職相舜・下司賀茂兼助			年次目録
16	貞応元年	一二二二	熊野三所権現始めて勧請、棟上	藤原□□	同心合力人記するに及ばず		年次目録

17	寛元五年正月	一二四七	本堂仏壇修理	別当大納言法印御房・住持永信法橋・刑部入道乗蓮・下司藤原助清			年次目録
18	正嘉元年	一二五七	桑在寺本尊地蔵菩薩修復	本願主井□□□幷谷伊与真光私宿願			年次目録
19	弘長四年二月	一二六四	本堂上葺	願主寺住持永信法橋	願主寺住持永信法橋、私力を随分致し、庄内諸人を勧進し、造営事畢		年次目録・造営日記
20	文永元年十一月七日	一二六四	御堂大房板敷	奉行永信法橋・藤原兼氏・下司刑部入道俗名助清田上に居住		委細日記別ニあり	年次目録
21	建治元年	一二七五	桑在寺造立幷鎮守社造立	時別当定宝寺法印御房・預所備中阿闍梨義源・藤原兼氏・下司刑部入道	預所備中阿闍梨義源、夢想の告あるにより、私力を随分致し、庄内土民を勧誘し造営す		年次目録
22	弘安元年	一二七八	三昧堂上葺	住僧阿闍梨有玄・藤原兼氏・下司藤原兼行			年次目録
23	弘安二年	一二七九	上下社造営	時神主僧信快阿闍梨・□藤原兼氏・下司藤原兼行			年次目録
24	弘安五年	一二八二	本堂内陣柱取改幷仏壇板敷	時別当弁法印御房・寺住僧阿闍梨信快・藤原兼氏・下司藤原兼行	時別当弁法印御房 当庄御年貢六石御寄進、此外用途庄内沙汰也、		年次目録
25	弘安六年十二月～弘安七年六月	一二八三	毘沙門堂造営	時別当御房幷法印御房・住僧阿闍梨信玄・□沙弥乗願・下司藤原兼行・寺僧□	時別当御房幷法印御房・住僧阿闍梨信玄・□沙弥乗願・下司藤原兼行・寺僧□合力造営しおわんぬ。		年次目録
26	弘安八年二月	一二八五	権現社造営	権現講衆等	権現講衆等各同心合力、所造営		年次目録
27	正応元年十二月	一二八八	湯屋修造				年次目録
28	正応四年正月	一二九一	本堂修理	時別当因幡法印御房・住持阿闍梨信快・僧長賢・沙弥乗願・下司藤原辰熊丸			年次目録・造営日記
29	正応六年十月二十六日～	一二九三	舞殿造営	旅人老男神子		用途七貫文	年次目録・神殿作日記

30	永仁二年十月	一二九四	権現拝殿造立	講衆等	講衆等沙汰なり		年次目録
31	永仁三年二月	一二九五	本堂白壁塗			用途一貫文	年次目録
32	永仁三年九月	一二九五	新堂上葺		是ハ惣庄沙汰にあらず、私沙汰なり	用途二三貫文	年次目録
33	永仁三年十月	一二九五	本堂□□□上葺			用途三貫文	年次目録
34	正安元年十一月二十四日	一二九九	大房上葺				年次目録
35	正安元年十二月	一二九九	湯屋修理			用途五貫文・委細日記別にあり	年次目録
36	正安三年二月	一三〇一	大般若経蔵造営	長賢・真教	長賢・真教宿願により、諸人を勧進し摺書、経蔵も私沙汰にて造立、在地人の煩にあらざるものなり	用途四貫文下行・委細日記別にあり	年次目禄
37	正安三年八月二十六日	一三〇一	本堂椎鐘鋳造	僧衆・時別当宮辻子賢證上人・寺住持僧長賢・願主沙弥乗願（時長者）		委細日記別にあり	年次目録 史料二八 史料二九
38	正安三年十一月五日	一三〇一	本堂大般若教摺書	寺僧長賢・真教	弘安九年正月一六日大般若経転読の砌発願、勧進帳をもって十方檀那に従い用途出来、漸々摺書	用途四六貫文・委細日記別にあり	年次目録
39	正安四年二月	一三〇二	□を立てる・上宮拝殿中隔遣戸4枚	奉行長賢		用途一貫二〇〇文／用途一貫三〇〇文	年次目録
40	乾元二年閏四月三日	一三〇三	本堂高座作改	奉行住持僧長賢・八講		用途三貫四〇〇文是は八講布施米・委細日記別にあり	年次目録
41	乾元二年	一三〇三	本堂犬フセギ				年次目録
42	嘉元三年十一月	一三〇五	三昧堂・毘沙門堂両堂上葺	時住持阿闍梨信玄・藤原兼茂・下司代僧厳仲・当寺別当三位僧都御坊行秀		用途合計一九貫一五〇文・委細日記別紙にあり	年次目録
43	嘉元四年十月	一三〇六	湯屋修造天井板敷改る			用途は三年に限り□別二〇文・委細日記別紙にあり	年次目録

44	徳治三年三月	一三〇八	本堂内陣柱取替え			用途二貫一二一四文、米五升	年次目録
45	延慶元年十一月三日	一三〇八	本堂倉造営			用途七貫一五八文、一石一斗五升八合・色々入日記別紙にあり	年次目録
46	延慶二年十一月十日	一三〇九	本堂犬フセキノカモイ・シキイ・燈爐［　］			用途一貫八〇文、米三斗八升二合五勺・委細日記別紙にあり	年次目録
47	正和三年九月	一三一四	禅定寺僧等修造料言上状案				史料四四
48	正中二年	一三二五	禅定寺本社造営				本社造営日記

た「禅定寺本堂以下堂社寺造営事」冒頭にも「或古日記書改、或随見聞注集之」と記され、実際、傍線部②③のように「委細日記別ニ在之」などの文言も随所にみられ（表1備考欄参照）、各々の造営に際して個別に作成された詳細な「日記」を参照していることがうかがえる。

「年次目録」は全一五丁で成立の年代は未詳であるが、内容的には延慶二（一三〇九）年の記載が最も新しいものである。全体はほぼ一筆とみられ、また随所に文字の摺消などもあることからこの「年次目録」は、「縁起」あるいは「古日記」や「見聞」をもとに、禅定寺堂社の造営修理の記録を年代順に書き上げたもので、成立年代は延慶二年以後のある時点と推定できる。ただし、後述するように参照している「日記」のうち現存するものが確認できること、一方でこれらの「日記」を「古日記」と称していること、などを考えあわせると、その成立は延慶からかなりの年数が経っているとみられるが、内容的には延慶二年までの禅定寺の動向を伝えるものとしてよいと考える。

そこで禅定寺の造営全体が見渡せるように、この「年次目録」の内容を一覧にまとめたのが表1[10]である。これをみると、平安末～鎌倉期約三四〇年間の、禅定寺の本堂、三昧堂、毘沙門堂をはじめとする堂舎、あるいは熊野権現、日吉社などの社殿、あるいは大般若経摺写などに関して、年月、内容、関係人物、造営に至る経緯や費用などが編纂されたかたちではあるが記録されていることがわかる。

この造営修理記録のなかには、造営の経緯、修理費用の調達状況について記されている場合がある。おそらくこれは、軽微な修理で経常的な修理田の範囲内でおさまったものについては特段の記載はしていないが、規模の大きな造営に関しては費用の捻出方法などが特筆されていると考えてよかろう。その造営までの経緯についてみると例えば次のような記載となる。

【史料二】

12　一　文治三年丁未十一月三日大房上人御坊造営

　別当中納言阿闍梨良覚、致随分私力、勧誘土民、所造営也、委細ノ日記在之

19　一　弘長四年甲子二月本堂上葺《フク》、同四月十一日棟木置、

　時別当不注之、

　願主寺住持永信法橋、致随分私力、勧進庄内諸人、造営事畢、

（略）

21　一　建治元年乙亥桑在寺造立幷鎮守社造之、

　時別当定宝寺法印御房

　預所備中阿闍梨義源、依有夢想告、致随分私力、勧誘庄内土民、造営之、

26　一　弘安八年乙酉二月権現社造営〔　〕朽損間新造也、
此社本者、奥谷座ス、今度当所引出造立、権現講衆等各同心合力、所造営也、

このように造営にあたって別当や住持などの寺僧がとくに力を注いで「土民」「庄内諸人」を勧誘・勧進し、米銭を集めて行った場合や、権現に集まる「講衆」が「同心」して造営した場合もある。また一方、

【史料三】

32　一　永仁三年乙未九月新堂上葺、自九月十八日、至于同十月十五日、造営番匠暇百八十人用途二十三貫入ル、
是ハ非惣庄沙汰、私沙汰也、（略）

36　一　正安三年辛丑二月大般若経蔵造営、自二月六日造始、番匠人数四十人暇ト約束シテ、用途四貫文下行之、此外材木釘用途ニ一貫三百五十文入畢、此大般若経者、長賢幷真教依宿願、勧進諸人、奉摺書間、経蔵モ私沙汰ニテ造立之、更非在地人煩者也、委細日記別在之、

などの記載もあり、これらは「勧進」「勧誘」「同心」という言葉は使われていない。かわりに「惣庄沙汰」「私沙汰」、あるいは「在地人煩」などと記されているが、これらはどのような事を意味し、「勧進」とは違うのか同じなのか。これらのことを探ることによって造営修理にあたっての禅定寺と、禅定寺荘や禅定寺荘住人らと関わり方をみることができるのではないだろうか。そこで次節ではより詳しい造営修理の記録を読み解きながらこの点を考えてみたい。

二　造営費用の調達

すでに述べたように、「年次目録」は「古日記」を参照して記されている。実際に、弘長四（一二六四）年二月の本

堂上葺（表1№19）と、正応四（一二九一）年正月の本堂修理（表1№28）については、表紙に「造営日記本堂上葺之時日記外陣柱取改之時日記」（以下「造営日記」と略記）と記され、作事の次第、必要経費の内容、米銭を集めた記録などをまとめた冊子が残されている。(11) また「年次目録」には載せられていない正中二（一三二五）年の本社造営と三昧堂仮葺についても「禅定寺本社造営日記」(12)（以下「本社造営日記」）という記録があり、また正安三（一三〇一）年八月の本堂椎鐘の造営についても断片的ではあるが関係史料が残されている。(13) そして正応六（一二九三）年十月の舞殿修理については、「神殿作日記」が存在する。(14)

これらはいずれも、個々の造営、修理についての詳細な記録であるが、これらのなかで「神殿作日記」だけが、他に比べて情報が整理されない状態で記されているため内容的にも難解で理解しにくい部分が多い。このことから、造営修理記録には造営が行われている当座の状況を記録したものと、造営から時間が経ち一連の出来事を整理して記録したものの二種類があったことがわかる。つまり「年次目録」は、造営当座の記録↓造営後にとりまとめた記録↓種々の造営を年代順にまとめた「年次目録」という順序で作成されたものとみられる。いずれの史料もこうした成立状況を念頭に置きながら検討していけば、個々の造営の詳細な記録と位置づけてよく、実際の状況を伝える史料となり得る。そこでこれらの史料をもとに具体的な造営修理の実際を、とくにその費用調達を中心にみていきたい。

〈弘長四（一二六四）年　本堂上葺の葺替〉(15)

「造営日記」の冒頭には、

【史料四】

「　正月十三日　材木切始
二月五日ヨリ　番匠始之
四月十一日巳時棟置

　　　四月廿一日　法堅猿楽　」

このように造作の次第が記される（表1№19）。材木を切りはじめて二〇日ほどで造作仕事がはじまり、二カ月強で棟置がなされている。それではこの造営にかかった費用についてみてみよう（表2№19）。

　本堂はこけら葺であったようで、それは必要経費を書き上げた「造営之間　米銭入日記」[16]に「四十二貫三百六十文柀榑買《コケラフキノ》料」とあることからわかる。造営にあたっての「番匠作料」は二九貫文、釘は三貫文を要した。二三石八升の米は四カ月間の番匠の飯米であろう。酒一四石四斗一升のうち六石八斗一升は「人々結縁酒」とあり、後述する「造営結縁スル人々」への酒とみられる。造営にあたっては斧始の儀式（正月十三日か）があり、この引出物として五〇〇文を要した。四月十一日に行われた「棟置」の儀式には、「番匠十三人　童部十人」が参集し、大工への引出物として二貫五〇〇文と馬一疋が、大夫には一貫文が渡され、残る一一人には各々五〇〇文の引出物が準備された。この大工や童部の、棟上前日から棟上げ翌日までの食料は二石七斗と酒が必要であった。

　四月二十一日に行われた「法堅（方堅）猿楽」[17]については、寺院の造営に際して方堅神事が猿楽により執り行われることは、同じ綴喜郡の高神社の事例が知られている。その儀礼では垸飯用の糯米五斗、垸飯に加える小豆、御菜の「スリタウフ」「干鯛」などが用意された。興味深いのは「在地之人ニ飯ニテ饗ス」ための米四石三斗を計上していることで、本堂上葺の葺替えにあたり「在地之人」への饗応が行われていたことがわかる。

　以上、造営にあたっては大工への手間料や引出物、飯米などのほか、儀礼に伴う費用や振舞の酒や飯など併せて、九七貫九六〇文、四五石二斗四升、小豆三升、酒一石を必要とした。

　ではこの造営にかかる費用はどのようにして調達されたのか。「此造営結縁ス□人々日記」によれば、備前竪者御房、佐渡左衛門尉殿、蔵人注記御房、新別所聖実房、井本石見、五郎乙母などの僧俗から四貫四〇〇文が寄進され、[18]そのほか米七斗も寄進されたことも記されている。このときの造営の願主は「随分興隆人也」とされる一和尚永信法橋で、

収入			備考	典拠
此造営結縁スル人々	1貫文·備前竪者御房、1貫文·佐渡左衛門尉殿、1貫文·故刑部入道為菩提数子等沙汰、300文·蔵人注記御房、300文·新別所聖実房、300文·井本石見、300文·五郎乙母、200文·為若□	4貫400文	番匠食物ハ米ヲ在地へ下シテ、在家別相廻シテ雑事ヲハ沙汰ス	造営日記
米分	5斗·備前竪者御房為小輔殿伊賀殿、2斗·□	7斗		
仏事用途奉加	正応3年春分8件(計3石4斗4升·1貫400文)、正応3年秋分12件(計7石7升)	10石5斗1升／1貫400文	1貫400文は出挙利銭に下す＜表3A・B・㋑＞	造営日記
結縁用途奉加	歳奉加分56件(計8貫100文)	8貫100文	＜表3㋺＞	
在地ヨリ沙汰	1石5斗·本堂修理米、1石本座ヨリ沙汰、1石新座ヨリ沙汰、1石弥座ヨリ沙汰、2石佐渡殿僧座入供用途	6石5斗	＜表3C＞	
炭ヤキタル銭		4貫文	＜表3㋩＞	

表2　造営・修理の収支

<table>
<tr><th>No.</th><th>年月日</th><th>西暦</th><th>内　容</th><th>造営次第</th><th colspan="4">支　出</th></tr>
<tr><td rowspan="14">19</td><td rowspan="14">弘長4年
2月</td><td rowspan="14">1264</td><td rowspan="14">本堂上葺</td><td rowspan="14">正月13日
材木切始
2月5日
番匠始之
4月11日
巳時　棟置
4月21日
法堅猿楽</td><td rowspan="3">造営の間</td><td>86貫360文</td><td>42貫360文･被榑（こけら葺の料）、29貫文･番匠作料、3貫文・釘用途</td><td rowspan="14">支出合計
97貫960文
45石2斗4升
小豆3升
酒1石</td></tr>
<tr><td>23石8升</td><td>米分</td></tr>
<tr><td>14石4斗1升</td><td>(このうち4石5斗東林房□、6石8斗1升人々結縁酒)</td></tr>
<tr><td>手斧始</td><td>500文</td><td>手斧引出物</td></tr>
<tr><td rowspan="2">棟置</td><td>8貫500文</td><td>2貫500文馬1疋大工・大夫に1貫文、11人に各500文引出物</td></tr>
<tr><td>2石7斗</td><td>番匠13人･童部10人　4月10日日中より12日昼まで食物、飯料</td></tr>
<tr><td rowspan="5">法堅</td><td>3貫600文</td><td>3貫･猿楽禄、300文･酒</td></tr>
<tr><td>5斗</td><td>米　糯米　垸飯料</td></tr>
<tr><td></td><td>御菜　スリタウフ24切
干鯛30</td></tr>
<tr><td>2斗5升</td><td>鬼之タキ俵ニ入ル</td></tr>
<tr><td>豆3升</td><td>(小カ)豆　垸飯ニ加</td></tr>
<tr><td rowspan="3">此外</td><td>4石3斗</td><td>在地之人ニ飯ニテ饗ス</td></tr>
<tr><td>酒1石</td><td>東林房沙汰</td></tr>
<tr><td>300文</td><td>□ハ□ニ入ル</td></tr>
<tr><td rowspan="3">28</td><td rowspan="3">正応4年
正月</td><td rowspan="3">1291</td><td rowspan="3">本堂外陣柱取改</td><td rowspan="3">正月12日
釿始
正月15日
材木出之
正月16日山城より番匠13人越
正月17日
番匠始之
2月11日
□草
2月11日
鐘楼棟上</td><td>番匠へ下す</td><td>25貫文</td><td>1日ニ酒食作料ニ100文ヲ250人計暇</td><td rowspan="2">33貫950文</td></tr>
<tr><td>此外</td><td>8貫950文</td><td>500文･釿始引出物、300文･肴買、500文･大工幷弟八郎ニ引出物、2貫文･大工引出物、1貫300文･柱立石立折節番匠引出物、100文･八郎へ引出物、1貫50文･大工ニ下ス、100文土公神祭、500文･大工ニトラス､2貫500文･釘ヵ、100文</td></tr>
<tr><td>此外米分</td><td>1石5斗2升</td><td>1斗･大工饗応、2斗正月□番匠、6斗･酒ニ作、1石5斗酒ニ作、1斗2升･土公神祭布施</td><td>1石5斗2升</td></tr>
</table>

「年次目録」にもこのときの造営について「私力を随分致し荘内諸人を勧進し造営」したと記し、永信が願主となり禅定寺荘内を勧進し、費用を調達したことが知られる。しかし、必要経費九七貫九六〇文に比して勧進して集まった銭は四貫四〇〇文であり、残る費用をどのように工面したのかは史料からは明らかではない。また、「番匠食物」の費用については施主が負担することが次に検討する正応四年の本堂修理において明らかとなっており、この場合も三カ月の造営の間の大工の飯料二三石や棟置の際の飯料二石七斗などの計上がされているが、ここで興味深いのは、「米ヲ在地へ下シテ、在家別相廻シテ、雑事ヲハ沙汰ス」とある点である。番匠の食事については米を在地に渡して、副菜（雑事）とともに在家が順番に整えたということであり、具体的な作事にあたっても番匠の食事を整えるというかたちで在地が密接に関わっていたということがわかる。

〈正応四（一二九一）年　本堂修理(19)〉

○造営の内容（表1 No.28）

禅定寺の本堂は、もともと「土立ノ堂」だったものをその後板敷きに改めたものの、板が朽ちてしまったため、このたび「下ノ地ヲ曳テ」柱を長くし、あわせて妻戸を五間立て、西の庇に鐘を吊ることとした。鐘は「今度取破ル鐘楼」の替わりであるという。まず冒頭に、

【史料五】

「　正月十二日釿始　同十五日材木出之、
同十六日　自山城之番匠十三人越、
同十七日　番匠始之、
二月十一日□草但此之□[
同十一日　鐘楼棟上也大工[願之[　　　」

と作事全体の段取りが示される。

釿始の儀のあと、まず十五日に材木を出すことからはじめられた。十六日には山城から大工が一三人やってきた。この大工は次郎大夫藤原国為という者で、この国為は「年次目録」によれば二年後の正応六（一二九三）年の舞殿（宮神殿）の造営や、永仁二（一二九四）年の権現拝殿造立にあたっても番匠を引き連れて作事にあたっていることが知られる。

次にこのようにして正月十七日からはじまったこの造営に要した費用についてみてみよう。まず大工への支払いは、先の弘長の場合は「番匠作料」は銭、飯料は米であったが、今回は一人宛「一日ニ酒食作料ニ百文」として「用途ニテ番匠ニ下ス」取り決めをしたらしく、「二百五十人計暇」[20]分の二五貫文が一括して国為に支払われている。「年次目録」にみる他の事例でも「此外番匠食物米一石八斗入ル」「番匠食ニ入ル」などとあり、作事中の大工の飯料は施主がもつことが通例であったらしい。

今回の造営は弘長の造営と異なり材木用途が計上されていない。釘用途としては二貫五〇〇文が必要であった。

さらに大工への引出物が、斧始に際して五〇〇文、柱立や石立などの折節に、「五百文　大工幷弟八郎ニ引出物ニス」「二貫文　大工ニ引出物ニス」など、たびたび入用となっている。また作事が予定よりも延引し用途不足となった補填として五〇〇文が大工に支払われ、結局銭で要したものは都合三三貫九五〇文となった。

一方米の支出は、「大工是ヘ来時饗応」や造営にあたっての土公神祭への布施などのために計一石五斗二升の米を要した。

それでは、この造営の費用、銭三三貫九五〇文、米一石五斗二升はどの様にして調達されたのであろうか。「造営日記」にはその記載も詳しい。

前年の正応三（一二九〇）年二月に、「修造大願」を思い立った禅定寺の大法師長賢は自ら造営願主となり、阿闍梨信玄を逆修の本願として、仏事用途の勧進を目的として一切衆生の菩提を弔う一ヵ日の逆修供養を執り行った。それは、寺僧五人[21]（一和尚備後阿闍梨信快・若狭法名如□阿闍梨信玄・下野阿闍梨覚□・讃岐大法師長賢・尾張大法師信有）、客僧五人[22]（大夫京人阿闍梨祐厳、大夫田原岩本人権律師信尊・大夫田上播人覚玄大徳・真教房上野人教賢大徳・□）のあわせて一〇名、結願導師鷲峯□により、「毎日修□(五カ)種行三時ニ転□(読カ)法華懺法」を行うというものであった。

この逆修供養の執行により特定の個人の供養のための仏事を目的とした奉加米が集まった。「造営日記」ではこれを仏事用途として二つに分けて記している（表3）。

まずA「正応三年春出分」としては、願主の長賢が「先師十三年仏事用途」に一石、如心房が「自身逆修用途」に五斗、道祖神得次郎は「過去者のため」五斗、南道丹後も同じく三斗五升、同女房から五升など八人から計三石四斗四升の米の奉加があった。このときに銭一貫四百文の奉加もあったようだが内訳の記載はない。

また同じ年の十月にはB「正応三年庚寅十月奉加人々日記」として、再び如心房から「十一月日逆修用途」二石二斗五升、下野阿闍梨から「非母一周忌仏事用途」一石、このほか伊与介、辰熊丸など一二人から合計七石七升が奉加された事が記される[23]。なおこの奉加人の一人である辰熊丸は正応四年当時の下司であることも注目される。

次に、仏事用途は項を改め、次のように記す（表3C）。

【史料六】

「　一石五斗本堂修理米、　　一石　本座ヨリ沙汰□
　一石　新座ヨリ沙汰、　　一石　弥座ヨリ沙汰ス、
　二石　是ハ佐渡殿僧座入衆用途此造営沙汰ス、　　已上六石五斗」

まず一石五斗の本堂修理米については「禅定寺惣田数帳」によれば「本堂修理田」が五段・二石五斗であることが

判明するので、その一部をここに充てたとみられる。そのあとに「本座ヨリ沙汰」などと記される本座、新座、弥座そして僧座とは何か。これらは禅定寺荘にあった組織で、本座、新座、弥座の三座を百姓座と総称したといわれる。[24]蔵持重裕は、「惣田数帳」の分析から三座がそれぞれに座としての土地を所有し、禅定寺や大宮の霜月祭礼などの年中行事を支えていたこと、僧座も在地の侍衆が法躰となったものであると指摘する。[25]つまりここにみえる五件は、個人の逆修供養願望などから発した奉加とは異なり、禅定寺荘の在地の組織としての「座」による費用負担であると考えられる。

そして、ここで集まった米合計一七石一升は翌正応四年の正月に造営が開始されるまで納め置かれたとある。

一方、十月には「歳奉加分」として五六件、合計八貫一〇〇文の銭の奉加があり、この内訳が記録されている（表3㋺）。この「歳奉加分」をみると、奉加したのは田上大夫殿□・左衛門三郎殿・佐渡殿など～殿と称される者、越前介・中道伊予介・越中介など国名＋介を名乗る者、[26]遠江并妻女・尾張并妻女など夫妻、浜石女・金剛房女房などの女性も含まれ、おそらく禅定寺荘の住人であろう。これらは一人あて三〇〇文～五〇文を奉加しており、突出した額や端数はなく（三〇〇、二五〇、二〇〇、一〇〇、五〇）、ある程度の基準が設定されていた様子がうかがえる。[27]そしてこの「歳奉加分」の奉加は特定の個人の供養を目的としたものではなく、この造営に結縁することに目的があったとみられる。

さらに項をかえて、「三貫四百文〈是ハ寺山売テ炭ヤキタル銭ナリ〉」「五百文　〈是ハ寺山□ヤキタル□〉」とある（表3㋩）。これは寺山の木を炭焼きのために売ったことを意味すると思われ、その意味でこの銭も奉加銭ではなく、本堂修理という臨時の支出に対する費用負担の対応だと考えられる。

このようにして集まった米銭を「造営日記」では最終的に米と銭に分けて次のように集計している。

表3　正応3年本堂修理への奉加内容

A 正応三年春出分	3石4斗4升	1石	長賢幷弟子等	先師十三年仏事用途
		1石	数□□阿□タ仏□	悲母一周忌供
		5斗	如心房	自身逆修用途
		2斗	畠中遠江	為□
		2斗	道祖神得次郎	為過去者
		3斗5升	南道丹後	為過去者
		5升	同丹後女房	
		1斗4升	比丘尼善心房	為子息聖霊
	㋑銭1貫400文		是ハ出挙利銭ニ下畢	
B 正応三年十月奉加人々日記	7石7升	2石2斗5升	如心房	十一月日逆修用途
		2石5斗	辰熊丸	[　]
		1石	下野阿闍梨	悲母一周忌仏事用途
		5斗	[　　　　]	[　　　　]
		3斗	岩本西願房	
		1斗	[　　　　]	
		1斗2升	伊予介	
		5升	[　　　　]	
		1斗	肥後幷妻女	
		1石	[　　　　]	
		5升	南道ミの介	
		1斗	[　　　　]	
C	6石5斗	1石5斗	本堂修理米	
		1石	本座ヨリ沙汰	
		1石	新座ヨリ沙汰	
		1石	弥座ヨリ沙汰	
		2石	佐渡殿僧座入衆用途此造営沙汰ス	
		A＋B＋C	17石1升	此米冬内納置テ次自正月造営始之
㋺ 歳奉加分	8貫100文	300文	三郎丹後幷祖母分	
			田上大夫殿	
			中道伊予介	
			長寿殿幷母祖母三人	
			故□□介	
			尾張幷妻女	
			[　]	
		250文	阿古御前	
		200文	さ衛門三郎殿幷女房	
			[　]	
			万歳女□	
			左衛門三郎□	
			駿河幷妻女	
			寅石武蔵	
			遠江幷妻女分	
			越中介	
			[　]	
			黒太郎母	
			平六幷妻女	

		100文	又次郎	佐渡殿
			浜石女	和泉介
			乙御子	因幡介
			尾［　］	岩本大夫律師
			［　］	弥太郎
			［　］	蓮仏［　］
			二大□	金剛房
			［　］	尾張［　］
			乙前	金剛房女房
			筑［］	弥［　］
			筑後継母児女	亀石女
			岩本［］成阿［］	藤四郎
			三乃介	［　］
			有主女	［　］
			越前介	［　］
			越後介	千代御前
			河内介	［　］
		50文	［　］	
			□市女	
			萬さ女	
	㋩	3貫400文	是ハ寺山売テ炭ヤキタル銭ナリ	
		500文	是ハ寺山［　］ヤキタル［　］	

正応三年春ヨリ同秋次年マテ奉加出来分（集計）			
米	17石1升	10石5斗1升ハ面々仏事用途奉加	A＋B
		6石5斗ハ在地ヨリ沙汰ナリ	C
銭	13貫400文（㋑＋㋺＋㋩）	9貫500文結縁用途	㋑＋㋺
		（炭ヤキタル銭）	㋩

【史料七】（表3）

正応三年春ヨリ同秋次年マデ奉加出来分

米

十七石一升　①此内十石五斗一升ハ面々仏事用途奉加、今六石五斗ハ在地ヨリ沙汰ナリ、

銭

十三貫四百文　②此内九貫五百文結縁用途□

結局正応四年の本堂修造にあたり集まった米は一七石一升、銭は一三貫四〇〇文、支出した米は一一石五斗二升、銭は三三貫九五〇文で、米は収入が多いが銭は支出が多い。また奉加銭のうち、表3A「正応三年春出分」の銭一貫四〇〇文㋑については、「是ハ出挙利銭ニ下畢」とあり、集まった銭の一部を出挙利銭のかたちで運用して造営費用に充てたとみられる(28)。

そして傍線部には、集まった米銭の内訳が記される。①には仏事用途としての奉加米の合計が一〇石五斗一升であり、また各座からの米の合計は六石五斗で、これは「在地ヨリ沙汰」、つまり費用負担であることが記されている。同じく銭も、傍

線②「九貫五百文結縁用途」は、銭全体から三貫九〇〇文を差し引いた額となり、その三貫九〇〇文は「寺山売テ炭ヤキタル銭」の合計にあたる。

つまりこの正応の場合造営の用途は、勧進奉加による仏事用途・結縁用途、百姓三座および僧座からの費用負担、生産物を売買した銭（炭ヤキタル銭）によって調達されたということができる。

〈正安三（一三〇一）年　本堂鐘　再鋳造〉(29)（表1№37）

禅定寺の本堂の鐘は、そもそも治承五（一一八一）年にはじめて鋳造されたもので、このときの願主は禅定寺荘の時の下司・兼俊（寂西入道）であった(30)。この治承の鋳造にあたっては、「百姓等座ニテ頭ヲモチコミテイルナリ」(31)とあり、百姓が銭を持ち込みその銅を鋳直して鐘の材料の一部としたとみられる。いずれにしても禅定寺本堂の最初の鐘の鋳造に関しては、願主が禅定寺荘の下司であること、鋳造には百姓等が座として助成をしていることが注目される。

その後正安三（一三〇一）年二月頃にこの鐘が破損し、結局六月十四日には鐘の音が止んだ。それを「郷人」が歎いたことから、改めて鋳直すこと、そしてこの新鐘鋳造の費用は、賢性、経乗、真教の三名が僧座への入衆のための用途を宛てることもあわせて決められ、八月十六日から鋳造をはじめて二十六日に完成し、二十七日からこの新しい鐘を吊すことになった。

新鐘は、もとの鐘の二〇貫文に新たに一五貫文の銅銭を加えた三五貫文で鋳造され(32)、そのほか鋳物師の手間料一〇貫文、残りの銭で鐘楼の造作を行うこととなった。

この費用は、三名の僧座への入供が宛てられるのだが、当初入供用途は、賢性一〇貫文、経乗一〇貫文、真教大徳三貫文の合計二三貫文とされたものの、他の座衆と酒盛も決められ（此外座衆ニ酒盛ルヘキ之由）、さらに鐘楼の造作も行ったので費用が不足し、結局賢性と経乗はさらに一貫文ずつ、真教は五〇〇文を出すこととなり、結局用途は「僧賢性　入供ニ出用途十一貫百文」「僧経乗　入供ニ出用途十一貫百文」「僧真教　入供ニ出用途三貫五百文」の合計二五貫七〇〇文となった。そのほかにも「領家賢證上人」(33)（別当）から一石八斗の下行や、そのほか一和尚長賢をはじめとする僧俗から一貫五〇〇文の奉加を受けたことも記されている。

以上この鐘の鋳造にあたっては、まず僧座の入供用途が用いられた点、そして「年次目録」にこの鐘鋳造の願主が「沙弥乗願」であり、それは「時長者」であると註されている点が注目される。

まず僧座の入供用途が使われた点については、治承五年の初めての鋳造と同じ状況で、禅定寺の鐘を鋳るにあたっては禅定寺荘の座がその助成を行っていることが、先にみた正応の本堂修理に座の公的負担があったことと通底する重要な点である。

次に願主の乗願については、『禅定寺文書』九六号「禅定寺長者歴名」に、

長者沙弥乗願　俗名兼氏

とある。ここから沙弥乗願は長者という立場にあり俗名は兼氏であることがわかる。長者については次節で述べるが、要するに禅定寺荘の下司一族は「兼」を通字とする在地の侍であり、その下司が一定の年齢に達すると「長者」という立場となり、下司とともに造営に深く関わったとみられる。もともと下司であった乗願が願主となって鐘を鋳たことは、これもやはり治承五年の鐘鋳造において下司の兼俊が願主となったことと重なるものとして注意したい。

以上、禅定寺の造営修理のなかでも詳細な記録の残る弘長四年、正応四年、正安三年の事例についてみてきた。

ここから造営費用の捻出に関して改めて確認すると、（1）用途は、経常的な修理米で賄えないような大きな造営の場合には勧進奉加を行って費用を捻出した、（2）仏事用途あるいは結縁用途などとして奉加された米銭とは別に、在地の費用負担の存在があった、（3）禅定寺荘にあった僧座、本座、新座、弥座の四つの座はそれぞれ土地を所持し財産を有しており、造営に関してもそれぞれの座単位で費用を負担し、それらは「在地ヨリ沙汰」とされた、（4）用途が不足した場合、出挙や利銭を行って運用しその費用を捻出することがあった、（5）費用負担には山からの特産物を

売買し造営費用に充てることもあった、（6）造営にあたっては寺僧だけではなく下司や長者が力を尽くし、在地の僧俗も勧進奉加や費用負担というかたちで深く関わった。

このように禅定寺の造営修理には、禅定寺のみではなく、禅定寺荘の在地の住人たちが様々なかたちで深く関与していることが明らかとなった。

三　造営に関わる人びと

前節では、三つの例を取り上げ、とくに造営費用をどのように調達していたのかという点に注目し、そこでは在地の住人が勧進奉加、座としての費用負担、炭の売買など様々なかたちで関与していることが明らかとなった。本節ではそのなかでとくに、禅定寺の別当や住持、あるいは禅定寺荘の下司などの造営や修理などへの関わり方をみたい。「年次目録」には例えば次のようにある。

【史料八】

24　一　弘安五年壬午本堂内陣柱二十二本取改并仏壇板敷　用途二十貫文入ル

①時別当弁法印御房当庄御年貢六石御寄進、此外用途荘内沙汰也、

②寺住僧阿闍梨信快奉行之

③□（抹消）藤原兼氏

④下司藤原兼行

まず造営の年月日と内容が記されたあと、その造営に関わった人物の名が記されており、これをみると造営修理には、①別当、②住持、④下司が、そして③は摺り消された部分があるが長者とみられる人物が関わっていることがわ

かる。そこでこれらについて「年次目録」全体を見通してみていきたい（表1の「関係人物」欄参照）。

〈別当〉

先の正安の鐘鋳造にあたり「領家賢證上人」は一石八斗を下行した[34]。この賢證上人は禅定寺の時の別当であることがわかっており[35]、ここから別当は領家、つまり平等院の僧であったとみられる。そしてそれは「別当中納言阿闍梨」「別当宰相御房」「別当大納言法印」「別当三位僧都」など一定の身分に属する者であることからもいえよう。元暦二（一一八五）年の三昧堂造営（表1№11）では、進めていた再興事業の途中で下司が没したあと、別当西林房阿闍梨明忠が「当庄一年所当米幷公事」を「優免」して堂宇を造立したと記されている。これは、別当が禅定寺荘からのこの年の所当米と公事のすべてをこの三昧堂の再興に充てるということを決定したことであり、このことはつまり、別当は禅定寺という寺院の最高責任者であるだけでなく、禅定寺荘に対して高次の権限を有していたということができよう。【史料八】でも弘安五（一二八二）年の本堂内陣修理（表1№24）において時の別当弁法印御房は「当庄御年貢六石御寄進」したとある。おそらく別当は禅定寺ではなく平等院にいながら、平等院末寺としての禅定寺の修理造営に責任をもち、同時に領家として禅定寺荘の所当米の進退を決定できる立場にあったものとみられる。

〈住持〉

別当が法印クラスであったのに対し、住持は「永信法橋」などとあるように（表1№17・19・20）、別当よりも下位の僧であった。「奉行」とされていることから、禅定寺運営の実務責任者であったと思われる。先の正応の修造での勧進奉加のための逆修供養にあたった住持信快は「一和尚　備後　阿闍梨信快」とあることから、一和尚、二和尚、三和尚など五〜六人が禅定寺の僧衆であったとみられる。そして禅定寺の僧衆は「国名＋公」を名乗り、在地の侍衆との関わりが指摘されている[36]。

〈下司〉

前節でみた本堂の鐘の初めての鋳造をすすめた賀茂兼俊は、治承五（一一八一）年に出家し入道寂西として鐘の願主となり、その後元暦二（一一八五）年には三昧堂の再興をすすめたが中途で病没する。この兼俊（寂西）は、「禅定寺下司」として養和元（一一八一）年の禅定寺領山一千町の四至注進状を指出していることが知られる。[37]

ところで「年次目録」など史料に頻出する下司の名を抽出すると、

賀茂助道入道―賀茂兼俊（寂西）―賀茂兼助―藤原助清―兼定―兼氏―刑部入道助清―藤原兼行―藤原辰熊丸…

という流れを確認できる。助道から兼助までは賀茂氏、助清からは藤原氏を名乗り、その名に「兼」あるいは「助」を通字としている者が続く。ここから、下司には賀茂あるいは藤原を氏とし「兼」「助」を通字とする一族があったものと考えられる。これはおそらく「東三条殿御香寄人」の系譜を引く有力な住人として、禅定寺荘の下司という荘官として荘務をつとめる一方、禅定寺の造営にあっては願主になることもあり、禅定寺荘というまとまりの結節点としての役割ももっていたと考えられる。

〈長者〉

「年次目録」には、下司とは別に記載されている人物がいる。「長者歴名」[38]で確認するとかれらが「長者」であったことが判明する。このうち、助道入□、兼俊入道寂西、賀茂兼助入道、刑部入道乗蓮〈俗名兼重〉は、長者になる以前には下司でもあったことが判明し（表4）、ここから、下司をあるときまで務めるとそのあと「長者」となる者があったことがわかる。長者は禅定寺堂社の造営・修理にあたり、時には願主ともなった。[39]前節でみた鐘鋳造などがそれにあたる。

ほかにも長者の次のような動きが興味深い。正嘉二（一二五八）年の「修二月堂荘厳式目」[40]によれば、禅定寺の修二月堂の荘厳（供物）について、その負担は「三座等分」と定め置かれた。三座は先述したように、禅定寺荘の本座・

新座・弥座のことで、この負担について弥座から訴訟があり「座衆」が評定してこの決定となった。この衆議による決定を、最終的に取りまとめたのが「惣長者沙弥乗蓮」、すなわち下司をつとめその後刑部入道乗蓮となった兼重であった。この式目の裏書には「下司兼定」の名がみえ、ここから、座が所有する「修二月田地」からの費用負担に関する座の衆議について、下司の確認とともに長者が最終的な承認を行ったことがわかる。

この長者の、禅定寺における公的な立場についてわかることは多くはないが、この正嘉の「修二月堂荘厳式目」の但し書きには「三座之刀禰以下之座衆」とあり、本座以下各座の筆頭人を「刀禰」と称したことがわかる。つまり禅定寺荘の公的組織である各座を代表する刀禰を取りまとめたのが惣長者ということになる。

表4　下司・長者対応表

下司	長　者
	上総守藤原兼忠 寺主観□大徳
助道→	助道入□
兼俊→	兼俊入道寂西
	依兼沙□
兼助→	賀茂兼助入道
	賀□ 賀茂助光 右馬允藤原重□
兼重→	刑部入道乗蓮〈俗名兼重〉
	沙弥乗願〈俗名兼氏〉 沙弥乗円〈俗名兼茂〉

長者については林屋辰三郎[41]、石母田正[42]の研究を受けた戸田芳実[43]が、非農業的特殊労働に従事する寄人集団の長であり各種分業の組織者として長者を位置づけた。その後河音能平[44]は、「庄郷長者職」を、〝郷《サト》ノ長者〟として下司職・郷司職とワンセットで荘鎮守祭祀権をもつ畿内在地領主に特有な存在として位置づけ、また小田雄三[45]は鎌倉時代の村落における刀禰を郷単位でまとめた代表者としての惣刀禰の別称として惣長者職があったとする。

戸田がいう「非農業的特殊労働に従事する寄人集団の長」である点、河音のいう下司職と対になっている点、小田のいう刀禰の長である点などこれまでの研究で得られた多くの長者の属性が、禅定寺荘の「三座之刀禰」や「惣長者」と重なることは注目に値する。

そうであれば、古くから禅定寺荘の住人であり、下司を務めたのちに長者という立場となり、様々な禅定寺荘の在地の紛争を調停し、禅定寺の造営修理にあたっても在地の長としての役割を果たしたのではないだろうか。長者はある意味で下司の経験を積んだ長老として、禅定寺荘における事実上の権限をもつ者と考えられる。

四　造営修理をめぐる寺と在地社会

これまでみてきたように、禅定寺の造営修理にあたっては、その費用調達のため、勧進奉加、座による費用負担、炭の売買などが行われていた。そして座の動きについては長者と下司がその調整を行っていたことも指摘した。

しかしながら【史料六】に、造営にあたる「在地沙汰」のなかには「修理米」とあるように、本来寺社の造営修理は修理米で賄われるべきものであろう。禅定寺の修理米については、「惣田数帳」に次の記載がある。

【史料九】

一　同郷本堂免田事　（花押）

合

一　修理田分

上一段下ノ宮前元五斗　道祖神 作彦四郎刀祢　中一段下ノ宮前元五斗　辻 作八郎太郎

中一段下ノ宮前元五斗　平山 作九郎次郎刀祢　中一段晴嵐川元五斗　小田井野 作孫次郎

中一段晴嵐川元五斗　鍛冶屋 作孫三郎

（略）

これは本堂分であるが、五筆五段で二石五斗が割り当てられていることがわかる。このほか薬師堂に対して一筆一段四斗、地蔵堂に対しても一筆一段四斗の修理田がそれぞれ設定されている（表5）。

禅定寺荘の定田は八町二段一九歩、一五石六斗六升三合であるが、免田のうち寺社分のみでも七町九段四一歩、三

表 5　免田（寺社分のみ）

本　堂	修理田		5 筆	5 段	2 石 5 斗
	修正田	修正御仏供田 檀供田	3 筆 3 筆	3 段小 2 段 60 歩	1 石 4 斗 3 升 9 斗 3 升
	修二月田		10 筆	5 段 334 歩	2 石 6 升 2 合
	御仏供田・講田	毎月御仏供田	3 筆	2 段 12 歩	8 斗 1 升
	毎月講田	毎月講田	5 筆	3 段小	1 石 4 斗 2 升
	大般若田		2 筆	1 段 330 歩	7 斗 9 升
	八講田		3 筆	1 段 300 歩	7 斗 2 升 7 合
薬師堂	修理田		1 筆	1 段	4 斗
	御仏供田・講田	毎月御仏供田 毎月講田	3 筆 7 筆	2 段 10 歩 3 段 202 歩	8 斗 4 升 1 石 5 斗 3 升
地蔵堂	修理田		1 筆	1 段	4 斗
	正月七日修正田		4 筆	1 段 352 歩	4 斗 2 升
	御仏供田・講田	毎月御仏供田 毎月講田	5 筆 3 筆	1 段 96 歩 1 段 195 歩	4 斗 9 升 6 合 5 斗 5 升
毘沙門堂	毎月三日御仏供田		1 筆	1 段	5 斗
権　現	御燈田		1 筆	2 段	1 石
諸　堂	凡供田（ママ）		1 筆	1 段	4 斗
不断如法経田	不断如法経田		4 筆	1 段 10 歩	5 斗
二季彼岸田	二季彼岸田		1 筆	1 段	5 斗
光明真言田	光明真言田		9 筆	6 段 40 歩	2 石 4 斗 4 合
田原岩本宝聚寺			2 筆	1 段 140 歩	2 斗
長福寺			1 筆	90 歩	
棲雲庵	大師講田		1 筆 1 筆	60 歩 90 歩	1 斗
栖賢庵			3 筆	1 段 40 歩	3 斗 3 升
嶋崎庵			2 筆	1 段 140 歩	5 斗 2 升
大　宮	修理田		3 筆	3 段半	1 石 5 斗 1 升 4 合
	祭礼時御供田		3 筆	3 段 60 歩	1 石 4 斗 8 升
	節供田	三月三日	4 筆	2 段 260 歩	1 石 8 升 4 合
	節供田	五月五日	3 筆	3 段 60 歩	1 石 7 升
	節供田	七月七日	3 筆	1 段 60 歩	4 斗 6 升 4 合
	節供田	九月九日	6 筆	4 段 120 歩	1 石 4 斗 7 升
	霜月十日祭礼田		7 筆	2 段 530 歩	1 石 1 斗
	御神楽田		3 筆	1 段 290 歩	8 斗
	毎月一日仁王講田		1 筆	1 段 60 歩	5 斗 8 升

計　79 段 41 歩　31 石 3 斗 2 升 1 合

一石三斗二升一合となり、面積はほぼ同じものの所当米は免田の方が倍以上多くなっている。この禅定寺荘の所当米の半分以上が割り当てられている寺社免田は、実際にはどのように使われているのだろうか。

〈修理米の抑留〉

禅定寺の修理米をめぐる次の史料(46)がある。

【史料一〇】

修理料米事、先当寺及大破之由、無勿体候、於料米者、乗願先々抑留分者、暫閣之候、当年分者、被召上之、被送寺僧中者、為寺僧奉行、可被加修理候也、彼抑留分者、所見候なれは、追可有御沙汰之由所候也、仍執達如件、

十一月廿二日　　浄円（花押）

禅定寺〻僧御中

沙汰人公文下司殿

これは浄円が、禅定寺寺僧中と沙汰人公文下司宛に、禅定寺の修理料米において、乗願が以前抑留したものについては暫く差し置くとして、当年分については召し上げて寺僧中に送り、寺僧が奉行として修理を加えるべきもので、そして乗願の抑留分に関しては、証拠がでてくれれば追ってご沙汰があるはずであるという、ある人物の意を奉じたものである。

浄円についてはこれ以上の情報がないが、禅定寺寺僧中と禅定寺荘の庄官である沙汰人・公文・下司に宛てて奉書を出している状況を考えると、これは禅定寺の領家である平等院の関係者であることはまず間違いない。そしてこの浄円がその意を奉じたのは、あるいは時の平等院別当であろうかと考えられる。

一方修理米を抑留した乗願は、「年次目録」によれば、弘安六（一二八三）年から翌年にかけての毘沙門堂造営（表1№25）、第二節でみた正応四年の本堂修理（表1№28）と正安三年鐘鋳造（表1№37）に関わった「沙弥乗願」であ

ろう。乗願は正安三年の鐘鋳造（表1№37）の記事には「願主沙弥乗願　時長者」「禅定寺歴名」[47]にも「長者沙弥乗願俗名兼氏」とあり、乗願は「長者」であった。

この【史料一〇】は年未詳であるが[48]、この抑留事件に関わって正和四（一三一五）年四月に出された次の文書[49]をみたい。

【史料一一】

避進　綿懸私得分用途事

合一貫百文者此内一貫文者、百姓名四十五両分二貫文取内、百文者給分五両分、

右用途者、毎年私用得分也、而借用当寺修理米、難叶弁償之間、向二十石之八木、進一貫百之得分畢、雖不満足

其弁、依歎申不階之儀、以寺僧之寛宥、所被止譴責也、子々孫々、更号先祖之得分、不可致興行之沙汰、何況契

状雖似人儀、本物約冥道、冥□之鑒見、胤孫尤可慎将来、若有破此約之輩者、寺僧幷一方沙汰人、宜被申行罪科

矣、為備不□□所勒避状如件、

正和四年乙卯四□□日

沙弥乗円（花押）

藤原兼継（花押）

この避状は、沙弥乗円と藤原兼継が、借用した修理米を「弁償叶い難し」ということで「綿懸私得分用途」一貫百文を避り渡したものである。沙弥乗円は、「長者歴名」に「長者沙弥乗円〈俗名兼茂〉」とあり、これも長者であった。藤原兼継は、禅定寺荘下司であろう。下司は庄官としての立場で禅定寺荘の荘務を遂行していたと思われ、修理米は荘園の免田であるから当然その管理下にあったはずである。それを借用し、長者とともにその弁済を行うということはどういう事態なのであろうか。しかも「以寺僧之寛宥、所被止譴責也」とあり、ただの借用米の未返済にしては大げさな言い回しである。

これはおそらく先の【史料一〇】と関わりがあると思われる。「長者歴名」によればここで避状に署名する乗円は俗名を兼茂といい、修理料米を抑留した乗願（俗名兼氏）の次の長者にあたる。しかも、下司兼継も含めおそらく親子あるいは親族関係にある可能性が高い。【史料一〇】では「乗願先々抑留分者、暫閣之候」とあり、乗願はかなり以前から修理料米を抑留していたとみられる。この乗願の抑留の事実関係が明らかになった結果として、ときの長者である乗円と下司である兼継が、給分からの返済を申し出たと考えられる。

つまり、下司は庄官の職務として修理米の管理にあたるが、その下司が職務を終え、改めて長者として造営修理などに際して在地を代表するという一連のシステムが、この禅定寺荘で出来上がっていたと考えられる。そしてこのシステムを利用するかたちで、長者が（下司も承知の上で）修理米を「抑留」するという事態が起こったものとみられる。

ところで乗願はなぜ修理米を「抑留」したのであろうか。乗願は、俗名が兼氏であることから、「年次目録」にはさらなる乗願の造営記録が見出せる。文永元（一二六四）年の大房板敷（表1No.20）、建治元（一二七五）年桑在寺造立と鎮守社（山王十禅師権現）の勧請と造立（同No.21）、弘安元（一二七八）年の三昧堂上葺（同No.22）、同二（一二七九）年上下社造営（同No.23）、同五（一二八二）年本堂内陣柱取改・仏壇板敷（同No.24）、同六（一二八三）年毘沙門堂造営（同No.25）と、弘安七（一二八四）年までは「藤原兼氏」として造営に関わっている様子が看取される。つまり文永元年から弘安七年までは藤原兼氏、それ以降正安三年までは乗願として、実に多くの禅定寺「荘」の寺社造営、修理に関わっていることが知られる。乗願は多数の造営・修理の履歴と関わりがあることを指摘でき、これら大規模な修造を行うために、年々の修理米を抑留した可能性が高い。

このように、修理田をはじめとする禅定寺荘の免田は、実際には下司や長者が運用していたことがわかる。このような運用は他にも行われていた。次に示すのは修理田ではないが免田のうち「本堂盆供田」をめぐる問題である。

徳治三（一三〇八）年二月に次のような置文が定められた(50)。

【史料一二】

定置　禅定寺新堂開発田本所当幷加地子等事

合

一所　在塩谷口

本所当壱斗者　七月十五日三昧堂阿弥陀講酒料

右子細者、当寺々用米内、以①一斗米雖被宛本堂盆供料、敢不備仏前之供物、相加七月十五日三昧堂阿弥陀講酒、受用寺僧在家人等盃酒之条、難遁互用三宝物之咎、争免戸羅毀犯罪哉、尤可止此儀之由、雖存中心、②多年積習之儀、無左右依難改、思而渉年之処、③幸買得此田地、令寄附新堂之間、付一斗所当於彼田地、相加阿弥陀講酒、令停止盆供料私用之段、於盆供聖料者、為住僧沙汰、可被備置仏前、此外以一斗加地子、宛□堂後障子湿曝講料、毎年無懈怠可被勤行者也、此二斗米者、自今茲徳治三年戊申下行之、此外所残米者、宛置光明真言僧膳料、但未始行之、委細之旨、寄進之状在之、

徳治三年二月　日　　長賢（花押）

これは、禅定寺新堂(51)に塩屋口開発田の所当米一斗を寄進し、所当米一斗は七月十五日に三昧堂で行う阿弥陀講の酒料に加えるべし（傍線③）という長賢の置文である。この寄進が通常の寄進状ではなく置文のかたちをとったのには訳があった。寺用米のうち一斗は元来本堂の盆供料であったが、長年仏前に供物を供えることせずに、毎年七月十五日に三昧堂で行う阿弥陀講での「寺僧・在家人等盃酒」として使ってきていた。しかしこれは「互用三宝物之咎」であり、これを中止するべきだと思ってはいたものの「多年積習之儀」であり「無左右依難改」という事態であった。

これを解決するために、長賢は阿弥陀講酒料を寄進し、盆供料は「住僧沙汰」として本来のかたちである仏前に供えることとしたのである。

「惣田数帳」をみると、確かに「諸堂凡（盆）供田」として四斗が計上されていることがわかる。おそらくこのうちの一斗が盂蘭盆会の仏供として本堂の仏前に供えられるはずであったのだろう。つまり、本堂盆供については公的な予算づけがされていたということである。一方、三昧堂については「惣田数帳」に記載されておらず当然阿弥陀講の費用も計上されていない。これはおそらく三昧堂の諸経費が「惣田数帳」に計上されていないことから、七月十五日の阿弥陀講の費用も免田から支出できず、ちょうど同時期の七月十五日前後に行う盂蘭盆会の費用を融通してしまっていたというのが実際のところなのではないだろうか。

以上、二つの事例では、禅定寺荘のうちの寺社免田、とくに修理田に関しては、実際には寺僧ではなく下司と長者が把握し運用していたことがわかった。しかし領家・平等院からみればそれは本来的なかたちではなく、早く「為寺僧奉行、可被加修理候也」というかたちにするべきものであり、場合によってはそれは「抑留」と捉えられる事態であった。同様に盆供料についても、本来は「住僧沙汰」とするべきものであったが、実際は長年の慣習であった阿弥陀講における「寺僧・在家人等盃酒」に流用されていた。このように本来禅定寺荘現地の堂社を維持管理するための費用として公的に計上され、下司などの庄官がその管理を行うはずの寺社免田は、実際は下司や長者、あるいは禅定寺の住僧などにより、様々な用途に運用されていたことが明らかとなった。

寺社の造営・修理や運営に関わる修理米や盆供料などの免田は、その性質上禅定寺荘と寺院禅定寺のはざまに存在し、そのどちらにも属しうる性質をもっていた。そのため両者の緊張関係の場でもありまた緩衝地帯でもあり、そのどちらにもなりうる存在であった(52)。

以上、禅定寺の堂舎造営についてみてきた。禅定寺や禅定寺荘にとって数年に一度の造営はどのような意味をもったのであろうか。ここで改めて考えてみたい。

これまでみてきたように堂社の造営に関しては、費用の調達については勧進による米銭の奉加、その米銭の出挙利銭などによる運用、座による費用負担、産物の売買などの「在地沙汰」と、様々な方法が状況に応じて行われていた。一方、作事の実施にあたっては、材木や釘など材料の調達とその支払い、大工への手間賃の払いや飯酒の調達・準備、種々の祭事の実施と住人への饗応など、細々とした多様な実務を要するものであり、多くの人や銭が動く一大事業であった。

そうすると、まずこのような造営・修理の主体はいったいどこにあったと考えるべきであろうか。もちろん禅定寺の造営修理であるから禅定寺が主体であることはいうまでもない。しかしながらこのような大がかりな事業を、別当や住持の手だけで実際に動かすことは事実上困難であろう。すると杣山の用益を含めた在地を実際に動かすことができる力量をもつのは、やはり長者であると考えられる。有力な住人で在地を掌握し、三座を統括できる立場にあり、同時に荘官を経験した者として禅定寺荘の表も裏も、領主との関係性も熟知し、禅定寺に対しても物を言うことができる人物として、造営・修理を事実上コントロールしたのは長者であると考える。禅定寺荘の長者は、戸田が見出した「各種分業の組織者」という属性が見事にあてはまる。そしてこの長者の立場は、単独の権力ということではもちろんなく、座に代表される禅定寺荘の在地の意思を統轄する立場としての長者であることはいうまでもない。在地は長者を代表者として、領主（禅定寺あるいは平等院）と相対していたと考えられよう。

そして造営・修理はまた、禅定寺荘在地にとって非常に大きな経済効果をもたらしたことも予想される。繰り返しになるが、禅定寺荘は広大な杣を含んでいる。そしてその杣は、永仁四（一二九六）年の寺山禁制において、寺山の檜、杉、松、椎、樅の伐木を「御堂修理」のためとして禁じていることから、堂舎建築のために山の管理を行い、造営修理にあたっては豊富な杣の木を使用したものと考えるべきであろう。実際、弘長や正応の作事次第のなかでの「正

月十二日　材木出之」「正月十五日　材木切始」という表現からも、材木は禅定寺荘の杣から切り出されたものと考えられる。

一方、弘長の造営の場合、経費に「柀榑買《コケラフキノ》料」とあり、材木を四二貫三六〇文で購入したことが記されている。他の例を「年次目録」でみても、「十一貫八百文　榑買」「五十文　栗木買」とあり、禅定寺では造営に関する材木を購入していることがわかる。これらの材木はどこで購入したのであろうか。

「本社造営日記」にある三昧堂の「借葺日記」をみると、五八七文を「淀ノ才（材）木買時雑用」と記していることから、淀に材木を扱う市があり、そこで購入する場合があったことは確認できる。例えば特殊な樹種や榑などの加工品は淀で購入する場合もあったかもしれない（釘は奈良で買っている）。しかし、周囲をぐるりと杣山で囲まれた禅定寺の修理用材のすべてを淀で購入していたということは常識的に考えて無理があろう。造営修理の用材は、禅定寺荘内で切り出してまかなっていたとみるべきである。そうすると「柀榑買《コケラフキノ》料」「榑買料」などは、いったいどこに対する支払いなのであろうか。

おそらくこの用途は、禅定寺の杣山を実際に整備し造営の材木を切り出している住人に対して支払われているとみることができるのではないだろうか。杣人に直接に支払われているのか、座など在地の組織に対してなのか、具体的な状況は不明であるが、今のところその蓋然性が最も高いといえる。

ところで「惣田数帳」でみると、禅定寺荘が領主に対して負担したのは、定田所当米一五石六斗六升三合であり、これに対して、領主平等院は様々な免田のほか、下司、沙汰人などの荘官に対する給分を下行していた。しかし、多くの紛争の係争点となる広大な杣山に関しては、「惣田数帳」にも登記されず公的な位置づけは不明である。これに関連して徳治二（一三〇七）年の沙弥乗円（長者）と下司代僧厳仲の連署による注進状案が残る。[53] これによると綿四五両（一両別二〇〇文として九貫文で代銭）、栗八石九升五合、御薪六百束、御節料炭九十籠、御箸木毎月□□□、歳末御雑事として羊歯、ゆづり葉、「□蕨」十連、「沙汰人御節料□餅」として小餅五〇枚、鏡餅一枚を運上することが確認されている。史料が前欠のため不明な点が多いが、節供ごとの炭や餅、毎月の箸、歳末雑事など、これらは領主に対する公事運上の注進案であると考えられる。養蚕を前提とした真綿（代銭納）や、栗、蕨、羊歯、ゆづり葉など多彩な里のなりもの、炭、薪、箸などの山の生産物や加工品の上納を約しており興味深い。おそらく禅定寺荘の在地は、この公事の上納と引き替えに、杣山の用益権を獲得していたとみられる。

禅定寺の杣山はもちろん禅定寺荘として設定されたなかに含み込まれた山野＝「寺山」であり、寺の用材に利用するべき樹木は「山守事、殊ニハ□堂住僧可為役」(54)とあるようにその管理は禅定寺の住僧が責任を負っていた。しかしながら実際に住僧が作業にあたる訳ではもちろんなく、伐木し製材するのは杣を熟知した住人であったろう。そして住人は禅定寺の用材だけでなく、山の産物を様々なかたちで消費地に売る流通ルートをもっていたに違いない。確かに正応の造営では「寺山売テ炭ヤキタル銭」とあるように炭を売買していたし、周辺地域との武力紛争では炭竈が破壊の対象となり、この一帯が燃料用材の生産地帯であったことが指摘されている(55)。淀には材木を扱う市があることが明らかであり、建築用材についても同様に流通にのせていたことが想定され得る。そう考えた場合、なおさらこの禅定寺の造営に関わる材木が禅定寺地域で調達され、在地に支払われた可能性が高い。そう考えたとき、造営・修理が行われることによって、禅定寺荘在地においてはむしろ流通や生産が活発になり、在地社会の経済的効果が高まると考えることができる。禅定寺の造営・修理は、禅定寺荘にとってはいわば官民一体となった一種の公共事業であったともいえる。

以上、禅定寺について、堂社の造営修理と在地との関係について考えてきた。ここでみえてきたのは、信仰という要素が在地と寺社の関係のすべてではないこと、荘園制に位置づいた寺社もその内実は、在地社会の生産や流通と密接不可分であり、領主もそれを承知した上で、社会的に相利共生の関係にあったということである。

註

（1）戸田芳実「中世文化形成の前提」（初出一九六二年、のちに『日本領主制成立史の研究』岩波書店、一九六七年）、河音能平「中世社会成立期の農民問題」（初出一九六四年、のちに『中世封建制成立史論』東京大学出版会、一九七一年）、「王土思想と神仏習合」（初出一九七六年、のちに『中世封建社会の首都と農村』東京大学出版会、一九八四年）。

（2）宮島敬一『戦国期社会の形成と展開―浅井・六角氏と地域社会』（吉川弘文館、一九九六年）。榎原雅治「中世後期の地域社会と村落祭祀」（初出一九九二年、のちに『日本中世地域社会の構造』校倉書房、二〇〇〇年）。苅米一志『荘園社会における宗教構造』（校倉書房、二〇〇四年）。

（3）苅米前掲註（2）。

（4）『宇治田原町史　第一巻』（宇治田原町、一九八〇年）。禅定寺造営年次目録（『禅定寺文書』、後掲註（7）（9）参照）では、桑在寺について禅定寺建立以前の堂であると記す。

（5）源城政好「山間庄園の生活―山城国禅定寺とその周辺―」（初出一九七四年、のちに『京都文化の伝播と地域社会』思文閣出版、二〇〇六年）。

（6）禅定寺荘の立荘経緯については朝比奈新「山城国禅定寺荘の領域画定と地域」（『史苑』七二―二、二〇一二年）および「領域型荘園の成立と奉仕者集団―禅定寺寄人を事例として」（小林一岳編『日本中世の山野紛争と秩序』同成社、二〇一八年）に詳細な分析がなされている。

（7）禅定寺文書の中世の大部分は京都府立総合資料館に寄託され、一三三点の文書と四点の帳面が刊本として公刊されている（財団法人古代学協会編『禅定寺文書』吉川弘文館、一九七九年）が、禅定寺文書はそれ以外に、近世・近代文書を中心とした一五〇〇点以上が宇治市立歴史民俗資料館に寄託されている。山城国禅定寺惣田数帳は後者に含まれており、本章では小林一岳「中世の禅定寺領について」（藤木久志編『京郊圏の中世社会』高志書院、二〇一一年）の史料翻刻を参考にした。なお小林論文では現在二カ所に保管されている禅定寺文書の関係についても言及している。

（8）禅定寺境内＝禅定寺荘は、そこに広大な杣山を包含することに大きな特徴がある。禅定寺荘の住人は、自ら「東三条殿文殊堂御香寄人ト号スルコト、当寺（禅定寺）建立以前」「平等院建立以後二十一年歟、当寺（禅定寺）建立以後八十一年歟」（『禅定寺文書』三一）などと述べ、平等院よりも、禅定寺よりも古くから居住していることを強調し、杣山の用益に対する権利を当初よりもっているのは自分たちであることを主張している（朝比奈前掲註（6））。

（9）禅定寺造営年次目録（『禅定寺文書』一七二～一八四頁）。

（10）表1はその年次目録のほか、禅定寺造営日記（後掲註（11））、禅定寺本社造営日記（後掲註（12））、禅定寺文書二八、二九、三〇、三八、四四を典拠とした。また神殿作日記は小林前掲註（7）論文に翻刻が掲載されている。

（11）禅定寺造営日記（『禅定寺文書』一六〇～一七一頁）。この冊子には表紙が二つある。外表紙の題簽に「当寺造営日記帳」とあり、見返しには次のようにある。

（外表紙見返し）

「　『天福ヨリ至弘化四未年、六百拾五年、』

『按此記録者、天福元年之御建立後、弘長・弘安・正応迄之間、
諸堂修落帳也、至元文二年巳、凡四百七十七年畢、　弘宗記』

『至弘化四未年、凡五百八十四年ニ成、　十七世代改之』」

傍線部の「弘宗」という人物が享保十五（一七三〇）年頃に発給した文書が、宇治市立歴史民俗資料館所蔵の禅定寺文書近世分に含まれており、ここから外表紙はもともと弘宗により元文二（一七三七）年に作成されたが、その後弘化四年に改められたもので、改められた際に以前の外表紙にあった弘宗の書き込みも写されたとみられる。

（12）禅定寺本社造営日記（『禅定寺文書』一八五～一九〇頁）。

（13）禅定寺本堂鋳鐘日記断簡（『禅定寺文書』二八）、正安三年八月日禅定寺僧鋳鐘入供用途注文（同二九）。

（14）神殿作日記については前掲註（10）を参照。

（15）造営日記の一丁表から四丁表にわたる記事。

（16）本社造営日記の三昧堂の借葺日記には、釘は奈良で購入したことが記されている。

（17）『岩波講座　能・狂言1　能楽の歴史』（岩波書店、一九八七年）。同書によれば、山城には宇治離宮に参勤する宇治猿楽が鎌倉期から活動していたという。また綴喜郡多賀郷高神社の本殿造替に関わる方堅神事については根本崇「中世山城多賀郷

の宮座について」（小林編前掲註（6））にも言及がある。
(18) 年次目録によれば、永信は寛元五（一二四七）年に蓮華座が朽損し本堂の本尊が転倒したことを受けて仏壇を修復し（表1 No.17）、また本堂上葺を造営した年末には大房の造営も行っている（表1 No.20）。
(19) 造営日記の四丁裏～十二丁表にわたる記事。
(20) 「暇」意味としては手間のこと。日本国語大辞典「いとま(3)ある物事をするためにあけることのできる時間。てまひま。」の意と考える。
(21) この五人が通常禅定寺に常住する僧衆であったとみられ、禅定寺の規模が推察される。
(22) 客僧は「京人」「田原岩本人」「田上播人」「上野人」とあり、京のほか、周辺地域の田原岩本（綴喜郡内）、田上（近江国栗太郡）などから招かれたとみられる。
(23) 書き上げられた数字を合計すると八〇石七升となり記載の「已上七石七升」と誤差が生じる。ここでは史料の記載に従った。
(24) 源城前掲註（5）。小林一岳「山野紛争と十四世紀地域社会―山城禅定寺・曾束荘山野紛争をめぐって」（蔵持重裕編『中世の紛争と地域社会』岩田書院、二〇〇九年）。
(25) 蔵持重裕「禅定寺領の山野と村人」（藤木編前掲註（7））。
(26) 田村憲美は、禅定寺とは山を隔てた同じ山城国綴喜郡多賀郷においても、衛門、刑部などの中央官司の官途は殿原が、丹後介などの任用国司の官途名は里人が名乗ることを指摘している（「荘園制の形成と民衆の地域社会」〔『再考　中世荘園制』岩田書院、二〇〇七年〕）。
(27) 在地における勧進奉加にあたっては、ある程度の基準額が決められていたことは本書第Ⅰ部第三章においても指摘した。
(28) 出挙などにより寺社造営の費用を捻出する例は肥後国海東社の例、山城国高神社の例などがある（本書第Ⅱ部第五章参照）。
(29) 前掲註（9）、（13）。
(30) 前掲註（13）（『禅定寺文書』二八）。
(31) 前掲註（13）（『禅定寺文書』二八）。

（32）なお鐘の鋳造にあたり集められた銭そのものを材料として用いることは、禅定寺の治承五年の例、正安三年の例をそのように理解することができる。仏像や経筒などの材料として銭貨を用いることについては飯沼賢司「銭は銅材料となるのか―古代～中世の銅生産・流通・信仰―」（小田富士雄・平尾良光・飯沼賢司共編『経筒が語る中世の世界』思文閣出版、二〇〇八年）の興味深い論考がある。飯沼氏は、勧進によって銭を奉加した人々は、その銭が大仏に鋳込まれることで造仏の功徳に預かることを望んだと指摘する。禅定寺の鐘は「郷人」の歎きにより鋳直されたという事情から大仏の場合と同様に理解することができよう。

（33）年次目録には「時別当宮辻子賢證上人　御実名源入」とあり、賢證は領家、つまり平等院から派遣された別当であったことがわかる。

（34）前掲註（13）（『禅定寺文書』二八）。

（35）表1№37。

（36）蔵持前掲註（25）、田村前掲註（26）。また仲村研も近江国今堀郷近在の寺院に属する僧の「公」名をもつ僧の存在を指摘する。仲村「売券・寄進状にみる村落生活」（初出一九八二年、のちに『中世惣村史の研究』法政大学出版局、一九八四年）。

（37）養和元年十一月二十一日禅定寺領四至注進状案（『禅定寺文書』三）。

（38）禅定寺長者歴名（『禅定寺文書』九六）。

禅定寺 □

長者上総守藤原兼忠
長者寺主観□《利》大徳
長者兼俊入道寂西
長者賀茂兼助入道
長者賀茂助光
長者刑部入道乗蓮 俗名兼重
長者沙弥乗円 俗名兼茂

長者助道入 □
長者依兼沙 □
長者賀 □
長者右馬允藤原重□
長者沙弥乗願 俗名兼氏

(39) 表1№37に「願主沙弥乗願時長者」とある。
(40) 正嘉二年二月三日禅定寺修二月堂荘厳式目（『禅定寺文書』二二）。
(41) 林屋辰三郎「山椒大夫の原像」（初出一九五四年、のちに『古代国家の解体』東京大学出版会、一九五五年）。
(42) 石母田正「辺境の長者」（初出一九五八年、のちに『日本古代国家論第二部神話と文学』岩波書店、一九七三年）。
(43) 戸田「山野の貴族的領有と中世初期の村落」（初出一九六一年、のちに戸田前掲註（1））。
(44) 河音「畿内在地領主の長者職について」（初出一九七七年、のちに河音前掲註（1））。
(45) 小田雄三「鎌倉時代の畿内村落における刀祢について—中世村落の一考察—」（『年報　中世史研究』一、一九七六年）。
(46) 年末詳浄円奉書（『禅定寺文書』四五）。
(47) 前掲註（38）。
(48) 『禅定寺文書』は正和三年に比定している。
(49) 正和四年藤原兼継沙弥乗円連署避状（『禅定寺文書』五一）。
(50) 徳治三年二月日僧長賢置文（『禅定寺文書』三五）。
(51) 年次目録では徳治三年三月に本堂の柱を替えているがそれにあたるかどうか不明。
(52) 免田は仏物、僧物、人物のどの属性をももち、常にそのいずれにもなりうる性質のものであったと考えられる（笠松宏至「仏物・僧物・人物」初出一九八〇年、のち『法と言葉の中世史』平凡社、一九八四年）。
(53) 徳治二年禅定寺運上物注進状案（『禅定寺文書』三三）。
(54) 永仁四年十二月禅定寺領山禁制（『禅定寺文書』二七）。
(55) 小林前掲註（24）。

第九章　中近世移行期における荘鎮守の復興と在地社会

本章では、中近世移行期の在地社会の変容と在地の信仰との関係について、堂社の再興や開帳を契機として集まる財から考えていく。

能登一の大河、町野川が日本海に注ぐ河口に屹立する岩倉山は、標高こそ三五七メートルであるが、河口両岸に広がる平地との落差で、海からみたときに目に立つ山であることから、能登外浦の日本海を航行する船からは標識とされていた。この岩倉山の中腹に真言宗の古刹、白雉山岩倉寺[1]がある。同寺は現在に至るまで無檀家の祈祷寺であり、岩倉山を神体とする岩倉比古神社の別当寺であったとされ、貞享二（一六八五）年作成の由緒書[2]には、白雉二（六五一）年に開かれたとある。史料上の初見は、珠洲市馬繋の忍久保家所蔵の大般若経第一一七巻奥書「応安五年壬子八月九日岩蔵寺於下院書写畢」[3]であり、その他諸史料から考えあわせ、岩倉寺は延喜式内社岩倉比古神社と習合して少なくとも十四世紀以前に成立したものと考えられている[4]。

おもに北陸地方をフィールドとして、宗派によらない在地の村堂の存在を追求した浅香年木は、岩倉寺の所蔵にかかる永正四（一五〇七）年の棟札を取り上げ、そこに伽藍再建に奉加した人々の名が地名を冠した奉加衆として列挙されていることに注目し、奉加衆の範囲は珠洲・鳳至両郡の東半分に広がっているとともに、その広がりの基礎には在地の寺社が荘郷を越えて写経や法会などを通じ成立させていた相互扶助の関係が存在し、そのネットワークの中心にあったのは奥能登の領主層ではなく、奉加衆として現れるような名主を中心とする村落上層の土豪・農民層であったと指摘する[5]。そして岩倉寺は荘や村の枠を大きく越える幅広い地域的繫がりをもち、領家の祈祷所や在地領主の寺、また村堂とも異なる在地の有力寺院としての独自の性格をもっているとも述べる[6]。そこで本章ではこの指摘を受け、まずは近世の岩倉寺・岩倉比古神社と地域、地域を越えたネットワークをみた上で、戦国期の史料に立ち戻り、戦国期から近世へかけての岩倉の様相を再検討することにしたい。

一　近世の岩倉観音堂の再興と開帳

1　宝永三年観音堂再興

岩倉寺には宝永三（一七〇六）年の観音堂再興の棟札が存在する[7]。まずはこの内容を検討したい（表1）。この棟札は表裏両面に墨書で記載がある。棟札表面の上部には梵字で本尊の千手観音、両脇には多聞天、地蔵が配される。三尊の下中央の主文には「奉再興岩倉寺本堂七間四面観音精舎一宇」（表1-①）とあり、宝永三年に再興されたのは岩倉寺本堂の七間四方の観音堂であったことがわかる。この再興にあたっては、後述する明応九（一五〇〇）年の観音堂焼失と永正四（一五〇七）年の再興を強く意識していることが、「明応九年御堂悉令焼失宝永三年迄二百四年□」（表1-⑦）「永正四年御堂造立宝永三丙戌暦迄百九拾七年目ニ法印英弘此堂造立」（表1-⑩）の記載からも知られる。観音堂が明応に焼失し永正に再興されたことは、岩倉寺にとって大きなターニングポイントであったのだろう。

主文の下には、一般的に棟札にはよく使われる法華経化城喩品の一節が記される[8]。偈の下段には、上棟の法会の際の大阿闍梨役を金蔵村金蔵寺の栄宥が（表1-②）、観音の鍵取役を時国村の高田寺秀弘が勤めてたことが記され[9]（表1-⑥）、大願主はときの住持法印英弘である（表1-⑤）。また「宝永二年乙酉年七月廿八日大勧進集」の記載（表1-④）から、この再興に関わる勧進が宝永二年七月二十八日、つまり堂造立の約一年前からはじめられたことがわかる。

表１　宝永三年観音堂再興棟札

（表）

①	奉再興岩倉寺本堂七間四面観音精舎一宇
②	大阿闍梨役金蔵村金蔵寺法印栄宥　銀五十目八木三斗
③	大檀那大焚天王　大願主岩倉寺
④	宝永二年乙酉年七月廿八日大勧進集
⑤	大願主帝釈天王　大願主法印英弘
⑥	岩倉寺観音鍵取時国村高田寺法印秀弘（花押カ）
⑦	明応九年御堂悉令焼失宝永三年迄二百四年□
⑧	小工中居小泉亦次郎正次
⑨	大工中居小泉長右衛門正吉八木壱□銀十五□
⑩	永正四年御堂造立宝永三丙戌暦迄百九拾七年目ニ法印英弘此堂造立　敬白

（裏）

大願人	1	銀拾五匁	折坂喜左衛門	24	銀弐枚	時国徳左衛門
	2	銀拾五匁	鈴屋市左衛門	25	銀五拾目	時国藤左衛門
	3	銀拾五匁	寺山久保	26	銀弐拾目	寺地福光
	4	銀拾五匁	延竹	27	銀拾五匁	稲舟新助
	5	金壱両	成正	28	金弐百疋	池田秀義
	6	銀参拾目	金子	29	銀五拾目	中屋安兵衛
	7	銀弐枚	粟蔵彦左衛門	30	銀五拾目	井面岩崎
	8	銀捨五匁	田長久兵衛	31	金子百文	池田内儀
	9	銀壱匁	桶戸長兵衛	32	銀五匁	大野六右衛門
	10	銀四匁	金蔵三郎兵衛	33	銀六匁	大野兵右衛門
	11	銀捨五匁	川西九兵衛	34	銀五匁	大野作左衛門
	12	銀捨五匁	大川四郎兵衛	35	銀拾匁	大野次郎左衛門
	13	銀捨五匁	中屋間兵衛	36	銀拾五匁	大野八左衛門
	14	銀五匁	大野市兵衛	37	銀拾五匁	林田藤右衛門
	15	種漆之分	柳田村中屋重郎兵衛	38	金子二百疋	塩屋孫左衛門
	16	銀拾匁	広江太郎右衛門	39	米壱石	藤波村中
	17	四拾五束苅者永禄元年閏六月八日永代寄進	金子六郎右衛門	40	米壱石	井面岩崎
	18	銀拾五匁	熊野村山之上後藤八郎	41	米五斗	上戸中屋
	19	銀拾匁	酒屋吉左衛門	42	米弐斗五升	仁江友貞
	20	銀五匁	寺地三右衛門	43	米参斗	清水仁兵衛
	21	銀五匁	寺地九郎兵衛	44	米五斗	長橋源右衛門
	22	壱匁	粟蔵村広久三郎	45	米五斗	真浦長八
	23	米一斗	大谷広栄寺	46	米五斗	片岩茂兵衛
	47	観音堂供養宝永三丙戌年八月三日為拾七ケ村産子中五百六人銀六百八拾参匁弐拾石貳計八升八木、但壱人宛銀壱匁三分五里、米四升八合ツヽ				
	48	棟札者鍵取高田寺一代法印秀弘 本堂造立大願主　　　書之 岩倉寺一代現住法印　英弘書				

下段には「小工中居小泉亦次郎正次」「大工中居小泉長右衛門正吉」とある（表1-⑧・⑨）。中居とは現在の石川県鳳珠郡穴水町中居で、中世以来「中居鋳物師」として著名な地である。そして「小泉」という姓は、鋳物の伝世品に「大工小泉某」として多くみられるが、この棟札の大工・小工は番匠のことであろう。(10) 岩倉山と町野川を挟んだ対面にある大野村の八幡神社の宝永元（一七〇三）年の棟札には「大工中居村　小泉長右衛門藤原政吉」(11)とあり、これは岩倉寺棟札の大工小泉と同名で、同一人物とみられる。また岩倉山麓の時国村八幡神社にも、延宝三（一六七五）年の棟札がある。(12) ここには「大工中居住人　小泉正次二郎三郎」とあり、やはり中居の小泉が大工として八幡神社再興に関わっている。このことから十七世紀末から十八世紀はじめにかけての時期に、中居の小泉という大工が、町野川河口付近の村で寺社の建築に集中的に関わっていたことがわかる。

棟札の裏面には上部に五大明王の種子と真言が記され、下半分には宝永二年七月二十八日からはじまった勧進に応じた人々、四六名の名と村名が寄進物（主に銀、米）とともに記されている（表1-1～46）。この四六名の人名記載は「大願人」と注記され、(13) それはそれぞれ、村（地）名・人名・屋号、などの組みあわせで記載されているため寄進者の地域的な広がりを知ることができる。

「大願人」に記された村名（小地名も含む）の分布をおとしたものが図1である。屋号や通称しか記載されていないものは他の史料から村名を推定した（5成正は広江村山廻役、6金子は伏戸村庄屋など。図1の地名の横の番号は表1の大願人に付した番号と対応）。

この分布でまず注目されるのはその範囲である。これはおよそ二つにグルーピングでき、まず河口の大川から時国、大野など町野川流域の村々で、桶戸までは下町野郷とされた地域でいわば岩倉寺の膝下にあたる（柳田は上町野郷に属する）。次に45真浦、42仁江、43清水、46片岩、44長橋、23大谷の村々で、これらは外浦沿岸に位置している。そして岩倉寺とは若干離れた村々として、河原田川周辺の27稲舟・18山之上、内浦の39藤波・41上戸、若山川沿いの4延

図1　宝永三年再興奉加衆の分布

竹で、このうち上戸と延竹は珠洲郡に属する。

　最も分布が濃厚なのは膝下の町野川流域で、そこを中心にして東は外浦に沿った浦々をつなぐように分布し、南は内浦の上戸、藤波、西は輪島付近まで、岩倉寺を中心とした半径約二〇キロの鳳至・珠洲の奥能登二郡に広がっていることがわかる。

　そしてここに名を連ねた大願人に注目すると、これらの人々はいわゆる村の有力百姓層であるとみられる。そしてこれらの家の特徴の一つとして、中世以来の伝承をもつ旧家で、中世の名主的な名を屋号や名字としたり、村名を名乗っていることが注意される（3寺山村の久保、4若山村の延竹、5広江村の成正、6伏戸村の金子、7粟蔵村の彦左衛門、24・25時国村の徳左衛門、26寺地村の福光、28・31大野村の藤左衛門、30・40井面村の岩崎、42仁江の友貞など)。これらの家は近世に入っても十村《とむら》(14)、庄屋などを務めている。またこの時期に村の肝煎を務めているものとして20寺地村の三右衛門、44長橋村の源右衛門、46片岩村の茂兵衛がある。また19酒屋吉左衛門、38塩屋孫左衛門、13中屋間兵衛、29中屋安兵衛は曽々木村の人間で、酒屋、塩屋という屋号からみて商人とみられる。「種漆之分」を寄進している15柳田村の中屋重郎兵衛も同様であろうか。とくに曽々木は『町野村志』に「維新前ハ海辺ノ一部落曽々木(西南時國ノ入合地)ニ於テ商店アルノミ」とあり、また『能登志徴』(15)も「町野川の湊の東にて(略)商家抔あり」とあるように、商売に携わる人間が多く住む町場であった。

また大野村からは最も多い九名の者が寄進をしている。大野村からは岩倉山がよく望まれ、とくに日の入りの際は日本海に沈もうとする夕日が岩倉山に映え、その様子は大野村から最も美しくみえるであろう。近世末、大野村南家の日記では「岩倉田」と称する田があったことが知られる(16)。大野村では岩倉寺(山)にとくに篤い信仰があったとみられる。

また17には「四拾五束苅者　永禄元年閏六月八日永代寄進」とあり、これは永禄元(一五五八)年閏六月八日に寄進された四拾五束苅が、宝永期になっても毎年寄進され続けていたことと解される。後述するように岩倉寺、岩倉比古神社には、同年閏六月八日付けの寄進状が三通残されている(17)。山崎藤七実正からは定正名のうち一〇束苅、西方三郎からは一〇〇苅、宮助右衛門□□ほか三名からは一〇束苅が、それぞれ同日付で寄進されている。棟札に記された金子六郎右衛門からの寄進に対応する寄進状は残念ながらみあたらないが、元来存在していたとみてよい。棟札の記載を含め四件の寄進が同年閏六月八日にあったことは、この日付の何らかの意味づけを推測させる。ともあれ、中世に寄進された物件が近世になっても生きているということは、中世における寄進の意味を考える上でも興味深い。

次に裏面の中央に記されている47の部分をみたい。まず「宝永三丙戌年八月三日」という日付は、その前に「観音堂供養」とあることから棟上の法要を行った日付であり、「為拾七ヶ村産子中五百六人銀六百八拾参匁弐拾石貳計(斗)八升八木、但壱人宛銀壱匁三分五里、米四升八合ツヽ」とある「産子」とは、氏子と同意であろう。ここから、一七カ村の氏子五〇六人が、一人宛銀一匁三分五厘と米四升八合ずつを出し、あわせて銀六八三匁、米二〇石二斗八升を岩倉寺観音堂再興に際して出していることがわかる。

岩倉比古神社の貞享二（一六八五）年の由緒書に、[18]「岩倉比古神社ハ拾八ヶ村之大社ニ而、毎年御祭礼ニ右村々氏子集来仕候、御神事相勤申候」とある。この岩倉比古神社が膝下一八ヶ村の大社であったという記述から考えて、同社と習合していた岩倉寺に対しても、比古神社の氏子が一定の役割を果たしたと考えることが可能であろう。

以上から、この宝永三年の観音堂再興にあたってそれを支えた人々は、大きく二つに分けられる。一つは「大願人」として個人の名前が記され、金、銀、米などを各々寄進している人々で、これは先にみたように村の有力百姓層であろう。今一つは「十七ヶ村産子」というかたちで、寄進額を氏子の人数で均等割りにしたものを寄進する人々で、これらはおそらく一般の百姓であろう。[19]前者のなかには当然、一七カ村に含まれる村の者も存在することから、この二つは、地域で分かれているというより、異なった論理の二つのまとまり——前者は岩倉観音にとくに信仰をもつ村を越えた有力百姓層のネットワークという枠組み、後者は下町野の一七カ村の大社である岩倉比古神社（およびそれと習合した岩倉寺）の氏子としての枠組み——が重層的に存在しているととらえられる。

2　正徳三年観音開帳

ところで、岩倉寺の本尊は秘仏とされた千手観音で、近世期において三三年に一回（途中から一七年に一回）の開帳が行われ、多くの人々で賑わっていたことが知られる。近隣の金蔵村の真宗寺院・正願寺が歴代書き継いでいる「過去帳」[20]の安永六（一七七七）年記事には「当年岩倉観音三十三廻開帳、前後日並ヨク大群参」、また文化六（一八〇九）年記事にも「菊月十七日於岩倉寺観音開帳、（中略）大参ニテ昼夜繁昌、散銭二百四十貫文余」などと書き留められていることからも、その賑わいを知ることができる。

また宝暦六（一七五六）年には岩倉寺住職に対して氏子から解任願が出されるという出来事が起こる。それは氏子に無断で時期外れの開帳を行おうとしたことが原因であるが、興味深いのは、氏子に理由を問いただされた住職が「近年不廻り成り候故、借銀過分ニ罷成り行方無之ニ付、与風《(ママ)》思付開帳仕候ヘハ少々ニ而茂散銭可有之存候（傍線筆者、以下同）」と答えていることである。このとき住職は三回にもわたり氏子を欺き開帳を画策し、その結果解任願が出されてしまうわけだが、この開帳への執着や返答の内容から、開帳は住職にとって大きな収入が期待できる機会であったことがわかる。[21]幕末の史料にも「無檀之寺ニ者御座候得共、一国ニ而之名高観世音菩薩安置有之、諸方より帰依之人々群集仕、諸願成就為報恩、人々思々寄附も御座候而、追々寺中繁栄仕申」[22]とあり、岩倉は近世期には著名な観音の寺として広くの信仰を集め、多額の散銭が集まっていたことがわかる。

このように多くの人を集めた岩倉寺開帳の具体的な運営内容について、正徳三年観音開帳諸色帳[23]を検討する（表2）。観音開帳諸色帳は、全一七丁の縦帳で、正徳三（一七一三）年九月に行われた岩倉寺の観音開帳に際しての記録である。この開帳は、先に棟札を検討した宝永三（一七〇六）年に再建された観音堂で執行された。観音堂の存在自体は後述するように明応九（一五〇〇）年にまでさかのぼるが、開帳が中世にまでさかのぼるかどうかは不明である。しかしながらこの正徳の史料には、開帳自体が初回であるという記載はないことから、それ以前から行われていたものであろう。

表紙に「諸色諸払覚」とあり、この帳面が金銭の出入りを主としたものであることがわかる。Aの「下町野惣社岩倉寺」については後述する。

開帳の日程は九月十七日の夜、亥刻の宵宮からはじまり二十四日の午刻までとなる（B）。観音の縁日である十八日から、事実上の開帳がはじめられる。岩倉寺の現住は秀遍、鎰取役は岩倉山麓時国村の高田寺の現住秀学が勤め、十八日に行う大曼陀羅供という法要を執り行うのが、金蔵村の金蔵寺住持である（C）。

Dにはこの開帳に際しての必要経費が記される。千手観音像の光背を作り直し、膳椀、畳、筵などの調達経費は、八月二日に一八カ村の肝煎りが寄りあい相談し、「氏子」五一七軒に対して一軒あたり白銀六歩ずつ出すことに決めている。また大曼陀羅供を執行する僧衆のための飯米は、氏子一軒につき米二升ずつ出すことも決定された。野菜などは毎日各村から出され、塩味噌は現住が用意、薪炭は購入することとなった。

Eは「善之綱」のための布を奉加した人物の書き上げで、二三人から合計二二端（反）と二四尺の布を寄進されている。「善之綱」とは、法会に際し本尊と結縁するために本尊の手からのびた綱であり、葬礼の際に棺に晒布を巻いて血縁者などが引き綱とするような民俗事例も残されているが、この場合は本尊の千手観音との結縁を願った人々の奉加であろう。

Fには「布施之覚」とあり、大曼陀羅供法要を執り行った僧衆への布施であろう。ここに参集した僧衆の所属寺院は、町野川に沿った地域と内浦地域の真言宗寺院である。奥能登の真言宗には町野（金蔵寺・長福寺・岩倉寺・佐野寺・法華寺・高田寺・西光寺・本両寺・天王寺・八幡寺・安養寺・善願寺・東之坊・高清寺など）・木郎（満泉寺・願成寺・薬師寺・光明院・不動寺・弥勒院・清水寺・神宮寺など）・中居の三つの結衆が近世に形成されたことがわかっている。(24) ここに参集した寺院は、岩倉寺の属する町野結衆と木郎結衆から出ている。地域寺院が互いにネットワークを結び、そのネットワークが相互に協力しあうという体制が取られていたものと思われる。また開帳に際して弥勒院と塩谷寺は「惣読被成候」ということで、他に比べ高額の四三匁を受けている。

Gは「買物之覚」として、牛蒡、人参、薪、竹やらい用の大竹、縄、そうめん、油、「荘厳調物（本尊、本堂内などの飾り）」などの代金、料理人に対する礼などの支出の明細が記されている。この開帳に際しては、しめて六八七匁二分五厘の支出があった。

G	買物之覚 一　銀百弐匁弐分　酒弐樽代 此外銀百匁鈴屋之小買 一　銀拾壱匁　牛房・人参代　桶戸村 是ハ杪々より日々寄候代相調之 一　銀五拾三匁四分　薪代　鈴屋・西山村 是ハ杪弐百六十七束 一　銀拾弐匁　大竹拾弐本代　大野・井面 是ハやらい竹 一　銀四分　縄弐つ代　大野 一　五拾六匁　蝋四斤代　井面 一　四匁　素麺弐把代　大野 一　百四拾□弐分五厘　油代　大野万助・井面六兵衛 一斗八升七合 外三拾三燈ノ油壱斗五升代 施主より出物 一　五拾匁　荘厳調物 一　弐拾五匁　料理人五人骨折返礼 是ハ井面加衛門　藤右衛門　与作　川西新左衛門 寺山甚左衛門小以五人 右〆六百八拾七匁二分五厘入用銀 ~~□銀六百四拾九匁□□入用米~~
H	一　煎茶　開帳中参詣衆江振舞 一七日寺地村福光　長右衛門 一　三拾三燈　但　大門ヨリ本堂マデ 一七日　施主別冊有り 一　金銀米銭総縮　広江村肝煎太郎右衛門 一　米酒塩噌茶酢醤油　納戸縮 川西村新左衛門 寺山村甚左衛門 一　食役人　井面藤右衛門 敷戸又助 一　料理役人　井面与作 一　諸色請取帳附　井面加右衛門 一　一七日中詰大工　広江村又十郎 一　小遣人足拾人宛昼夜共 是ハ十八ヶ村々順々相詰働之
I	散銭寄 一　銭弐拾三貫文　九月壱日夕より廿日朝迄 一　銭弐拾四貫文　同廿三日改 一　銭五貫三百文　同廿四日改 一　銀三拾九匁　十七日夕より廿四日迄白銀さい銭 一　四拾四匁三分六厘　当分取替ニ有り 但別書小帳有り 銭〆五拾弐貫三百文 此銀壱貫百八拾八匁五分 但壱匁ニ付四十四文かへ 銀〆八拾三匁三分六厘 二口合銀壱貫二百七拾壱匁八分六厘 外中勘銀弐百五拾目程□□□に小遣
J	外 一　銀二百九拾九匁四分　此度氏子より出ス 但百姓壱軒より銀六分つゝ 都合銀壱貫五百七拾六匁弐分六厘有り内 六百八拾七匁弐分五厘　右入用銀引 残銀八百八十四匁壱厘・岩倉寺へ渡ス分 外米壱石　右飯米残り有り 是ハ大野村ニ預り置 右米銀観音堂造作御入用に可被成候 以上
K	正徳三年癸巳九月廿四日 時国村肝煎　安兵衛(印) 御領 同村　徳左衛門(印) 敷戸村　又助(花押) 寺地村　六兵衛(花押) 広江村　太郎右衛門(花押) 牛尾村 鈴屋村　市左衛門(花押) 寺山村　長左衛門(花押) 粟蔵村　久四郎(花押) 佐野村　惣兵衛 桶戸村　長兵衛(花押) 井面村　市兵衛(花押) 金蔵村　三郎兵衛(花押) 西山村　五郎左衛門(花押) 川西村　九兵衛(花押) 大野村　勘左衛門(花押) 伏戸村　金子(花押)

表2　正徳三年観音開帳諸色帳

表紙	正徳三年　白雉山 観音開帳諸色帳 癸巳九月　岩倉寺
A	能州下町野惣社岩倉寺　観音開帳諸色請払覚
B	正徳三年癸巳九月十七日夜亥刻 開帳同廿四日午刻閉帳
C	白雉山岩倉寺現住秀遍 鎰取高田寺現住　秀学 十八日　大曼荼羅供　大阿遮梨　金蔵寺現住応盛
D	一　観音後光新規再興或ハ膳腕畳筵等去辰八月二日十八ヶ村肝煎寄合相談上氏子五百拾七軒より壱軒ニ付而白銀六歩宛出之 一　今般曼荼羅供法事僧衆 一　七日賄飯米氏子壱軒ニ付米弐升宛出之 一　野菜幷豆腐其外諸色日々村々ヨリ出之 一　塩噌現住用意之 一　薪炭杪代銀ニテ調之
E	綍 善之綱布ノ施主覚 一　布壱端　曽々木　塩屋かゝ 一　布壱端　同娘およき 一　布壱端　清水　加右エ門母 一　布壱端　同人妻 一　布壱端　同所　十右エ門妻 一　布壱端　伏戸　金子母 一　布壱端　同人妻 一　布壱端　同所　十郎兵衛娘おかね 一　布壱端　大野　藤右エ門母貞実 一　布壱端　同所　折坂かゝ 一　布壱端　寺地　仁兵衛母 一　布壱端　同所　三右エ門妻 一　布壱端　敷戸　吉左エ門妻 一　布壱端　時国　藤左エ門妻 一　布壱端　稲舟　新助妻 一　布壱端　寺山　与市郎母 一　布 一　布壱端　川西　九郎右エ門妻 一　布壱端　井面　加エ門内おはる 一　布壱端　同所　与作妻 一　布八尺　真滞　三郎母 一　布八尺　同人妻 一　布壱端　名舟村　名舟寺内方 一　八尺　時国村　柴草やかゝ
F	布施之覚 一　銀四拾三匁　弥勒院 此法印惣読被成候ニ付過分進候 一　三匁　弟子　慈観房 一　五匁　不動寺 一　五匁　光明院 一　三匁　弟子　理問房 一　五匁　神宮寺 一　四拾三匁　塩谷寺 此法印惣読被成候ニ付過分進候 一　三匁　弟子　良雲房 一　三匁　弟子　学雅房 一　五匁　長楽寺 一　三匁　弟子　深観房 一　五匁　平等寺 一　三匁　弟子　本津房 一　三匁　高照寺弟子　碩渕房 此□他寺家 一　五匁　長福寺 一　三匁　弟子　良円房 一　五匁　西光寺 一　三匁　弟子　理円房 一　五匁　佐野寺 一　三匁　弟子　教遍房 一　三匁　弟子　快順房 一　五匁　善願寺 一　五匁　東之房 一　拾五匁ニ当寺　一　六匁弟子弐人 一　拾五匁金蔵寺　一　三匁弟子一人 一　三匁　山伏宗東村　光明院 一　三匁　山伏広江村　教学 〆 一　弐匁　金棒役　金蔵村　与兵衛 一　弐匁　同断　鈴ヶ嶺村　作右衛門 〆 一　三匁　道心　柳田　宗清 一　三匁　国光　道性 一　三匁　柳田　宗岸 一　三匁　同所　浄心 一　三匁是ハ禅宗　寺地　善公 〆五人堂燈明やく

Ｈには開帳中の役割分担が記される。開帳中に参詣者へ振る舞われる煎茶、金銭出納、米、酒や味噌・塩など調味料の管理、料理、書記、作事の担当者が決められ、そのほか昼夜ごとに一〇人の人足が一八カ村から順々に出ている。

Ｉは散銭についての記載である。まず銭は九月一日夕方から二十日までの四日間に二三貫文、二十一日から二十三日の三日間に二四貫文、開帳最終日の二十四日には五貫三〇〇文が集まった。また白銀は開帳の期間に八三匁三分六厘が集まった。このうちの銭を銀に換算すると、散銭の合計は銀一貫二七一匁八分六厘となる。Ｄにある「氏子より出す」銀は合計で二九九匁四分であり、氏子からの奉加銭の四倍近い額の散銭が集まっていることがわかる。

Ｊは、最終的な決算の記載である。先の散銭合計に氏子からの銀二九九匁四分を加え、最終的な収入が銀一貫五七六匁二分六厘となっている。そして支出がＧでみた六八七匁二分五厘で、残銀は八八四匁一厘となり、飯米の残り一石とともに「観音堂造作銭」として使うよう岩倉寺へ渡された。Ｋには庄屋の署判が記されこの帳面は終わっている。

この史料で最も興味深い点は、岩倉寺が「下町野惣社」（Ａ）と呼ばれている点である。「下町野」は、上町野郷・中町野郷・下町野郷という地域呼称があり今も残される。[25] 岩倉寺はその「下町野」の惣社であるとされている。そして開帳の際の経費については、「十八ヶ村」の肝煎が相談し「氏子」一軒宛に白銀と米を割りあてているのである（Ｄ）。また開帳の最中に必要な「小遣人足」は「十八ヶ村々順々相詰」め働くこととなっている（Ｈ）。

現在岩倉寺本堂裏手に、岩倉比古神社が鎮座する。先にみたように岩倉比古神社は「十八ヶ村之大社」であり、「十八ヶ村」の氏子が神事を勤めていた。[26] また、『能登史徴』には、従来は岩倉比古神社神官と岩倉寺住職とがともに神勤していたが、神饌に魚鳥を献備する事件から両者に争論が起こり、延享年中に藩の裁定で神官は神勤、住僧は観音堂の勤めというように区別されるようになったとある。[27] 本来、岩倉寺と岩倉比古神社は習合していたが、近世の半ばに両者は区別されるようになったものらしい。

つまり、近世の早い段階では、岩倉寺は「下町野惣社」でもあり、岩倉寺を奉加するのは「十八ヶ村」の氏子なのである。そのため岩倉寺の観音開帳にあたって、その費用や野菜、人足などを「十八ヶ村」の氏子が分担するのだと考えることができる。史料の末尾Kに署判しているのはこの「十八ヶ村」の肝煎・庄屋である。Dにも「十八ヶ村肝煎寄合相談」したとあり、この開帳がそれぞれの村にとっての公的な行事であったことがうかがえる。

先にみた宝永三年の棟札には観音堂の再興にあたって、「為拾七ヶ村産子中五百六人として、銀六百八拾三匁、弐拾石弐計（斗）八升米、但壱人宛銀一匁三分五厘、米四升八合ツヽ」という「産子」としての奉加（負担）銀・米が集められ、使われたことをみた。そこでは、「拾七ヶ村産子中」とあり、開帳にあたっての「十八ヶ村」とほぼ重なり、やはりこれも「下町野」としてのまとまりと考えられ、観音堂の再興や三三年の一度の開帳する場合には、このまとまりが機能したものとみることができる。

また先にみた宝暦六年には岩倉寺住職の解任騒動では、時の住職が「氏子中」に何の相談もなく時期はずれの開帳を行おうとしたことや、氏子中がそろえた仏具や畳が住職によって売り払われていたり、堂修理のための費用を渡していたのに修理が行われないままになっていたことなどが原因であった。この事件の顛末を記した史料には、岩倉寺にかかる費用について、開帳、堂再建といった特別な場合だけでなく、日常的に「入用之諸道具・畳・飯米等拾八ヶ村氏子江割符仕」と記されている。つまり日常的に岩倉寺は、膝下の下町野一八カ村（あるいは一七カ村）という一定度のまとまりをもつ地域によって支えられていたことが知られるのである。

それではこのような下町野一八カ村のまとまりがいつからはじまったものなのか、次に、岩倉観音堂と下町野一八カ村の関係について中世末の様相を検討することにしたい。

二　中世の岩倉観音堂再興

前節でみた宝永三（一七〇六）年の再興からさかのぼること二〇〇年前の永正四（一五〇七）年に岩倉寺観音堂は再建され、その新しい観音堂を拠点として岩倉寺、岩倉比古神社の復興事業が行われた。本節ではこの岩倉復興を棟札や寄進状を手がかりにして確認し、中世後期の岩倉寺の様相を再考してみたい。

岩倉寺の観音堂が最初にいつ建設されたのかについては明確ではないが、すでに浅香年木、和嶋俊二ら(28)により検討されている永正四年の棟札の存在によって、中世後期における観音堂建立についてその様子をうかがい知ることができる。改めて検討していきたい。(29)

この棟札（表3）には、観音堂の再興に至る経緯、再興の内容、再興の作事や供養に関わった人物名（a～m）と、奉加者と奉加銭（ア～ヒ）が記されている。

まずa～mの部分をみてみよう。中央部に千手観音の種子であるキリークが刻まれ、その下部のgがこの棟札の主文にあたり、そこには伽藍を再興し本尊の千手千眼観音像を入仏するという棟札全体の主目的が記される。cによれば再興に至る事情は、明応九（一五〇〇）年十一月七日に、火災で堂宇がすべて焼失してしまったためであり、この記載から岩倉寺には十五世紀にはすでに観音堂が存在していたことがわかる。

そしてこの火災によって本尊も失ったらしく、「御本尊を刻彫し奉る」（d）とあるように本尊を彫刻し直し、その本尊の開眼供養を高照寺第十四代住持雄鑁（h）が執り行ったとある。高照寺とは、珠洲郡方上保の有力在地顕密寺院であり、(30)その住持が開眼供養の導師を勤めたことは、岩倉寺が奥能登二郡の顕密寺院のネットワークのなかに位置づいていることを示唆する。この開眼供養はiにあるように永正四年四月四日に行われ、この日がこの観音堂再興の日として記憶されることになる。本尊の彫刻からはじめるということは、この再興が岩倉寺の歴史にとって大きな出来事であったことを意味しよう。

このときの岩倉寺の先別当は紹賢（a）、当別当は快圓（f）で、鐘の願主は麦野の道観（b）とある。道観についての特定はできないが、麦（生）野には上町野荘の預所があり、[31]荘預所との関係を想起させる。大旦那は温井統永（e）で、温井氏は守護畠山氏の年寄衆である。再興の三年後の永正七（一五一〇）年に温井兵庫助孝宗が岩倉寺に百苅の上分米を寄進しているが、[32]その土地は「能州鳳至郡之内下町野岩蔵寺孝宗私領之内」とあり、この時期、岩倉寺周辺は温井氏の「私領」とされていたことが知られる。

大工は大力兵衛四郎（k）、小工は樋爪衛門四郎（l）、鍛冶は少（小）橋兵衛九郎（m）である。和嶋はこの大工・大力

表3　永正四年観音堂再興棟札

a	先別当紹賢	
b	鐘麦野願主道観	
c	去明応九年庚申中冬上弦七日亥剋火難災御堂悉令焼失	
d	奉刻彫御本尊	
e	大旦那温井藤八郎統永	
f	当別当快圓	
g	奉再興大伽藍一宇同奉入仏御本尊千手千眼尊像	
h	御堂本尊開眼曼荼羅供唱導高照寺第十四代住持雄鑁	
i	旹永正二二年丁卯卯月上弦四日	
j	勧進沙門奥州相津山郡岩峅寺窪空真	
k	当大工大力兵衛四郎	
l	小工樋爪衛門九郎	
m	鍛冶少橋兵衛九郎	
奉加帳		
ア	三貫三百文	二江　彦五郎
イ	二貫三百文	同　虎女
ウ	三貫三百文	藤尾　彦三郎
エ	一貫三百文	藤並　次郎左衛門
オ	一貫三百文	牛尾　九郎兵衛
カ	一貫三百文	二江　友貞
キ	一貫文	山ノ上　弥八
ク	一貫文	金蔵中之坊
ケ	一貫三百文	稲舟　助次郎
コ	二貫文	江上馬
サ	三貫三百文	佐脇玄蕃充
シ	一貫三百文	川井九郎左衛門
ス		同　道泉
セ		同　妙智
ソ		正範
タ	三貫三百文	羽浪　飯守
チ	一貫三百文	正院　禅林院
ツ	一貫五百文	柳田　法祐入道
テ	二貫文	妙幸尼
ト	二貫文	敷津　太郎衛門
ナ		千阿弥
ニ		善阿弥
ヌ		宗壽
ネ	二貫文	若山　延竹
ノ	三貫三百文	若山　セト妙賢
ハ	一貫三百文	渋田　兵衛
ヒ	一貫文	長慶

兵衛四郎、小工・樋爪衛門九郎を、岩倉山麓の時国村の近世の時国家の前身ではないかと推測し、また鍛冶の小橋についても、永禄九（一五六六）年岩蔵寺十穀宥遍宛寄進状に「下町野小橋村」とある（表4№14）こと、時国村高田寺蔵の「未来星宿劫千仏名」軸に「奉施入念仏院宝徳三辛未十二月日下町野小橋住願主見済」とあることを紹介しており(33)、小橋という地名が下町野にあったことが知られる。しかも和嶋は実地踏査により「小橋」の屋敷跡と伝承される場所が岩倉山麓の海岸沿いの村、曽々木にあったことを突き止めている(34)。和島の想定どおりであれば、永正の岩倉再興に関わった大工は岩倉寺近隣に住していたことになる。

この再興に際しての勧進僧は、「勧進沙門奥州相津山郡岩峅寺窪空真」（j）とある。「奥州相津山郡」とは、福島県北部の耶麻郡にあたると思われ、能登とはかなりの遠隔地の僧が、岩倉観音堂再興のための「勧進沙門」として奥能登を回ったことがとくに注目される。

この勧進僧空真が勧進して募ったものが、「奉加帳」（ア～ヒ）として棟札に記される。この奉加帳とはいうまでもなく神仏に奉加する金品目録や寄進者名などを記した帳簿のことで、おそらく空真が勧進の際に持って回った帳面から改めて棟札に書き写したものだろう。この部分はこの棟札の記載中とくに興味深いところで、この再興が大きな有力者の力のみで成ったのではなく、勧進による、奥能登一円の人々からの奉加によっているという点がわかる重要な史料である。

奉加者は二八人で、寺庵、地名を冠している者などに分けることができる。ク「金蔵中之坊」チ「正院禅林院」(36)は寺庵で、金蔵村の金蔵寺は応安四（一三七一）年すでにその存在が知られ(35)、「大坊」「南坊」などの坊もあるから、この「中坊」も金蔵寺の一坊であったものと思われる。また正院禅林院について、正院とは現在の珠洲市正院・蛸島地区一帯で、禅林院は不明だが、正院にはかつて「正院談義所」を付設した青龍寺という寺院の存在がすでに貞治年間の史料により知られ(37)、それとの関連も推測できる。

図2　永正四年観音堂再興奉加衆の分布

次に、地名を冠している者の分布を図2によってみたい。すでに浅香によって指摘されていることであるが、分布は町野川沿いを中心に、若山川周辺から内浦沿岸、西は大屋庄周辺までと、岩倉寺を中心にほぼ半径一九キロ以内に分布している。岩倉寺観音の信仰圏は、奥能登二郡（鳳至・珠洲）の東半分を中心に広がっているといえる。

アには「二江彦五郎」とあり、同じ二江の地名を名のるのはイ「虎女」、カ「友貞」がいる。「友貞」は、その後天正年間に前田家より二〇俵の扶持を受けたことが知られる二江の有力百姓で、先述の宝永の棟札にも登場する。ただこの時点では、「彦五郎」、「虎女」の二人の奉加金の方が友貞よりも高額である。同様なのがネ「若山延竹」とノ「若山セト妙賢」で、延竹も友貞同様、近世初頭に前田家から扶持百姓とされている家であるが、「若山セト」は延竹よりも高額の寄進をしている。また、シ～ソは川井九郎衛門と一族と思われる道泉、妙智、正範で、ト～ヌの敷津太郎衛門、千阿弥、善阿弥、宗壽も同様と思われ、一族で奉加している様子が看取される。

さらにイ「虎女」、ス「道泉」、セ「妙智」、テ「妙幸尼」、ノ「若山世ト妙賢」は女性であり二九名中五名が女性ということは岩倉観音信仰の性格を知る上で重要な要素となろう。また、オの「牛尾九郎兵衛」について、牛尾は近世の時国村有力百姓である時国家がかつて住していたという伝承がある。

以上の奉加衆のほとんどが、在地の有力百姓であると思われるが、唯一の例外がサの「佐脇玄蕃允」で、佐脇は守護畠山氏の有力家臣の一族と考えられている(38)。唯一の武家とはいえ寄進額は三貫三〇〇文で二江彦五郎、藤尾彦三郎などと同額である。このことは先学の指摘のとおり、岩倉寺を支えている主体が、大旦那に温井氏を頼んでいるものの、在地の有力百姓＝おとな衆であったことを明確に示している。

このように岩倉寺には、おそらく明応に焼失した観音堂の前身がそれ以前からあり、岩倉観音への信仰が、遅くとも十五世紀末頃には奥能登東部一帯に広く浸透し、在地の有力者によって支えられていたことがわかる。

三　岩倉を支える地域

このようにして永正四（一五〇七）年に再建された観音堂には、その後も多くの寄進が寄せられた。岩倉に関わる寄進状は一八通知られる(39)。これらの内容を一覧したものが表4である（以下「寄進状〇」とあるものは表の「番号」と一致）。

寄進状は、ある願いを成就するために寺社へ土地などを寄進した際の証文である(40)。定型化した文言の文書ではあるが、そのなかから寄進者と岩倉の間にある関係を知ることができると考えられ、以下検討することにしたい。

まず、寄進状の発給年をみると、再建から三年後の永正七（一五一〇）年から元亀三（一五七二）年の間のものであり、そのうち一六通が永禄元（一五五八）年以降の十五年間に集中している。そして宛所をみると、永禄以降の一六通はすべて「岩蔵十穀」（「拾穀坊祐遍」などとも書かれる。表4参照）宛となっている。この「岩蔵十穀」についてはこれ以上の史料がなく推測の域を出ないが、戦国期、勧進聖のなかに「十穀」と称するものが広くいたことが知られている。(41)おそらく「岩蔵十穀」（祐遍）は勧進聖でこの時期岩倉寺に住し、広く岩倉寺への奉加を勧めていたと考えられる。輪島市史も指摘しているように、(42)「岩蔵十穀」は、永正四年に岩倉観音堂が再興された際の勧進聖「奥州相津山郡岩峅寺　窪空真」と何らかの関わりをもつ者であると推察される。永正七年温井兵庫助孝宗寄進状（寄進状2）にはその宛所として「岩蔵寺　空真聖至弟子」とあるところからも、再興以後の岩倉寺に、空真に関わりのある勧進聖が関与していたと考えることは妥当であろう。また寄進状3、4、5はともにさきにみた宝永再興の棟札にも記されていた永禄元（一五五八）年閏六月八日の日付であることから、この日に何らかの大きな法会があった可能性がある。いずれにしてもこれらの寄進状は、この時期集中的に、岩蔵十穀が岩倉観音を捧げて強力に勧進活動を展開した結果集まったものであるとみてよい。

寄進された物件は、土地そのものではなくそこからの上分である。とくに寄進状1、2については「年貢三石上成六八〇文」「年貢米三石一斗上済六八〇文」とあり銭が寄進されていた。

寄進意趣についてみると、家内安全、諸病悉除、諸人快楽、子孫繁栄、弓矢冥加、武運長久といった現世利益的なもの、また後生善生のためといった来世安穏を願うためのもので内容は偏りがない。

一八通の寄進状の差出人は、ほぼ二つの層に分類できる。一つは能登守護畠山氏の近臣・譜代である国人層で、寄進状1の佐脇与次郎秀隆は畠山奉行人の一族、寄進状7の遊佐、寄進状6、10の誉田も畠山家臣の一族である。寄進状2の温井兵庫助孝宗は畠山重臣温井氏の総領（享禄四年死去）であり、「能州鳳至郡之内下町野岩蔵寺孝宗私領之内奉寄進」とあることから、このとき岩倉寺は温井氏の「私領」とされていることが知られる。

もう一つが、寄進状11の粟蔵、16の金子のように地名を名のる人物である。彼らは岩倉周辺地域の村落上層農民と

表4 岩倉宛寄進状一覧

番号	年月日	西暦	寄進物件	差出	宛所	寄進意趣	典拠
1	永正七年正月十一日	一五一〇	散田一段　行遠之内　年貢三石　上成六八〇文	佐脇与次郎　秀隆	能州町野庄岩蔵寺	為岩蔵寺観音堂造営	輪史三・比古神社文書　加能史料戦国Ⅵ
2	永正七年五月十六日	一五一〇	合一〇〇苅　在所矢口村真光散田之内年貢米三石一斗上済六八〇文	温井兵庫助　藤原孝宗	岩蔵寺　空心聖至弟子	為弓矢名加、子孫繁昌、且者弟候了厳宗心為後生菩提	輪史三・比古神社文書　加能史料戦国Ⅵ
3	永禄元年閏六月八日	一五五八	合一〇束苅　但定正名之内	山崎藤七　実正	其時一代之十穀祐辦	山崎一家致子孫、殿内安全、諸人快楽、諸病悉除、信心安楽、一切所求皆令満足、為御祈念也、	輪史三・比古神社文書　加能史料戦国XIV
4	永禄元年閏六月八日	一五五八	合一〇〇刈　三瀬町田諸役等不可有是	西方三郎	其時一代之拾穀祐遍	西方一家殿内安全、諸人快楽、殊者諸病悉除、信心安楽、一切願望悉皆成就処也、	輪史三・比古神社文書　加能史料戦国XIV
5	永禄元年閏六月八日	一五五八	合一〇束苅　但宮助名内　［	宮助名□／玄□／二□衛□／［	其時一代之十穀祐弁貴坊	名□安全、諸人快楽、一切所□満足、諸病悉除、信□、一々如意也、	輪史三・岩蔵寺文書　加能史料戦国XIV
6	永禄元年十月吉日	一五五八	大野村　号切畑	使者中西大炊助　定親・誉田勘解由左衛門尉康俊	岩蔵　十穀	武運長久、子孫繁昌、安穏息災、為諸願成就也、	輪史三・比古神社文書　加能史料戦国XIV
7	永禄元年十月吉日	一五五八	合一〇〇苅／田坪行友名之内　尻ゑた分米□俵	遊佐　熊石丸／後室	十穀	武運長久子孫繁昌也、	輪史三・比古神社文書　加能史料戦国XIV
8	永禄元年極月□	一五五八	在所者池□	［　］	岩蔵拾穀	武運長□昌、安穏息□就也、	輪史三・岩蔵寺文書　加能史料戦国XIV
9	永禄二年八月二十一日	一五五九	合五俵　役タナフン□　此外恒利□	高田寺［　／岩蔵寺　［　／安□［　／吉富　［	岩蔵拾穀	寺中安全［　］	輪史三・岩蔵寺文書　加能史料戦国XIV
10	永禄四年霜月三日	一五六一	大野村御年貢之内合一二五文　但もち田也	誉田勘解由左衛門尉康俊	岩蔵　宥遍沙門		輪史三・比古神社文書　加能史料戦国XIV

11	永禄四年十二月二十三日	一五六一	合五〇苅　田つほゑかミの うしろみつおち	粟蔵□吉次	岩蔵　十國		輪史三・岩蔵寺文書 加能史料戦国XIV
12	永禄五年卯月二十八日	一五六二	合五〇苅／木のかミ藤二郎 みやのまへ則きしんあるに よりて一六俵一二文の地	大野村／百姓中	岩蔵十穀	後生善生之ため	輪史三・岩蔵寺文書 加能史料戦国XIV
13	永禄七年七月二十六日	一五六四		吉富掃部吉久／友光／江尻／中西／吉清／国藤／千吉／友さね／□藤内／定時／繁長／さね繁／西山□	岩蔵　十穀	（此畠ニ家ヲ被立置候、棟役等之儀皆めんに永代寄進）	輪史三・岩蔵寺文書 加能史料戦国XIV
14	永禄九年十二月七日	一五六六	下町野小橋村若田地　合一二〇苅并二五束苅	浅見入道　恵有	岩蔵十穀宥遍上人	天真宗伯禅定門之為也	輪史三・比古神社文書 加能史料戦国XV
15	永禄十三年九月二十七日	一五七〇	合三〇〇文　此代ニ米五斗入一俵、升は町野之うりかい也	大塚孫兵衛尉　連家	能州鈴郡町野庄 岩倉寺拾穀	我等現当為二世之事ニ候、	輪史三・比古神社文書 加能史料戦国XV
16	元亀三年三月五日	一五七二	合二〇苅但田つほ□ おきのや□	大川村百姓／七郎へもん／とね／源衛門尉／金子六郎宗種／□代えもん／山□	岩蔵寺拾穀坊	せかき田に為参申候	輪史三・岩蔵寺文書 加能史料戦国XV
17	元亀三年八月十九日	一五七二	合三〇苅□	西方市　胤	岩蔵寺拾穀	末代晦日・廿八日・十八日ニ燈明田にきしん申／かいふん御きねん、そくさいあんのん、しそんはん志やう、御きねんのために候、	輪史三・比古神社文書 加能史料戦国XVI
18	元亀三年九月二十日	一五七二	合五〇苅	山崎六郎右衛門　実信	岩蔵拾穀坊	我等御きねんのためみやうしあらんかきり	輪史三・比古神社文書 加能史料戦国XVI

※典拠欄の「輪史三」は『輪島市史資料編三』の略記

みられ、従来から岩倉を支えていた階層として注目されていたものにあたる。本章第一節において宝永の観音堂棟札を検討した際に、特定の「大願人」と称される人々から金銀が寄せられ、これらの人々は岩倉膝下地域および岩倉を中心とする半径約二〇キロの鳳至・珠洲の奥能登二郡に広がっていて、多くは村名や名主《みょうしゅ》の流れをくむような名を屋号・名字にもつ中世以来の伝承をもつ家々であることを明らかにしたが、この寄進状にみられる家は、いずれもこの「大願人」として寄進を行っている家と重複する。このことから、戦国期から彼らのような有力百姓が岩倉を支えるために大きな役割を果たし、それは近世になっても同様の性格を維持していたことは明らかである。

次の史料は岩倉を支える地域を考える上で興味深い内容を持つ。

【史料二】（寄進状14）

下町野小橋村若田地之事

合百廿苅并廿五束苅在之

一、①宮修理被成造栄并可有下物、②正月八日朝戸開、三月三日、同廿四日、五月五日、九月九日氏子共酒ヲ給らせ、③晦日七度六升之下物者、□坂中に堂造栄ニ、④此内ニ二斗下物可有□、⑤此外ハ、岩蔵造栄可被成者也、

右此意趣者、天真宗伯禅定門之為也、

永禄九年十二月七日　浅見入道 恵有（花押）

岩蔵十穀宥遍上人

これは浅見入道恵有が「下町野小橋村若田　合百廿苅并廿五束苅」を「天真宗伯禅定門」のために岩倉十穀上人へ寄進した際の寄進状である。ここで注目されるのは、寄進した上分の使用目的を寄進者が指定している点である。傍線①にはこの寄進物件が、「宮」の修理造営と「下物」として使われるべきことを述べている。「下物」はこの場合「宮」

からの下行物といったことであろうか。[43] ②から⑤はその内訳が書かれている。②には、正月八日の朝に神殿の扉を開く儀式の際、および三月三日、五月五日、九月九日の節供等の際に「氏子」へ酒を賜ること、③には一年の内七回の晦日月には「六升之下物」があり（合計で四斗二升）、それを「□坂中」堂造営に使い、④は不明だが、⑤にはその他は「岩蔵」の造営のため、としている。

「宮」とはおそらく岩倉比古神社のことと思われ、それを奉加する「氏子」という集団の存在があることを知ることができる。そしておそらくこの氏子は、正月の御戸開や節供などの行事に奉仕し、その奉仕への返礼として酒を賜る集団と考えることができよう。また宮の修理や造営といったことも、この氏子の奉仕によるところが多かったと思われる。

このように考えたとき、問題となるのは、差出の浅見入道恵有という人物である。浅見入道はなぜ、寄進に際しこのような用途の指定をしたのであろうか。この史料から読みとる限り、指定した内容は岩倉寺・岩倉比古神社やそれをめぐる組織についてかなり立ち入ったものといえよう。残念ながら、今のところ浅見入道や天真宗伯禅定門について知ることはできないが、先にもみたように寄進した「下町野小橋村若田　合百廿苅幷廿五束苅」の小橋村は岩倉山の登り口の村、現在の曽々木の春日神社付近であり、[44] 岩倉膝下の地域において、ある力をもつ人物であったと想定できる。そして岩蔵十穀に対し、「宮」と氏子との、最も基本的な関係を、この寄進状により改めて確認している点は注目できよう。

文化三（一八〇六）年の「社伝」[45] によれば、岩倉山頂にあった岩倉比古神社が文永年中に中腹に下ろされ、瀬野氏が粟蔵村の白山神社と掛持ちで神主を勤め、その神主宅を「岩倉司」と称したが、瀬野氏が白山神社にいることが多くなり、文暦年中には「岩倉司」が「岩倉寺」として寺号をもつようになったといい、また岩倉寺は岩倉比古神社を後ろの林のなかに隠し、前に観音堂を建ててしまい、今は観音堂ばかりが繁盛しているという。この伝承が事実かどうかとは別に、中世のある時期に観音堂が繁栄しはじめ、岩倉比古神社の立場が弱体化していると認識されていたことは読みとれる。

近世には下町野郷とされたこの地域は、かつての下町野荘域と重なるとされている(46)。下町野荘は久安元（一一四五）年の立券で、隣の若山荘と同じく本家は九条家、領家は日野氏であり、岩倉比古神社はその荘鎮守的な位置にあったと思われる。

そして、岩倉寺・岩倉比古神社は、中世後期になると下町野荘の荘鎮守としての役割が次第に失われ、戦国期に修験者十穀坊宥遍が入り込んだことで、観音霊場としての側面がより前面に押し出されてきた。そのためこの時期、岩倉比古神社の位置づけや日常的にそれを支える祭祀組織が機能不全に陥っていたと考えられる。

この浅見入道恵有という人物は、先述の近世の「大願人」につながるような地域の有力者として、岩倉比古神社の再興を目指して一種のテコ入れを行ったものと考えることができよう。その事業は具体的には、寄進によって祭礼などの際の下行物のための費用を賄う財源＝在地財を確保し、その上で地域住民＝氏子と宮との関係を取り結ばせ、それを通じて地域住民によって岩倉比古神社が維持されるシステムを作ることであった。そして、ここで再生された岩倉と地域との関係が、近世の氏子一八カ村に繋がっていったものと推測される。

四　村の寄進

さきにみたように、岩倉寺への寄進主体としては、守護畠山氏の近臣や譜代の国人層と、在地のおとな衆をあげることができるが、もう一つ、寄進主体としての村の存在に注目したい。

次に掲げる永禄五（一五六二）年の史料では、「木のかミ藤三郎見屋のまへ」という在所の五十苅の寄進を、「大野村百姓中」として行っている。大野村は岩倉寺からは眼下の町野川を挟んで対岸南の集落である。

【史料二】（寄進状12）

（端裏ウハ書）
「岩蔵十穀祐遍まいる　大野村　前田□□□
　　　　　　　　　　　　折坂弥三郎」

奉寄進大野田地之事

合五拾苅者　在所ハ木のかミ藤二郎みやのまへ、則きしんあるによりて拾六俵十二□（文カ）の地おめされ候

右彼田地ハ、①後生善生之ため候也、②大野村と仕候て、於以後とかく之儀申候者御座候ハヽ、御はつをかふり可申候、仍永代祈（ママ）進状之事、右如件、

此内百文ハ
御伊勢御はつおニ可被参候、

大野村
百姓中

永禄五年卯月廿八日　折坂弥三郎（印）
　　　　　　　　　　前田弥太郎（略押）

③其時ニおり合候ニより弥太郎弥三郎はんお仕候、

岩蔵十穀まいる

寄進の理由は傍線①「後生善生のため」であり、差出は「大野村百姓中」とあって、この寄進の主体は大野村百姓中ということになる。傍線②で「大野村」がこの寄進地に対する違乱を自己規制している点も、寄進主体が村であることを示す。文書奥に折坂弥三郎と前田弥太郎が連署するが、傍線③に「時におり合候より……はんお仕候」とあって、彼らがこの寄進状を作成した際に保証人として署判していることがわかる。

この二人のうち折坂は、宝永再建棟札に「大願人」（表1-1）として現れる近世大野村の有力百姓であり、彼らがこの大野村百姓中からの岩蔵十穀への寄進を推進している立場であるものと推察できる。寄進を勧めているのは有力農民であるにしても、寄進主体は百姓中であり、村という法人格が村構成員自身の極楽往生を願って寄進行為を行うという点が注目される。(47)

この寄進も上分であると思われるが、大野村南家に残されている「文久元年日記帳」(48)に、南家が作る田として「岩倉田」がみられる。日記自体は幕末のものであるが、近世に「岩倉田」と称されたこの田は、戦国期に岩倉寺へ寄進されたものと何らかの関わりがあるとみてよいだろう。(49)

また次の元亀三（一五七二）年の史料も、「合弐拾苅」を「せかき（施餓鬼）田」として寄進している寄進状で、史料二同様、村による寄進を示す史料として注目される。

【史料三】（寄進状16）

（端裏ウハ書）
「岩蔵拾穀坊まいる」

永代きしん仕候田地之事

合弐拾苅ハ　但田つほ□
　　　　　　おきのや□

右末代きしん仕申候、但□せかき田に為参申候、いかやう□、又ハ御国さくらんなり□於此田地ニ以後とかく□間敷候、仍為後日状□件、

大川村百姓□

七郎へもん（略押）

元亀三年　とね①（略押）

　　　　　　　　源衛門尉（略押）
　　　　　　②金子六郎
三月五日　　　宗種（略押）
　　　　　　□代
　　　　　ゑもん
岩蔵寺拾穀坊
　　参　　　山□
　　　　　　□

破損が多い史料であるが、「大川村　百姓□」以下の署判は村のおとなのものとみられる。大川村は【史料二】でみた大野村に隣接する海辺の集落で、傍線①の「と祢」は、中世以来の浦刀禰の系譜を引くものと考えられ、また②金子は近世初頭より伏戸村のおとなとして姿を現す金子であろう。この金子については宝永再建棟札に「大願人」として「四拾五束苅者永禄元年閏六月八日永代寄進付（カ）金子六郎右衛門」（表1-17）とあり、年代からみて同一人物の可能性がある。

ともあれこの寄進状も先の【史料二】と同様、村が寄進の主体となっていることが注目される。それぞれの村のおとなが、当時観音信仰で人々の心を捉えていた岩倉寺に直接村からの寄進を行うことで村としての結合を企図したのかもしれない。

以上、近世の様相から戦国期を振り返るかたちで堂社の再興や開帳から岩倉についてみてきた。本章を終えるにあたり、時間軸に沿うかたちで岩倉寺と地域の関わりについてまとめることにしたい。

下町野荘鎮守である岩倉比古神社の別当寺として存在していたと思われる岩倉寺は、応安五（一三七二）年にその名が大般若経奥書にみえ、奥能登一帯に展開した写経活動を中心とした顕密寺社ネットワークのなかに位置していたが、戦国期には寺庵や地名を冠した二九名の名が観音堂再興棟札に奉加者として記されているように、守護畠山氏の有力家臣である在地の温井氏を大檀那としながらも、観音堂を拠点とした勧進聖により奥能登一帯の有力百姓から奉加を受けるような、在地に密接した寺院として信仰を集めるように変化している。そして「二江友貞」「若山延武」などの有力百姓は、戦国期から近世に入っても引き続き岩倉寺に対する信仰をもち、地域的には二江、藤波（並）、山ノ上、稲舟、柳田、若山など中世以来の信仰圏が近世になっても引き継がれている。

一方膝下地域と岩倉寺との関係は、戦国期には下町野荘のなかの村（近世村につながる）が直接岩倉寺に寄進するというかたちにみられるように、岩倉寺と地域の村落が直接結びつくようになっている。この契機になったのがおそらく【史料二】にみた永禄九年の岩倉の復興であろう。氏子との関係を修復することで日常的にこれを支える機能を回復させせて、機能不全に陥っていた岩倉比古神社の復興を行い、岩倉を地域のなかで公的に位置づけたのではないか。もちろんこの背景には永正の観音堂再建があったであろう。これが契機となり、近世の岩倉を寺・宮ともに旧下町野荘域の「十八ヶ村」が恒常的に支えていくシステムが作られた。これは、荘園という従来の枠組みの再利用であり、それが各村々のなかで公的に認識されていたということであろう。この関係は、岩倉比古神社に関してはすでに十七世紀末の段階で「十八ヶ村之大社」と位置づけられ、十八世紀はじめになっても岩倉寺を支えるのは「下町野十八ヶ村」という枠組みであった。同時に十七世紀には岩倉寺は奥能登三十三観音霊場の三十二番札所として、巡礼霊場のなかに位置づけられてくるようになる。(50) 近世期の岩倉への信仰は、下町野という膝下地域の「総社」として意識されながらも、一方で能登奥郡の特定の有力百姓からの奉加を受け、同時に多額の散銭にみるように霊験のある観音として広く諸方から信仰を集めるという、三種の重層的構造を示すようになっていく。

近世になって膝下地域の「総社」になることによって、岩倉膝下の一八カ村の村々が岩倉比古神社氏子としてそれと習合した岩倉寺の観音信仰を支える主体になり新たに登場してくるととらえるのか、また岩倉寺に対する地域信仰の枠組みが変化したために、中世から本来あった構造が表面化してくると考えるのか、中近世移行期の地域信仰を考える上で重要な点だと思われるが、多くは今後の課題としたい。

註

(1) 史料中には「岩蔵」「岩倉」と両様の記載があるので、本文では岩倉寺、岩倉比古神社と統一して記載したい。
(2) 貞享二年波着寺触下寺庵由緒書上帳（『輪島市史資料編　第三巻』、一九七四年）。
(3) 『加能史料　南北朝Ⅲ』（石川史書刊行会、一九九七年）「永和四・天授四（一三七八）二・九」項。
(4) 浅香年木「中世北陸の在地寺院と村堂」（初出一九七二年、のちに『中世北陸の社会と信仰』法政大学出版局、一九八八年）。
(5) 浅香前掲註（4）。
(6) 岩倉に関する言及はほかに『輪島市史通史編』第三章（和嶋俊二執筆分）、東四柳史明『半島国の中世史』（北國新聞社、一九九二年）等がある。
(7) 尖頭状、高一〇六センチ・幅三八センチ・厚一・四センチ。『輪島市史資料編　第三巻』には項目としてのみ所載。『町野村志』（後掲註（11））には裏面が翻刻されているが、記載順などに誤りがある。本章では神奈川大学日本常民文化研究所が撮影した写真を参照した。なお、解読にあたって関口博巨氏のご教示を受けた。
(8) 『社寺の国宝・重文建造物等棟札銘文集成―中部編―』（国立歴史民俗博物館、一九九六年）などにより他地方の同様の例を知ることができる。
(9) 厨子の鍵を預かりその開閉をする鍵取役は、時国村高田寺住持が務めているが、阿闍梨役の金蔵村金蔵寺とともに、下町野郷内の真言寺院である。上下町野郷の真言寺院は「町野結衆」というネットワークを結んでいることが知られている（畠山聡『奥能登における真言宗寺院の年中行事を中心とした民俗調査―町野結衆寺院を事例として―』神奈川大学日本常民文化研究所調査報告第23、神奈川大学日本常民文化研究所、二〇一五年）。
(10) 「中居」という銘の初出史料には「応永三年　中居　大工小泉長右衛門（下略）」（『加能史料　室町Ⅰ』「応永三年（一三九六）三・二六」項）とあり、ほかにも「能州鳳至郡中井南　大工小泉次郎左衛門　貞享二年四月」（鳳至郡穴水町中居南　日吉神社鬼面銘）、「大工小泉次良左衛門繁吉　小工小泉長左衛門吉繁　寛政十一年四月吉日」（富山県小杉町浄土寺　禅照寺喚鐘銘）などの銘（長谷進編著『図録能登中居の鋳物』穴水町教育委員会、一九九七年）にみられる通名・実名からみるように、棟札の大工・小工の小泉は、鋳物師・小泉と同家系の可能性がある。

(11)『町野村志』（江尻寅次郎編纂、町野史談会、一九二六年）。

(12)前掲註（11）。

(13)記された人名の向かって右側部分には「大願人」、左側には「外」と注記されているが、「外」の記入は後筆と思われる。

(14)加賀藩制下の村役人で他藩の大庄屋に相当すると考えられている（田川捷一編著『加能越近世史研究必携』北國新聞社、一九九五年）。

(15)森田平次の遺稿を子外与吉が一九三八年に浄書したもの。石川県図書館協会、一九六九年。

(16)文久元年日記帳（「町野町東大野　南昭三家文書」〔『輪島市史資料編　第二巻』一九七二年〕）。

(17)表4参照。

(18)貞享二年清水・大森触下神社由来書付（『輪島市史資料編　第三巻』）。

(19)実際に一人ずつに割りあてられたのか、村入用などとして村単位で処理したのかは、今後の課題である。

(20)正願寺過去帳（抄）（「金蔵町正願寺文書」〔『輪島市史資料編　第二巻』一九七二年〕）。

(21)『輪島市史資料編　第三巻』「五　近世社寺資料　第五章諸所蔵社寺関係文書　第一節町野町時国恒太郎家文書一六」。なおこの史料を拙稿「開帳をすると住職が儲かる？」（『神奈川大学評論』32号、一九九九年）で紹介した。

(22)文久三年三月時国村左門殿宛申状（日本常民文化研究所編『奥能登時国家文書第五巻』、岡書院、一九五四年、一二一二）。

(23)岩倉寺所蔵。

(24)『輪島市史』通史編、畠山前掲註（9）。

(25)改作法による十村制実施により寛永頃より当該地域は「下町野組」四四カ村内に編成された。この十村組の名は当該地の郷名を用いたという。この「下町野組」は藩により設定されたもので、村数も多いことから、当面問題とする「下町野」とは異なる存在であると考えている。『町野村志』（前掲註（11））によれば、口碑の伝えるところとして「古ハ陰暦九月ノ例祭ニハ神興ノ渡御凡ソ旬日ヲ費ス、其故ハ旧下町野郷十八ヶ村則チ時国、敷戸、寺地、広江、鈴屋、牛尾、寺山、佐野、粟蔵、桶戸、井面、金蔵、西山（今ハ南志見村ニ属スル大字）、川西、東大野（旧単ニ大野トアリ）、伏戸、大川、真久ノ各村ヲ順次巡御セラレタリ」とあることからも妥当すると思う。

(26) 前掲註（18）。

(27) 前掲註（15）『能登志徴』「上編巻八　岩倉比古神社」の項。

(28) 和嶋前掲註（6）、浅香前掲註（4）。

(29) 尖頭状・高九五センチ・幅三四・五センチ・厚一・八センチ（『加能史料　戦国Ⅴ』二〇〇六年）、「永正四年四月四日」項および図版1）。漆塗り表面に銘文が陰刻してあるという他にあまり例のない様式であるが、内容的には伊藤太（「棟札の古文書学」〈大山喬平教授退官記念会編『日本社会の史的構造』思文閣出版、一九九七年〉）のいう、願文の一形態としての棟札の要件を満たしている。

(30) 高照寺は、現在の珠洲市寺家村に明治二年まであった。室町期には、同地の高座宮・金分宮をあわせて「珠珠権現」と称し、高照寺はその別当寺で高座山高照寺と称した（『珠洲市史』第六巻通史）、浅香前掲註（4）。

(31) 輪島市八幡寺所蔵大般若波羅密多経巻第二百奥書（『加能史料　南北朝Ⅱ』〈一九九五年〉、「貞治三年八月」項）に「能州上町野庄麦野村預所菅原尚重」とある。

(32) 永正七年五月十六日温井孝宗寄進状（表4 No.2）。

(33) 和嶋俊二「「下町野之庄岩蔵」現地調査の一端」（神奈川大学日本常民文化研究所編『歴史と民俗』3、平凡社、一九九八年）。

(34) 和嶋前掲註（33）。

(35) 忍久保静夫氏所蔵大般若波羅密多経巻八一奥書（『加能史料　南北朝Ⅲ』〈一九九七年〉、「永和四年二月」項）に「于時応安四年辛亥八月廿八日書写畢、筆者下町野庄内金蔵寺住侶栄宗」とある。

(36) 八幡寺所蔵大般若波羅密多経零本巻二〇奥書に「于時応安六年七月七日夕巳剋計書写畢、金蔵寺於南坊」の記載がある（『加能史料　南北朝Ⅱ』「応安五年五月」項）。浅香前掲註（4）に詳述。

(37) 前掲註（36）大般若経巻四一二奥書に「能登国正院郷青龍寺談義所」とある。

(38) 浅香前掲註（4）。
(39) 本稿では『輪島市史資料編三』および『加能史料』の翻刻をもとに神奈川大学日本常民文化研究所架蔵の写真により校合した。
(40) 本書第Ⅰ部第一章参照。
(41) 堀一郎『我が国民間信仰史の研究』（創元社、一九五三年）。
(42) 前掲註（6）。
(43) 「下物」については藤木久志「村の公事」（初出一九九〇年）、「村の指出」（初出一九九二年）、いずれものちに『村と領主の戦国世界』（東京大学出版会、一九九七年）に詳しい。
(44) 和嶋前掲註（33）。
(45) 『町野村志』（前掲註（11）参照）所載の文化三年四月付桜井多膳殿・清水丹波守殿宛瀬野大和守差出「社伝」。
(46) 前掲註（6）『輪島市史』。
(47) 蔵持重裕「村落と家の相互扶助機能」（初出一九九二年、のちに『日本中世村落社会史の研究』校倉書房、一九九六年）。
(48) 前掲註（16）。
(49) 和島は現地調査の結果、現在の南時国九字を、また広江五字を「岩倉田」、寺山の八十八字を「中瀬岩倉田」と称することを報告している（前掲註（33））。
(50) 西山郷史「能登国三十三観音霊場について」（『加能民俗研究七』一九七九年）。

第十章　在地社会における地頭支配と寺社

本章では、西遷し地頭として荘園に入部した鎌倉御家人の系譜を引く一族が、戦国期にどのような在地支配を行っていたか、そしてそのとき在地社会は地頭をどのように取り込もうとしたかについて、丹波国和知荘と地頭片山氏を事例として検討する。

丹波国和知荘は承平六（九三六）年に成立し、戦国期まで存在した仁和寺領の荘園である。成立期から鎌倉初期までの荘園現地の状況については明らかでないことが多い。承久四（一二二二）年、鎌倉幕府御家人である武蔵国の片山氏に対して承久の乱の勲功として和知荘地頭職が与えられ、その後片山氏は地頭として入部する。弘安五（一二八二）年には地頭片山盛親と仁和寺預所藤原行綱の間で下地中分がなされ、東方は領家方として仁和寺領和知上荘、西方は地頭方の和知下荘として片山氏が支配することとなる(1)。

このような片山氏の動向および和知荘の状況がわかる史料として片山文書がある。片山文書は和知荘の荘域とほぼ重なる京都府船井郡旧和知町（現在京丹波町に含まれる）安栖里の片山丁宣氏所蔵になる計一六三点の文書群である。このなかに、永正十四（一五一七）年「和智下庄麦地子桑代細帳」（片山文書一五八号）、天文六（一五三七）年「和智下庄納帳」（一五九号）と題する二冊の帳簿がある(2)。片山文書の多くが、いわば御家人の流れを汲む守護被官人として片山氏を物語るのに対し、この二冊の帳簿は、和知の地に在村し直接在地を支配する片山氏の姿を物語る史料といえる。また同時に、当該期この地域の生産の実態も垣間みることのできる有用な史料といえる。

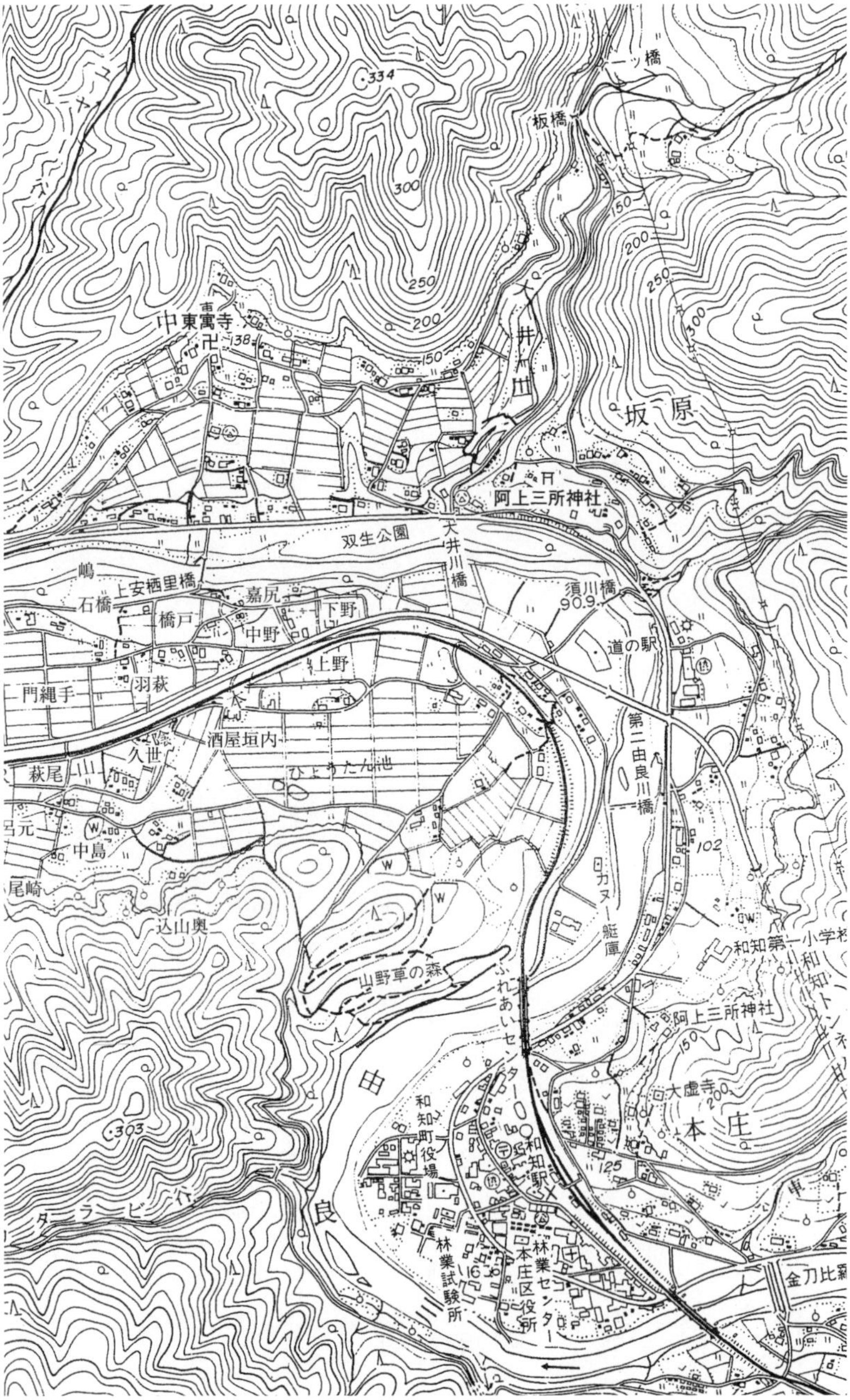
334
300
250
200
150
一ツ橋
板橋
大井川
坂原
中東寓寺
138
阿上三所神社
双生公園
大井川橋
嶋
上安栖里橋
石橋
嘉尻
下野
須川橋
90.9
橋戸
中野
道の駅
上野
羽萩
門縄手
第二由良川橋
酒屋垣内
久世
萩尾
ひょうたん池
中島
102
尾崎
込山奥
カヌー艇庫
和知第一小学校
和知トンネル
山野草の森
ふれあいセンター
阿上三所神社
大虚寺
本庄
由良
303
和知町役場
和知駅
125
林業試験所
本庄区役所
林業センター
金刀比羅
116

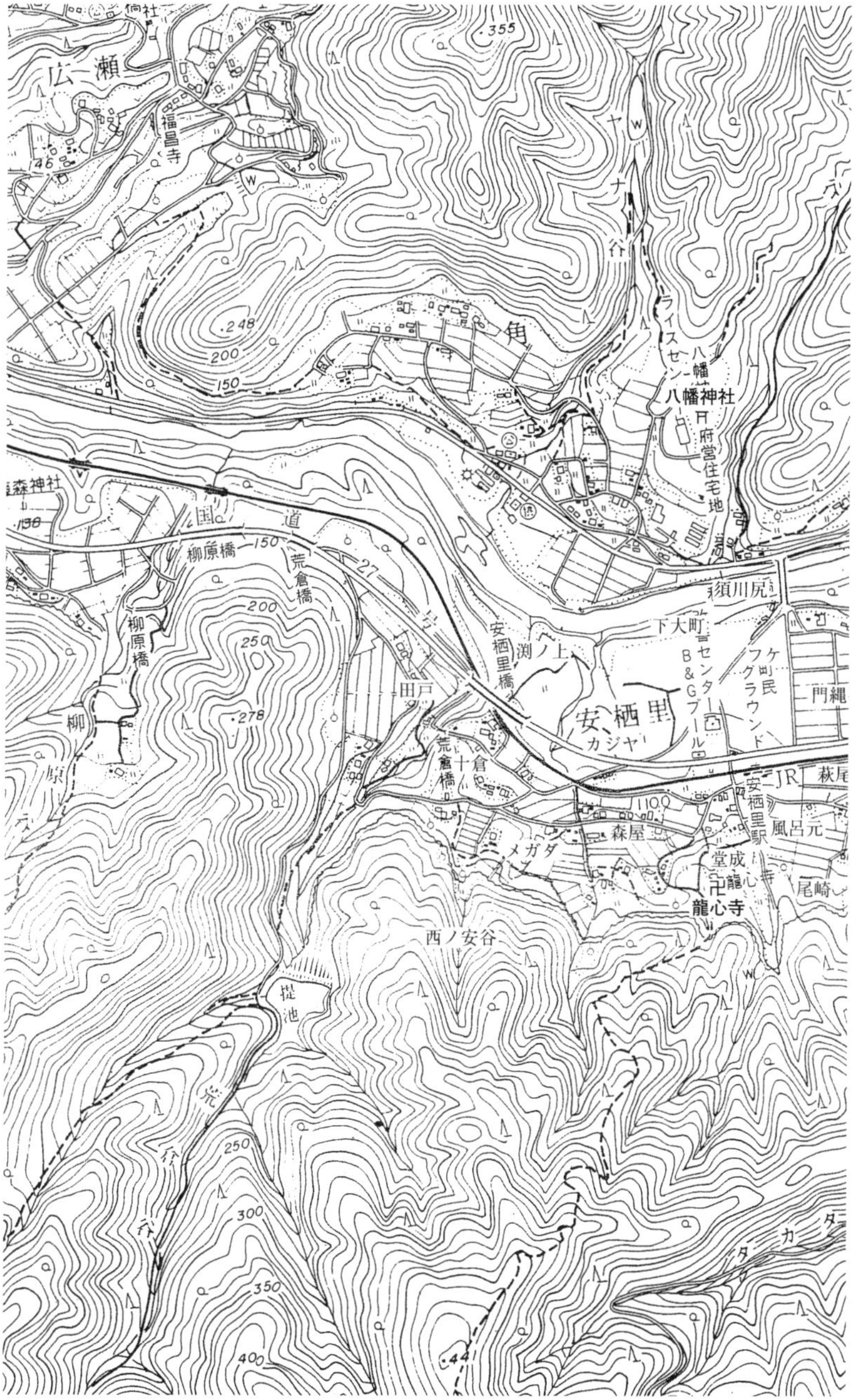

図１　安栖里の小字（「和知町管内図」に加筆）

以下、二冊の帳簿の分析を中心に、和知荘における中世後期の下荘と片山氏によるその支配の様相を検討していく(3)。

一　和知下荘における片山氏の収取

1　「和智下庄納帳」について

二冊の帳簿は、現状では合綴された上新しい表紙（題簽なし）が後補されている(4)。このうちまず天文の帳簿（以下「天文納帳」）は、表紙を含めて全九紙が綴じられたもので、帳簿の成立に関わる情報が次のように記されている。

イ　表紙（第一紙おもて）「和智下庄納帳　片山右近丞」
ロ　第八紙うら本文に続けて「天文六年七月九日　片山神三郎十七之とし　隆康（花押）」
ハ　第九紙うら「永禄六年七月吉日　康隆（花押）
　　　　四十三才これを書」

このうちロに記された「片山神三郎隆康」は、この史料を最古として名がみえ、神三郎のほか甚三郎とも名乗り、のち天文十七年以降には右近丞隆康となる人物である(5)。つまりこの史料の本文は、天文六年に当時一七歳であった「片山神三郎隆康」によって記され、表紙と第九紙は「片山右近丞」、つまり「片山神三郎隆康」が「片山康隆」と名乗っていた永禄六（一五六三、四三歳）年に補されたものと考えられる。

この帳簿の本文は第二紙から第八紙に記され、第二紙の冒頭「天文六　百性《（マヽ）》中」からはじまり、第八紙の末尾の隆康の署判（前掲ロ）で終わっており、内容的にはここで完結しているとみてよい。ここからも、第一紙と第九紙は後補、あるいはその記載のみ後筆と考えたい。以上のことから、この帳簿の内容は基本的に天文六年段階のものであり、以下内容を検討する。

先述のとおり和知荘は弘安五（一二八二）年の下地中分の結果、上荘が仁和寺分、下荘が地頭分となり、地頭片山氏は和知荘の西側を下荘として自らの領地とした。[6]『和知町誌　第一巻』ではこの理由を、幕府から与えられた地頭の給田が下荘分にあり、未墾地の開発などを行うことが可能だったためとしている。後述するように、記載されている地名のいくつかは現在も大字・小字の名などに確認できる事から、この帳簿に記載された内容は和知下荘の範囲に関することであるといえる。

帳簿本文は七丁で、一丁め冒頭に「天文六　百性（ママ）中」とあり、次いで【史料一】に掲げたような形式の一つ書きが、帳簿全体で三八項記載される。まずはこの帳簿全体の形式と記載内容を知るため、一項目である【史料一】を例として記載形式と内容についてみたい。なお帳簿全体の内容については表1にまとめた。[7]

【史料一】

一　A

①弐石一斗　名分　⑤此内二斗いりやう二引
②二石五斗　いんし□　一升五合　こま
二斗六升二合五才　地子大豆
③一貫九百十六文　公事銭名分
④一貫文　桑代

B

名衆　蔵甚四良

一つ書きの内容は二段に書き分けられ、上段Aには「一升五合　こま」「二斗六升二合五才　地子大豆」「一貫文　桑代」などの名目とその数量が、下段Bには大きく「名衆　蔵甚四良」などの人名等が記載されている。表題に「納帳」とあることからも、この帳簿には片山氏の賦課・収取と関わる内容が記されており、一つ書きの示す内容はその賦課

麦（斗）	麦地子（斗）	地子（斗）	米（斗）	粟地子（斗）	粟（斗）	そハ（斗）	茶（斤）	地子銭（文）	公事銭（文）	桑代（文）
	1.575								1916	1000
0.600	1.500	6.000	7.000						1916	400
	0.600			1.000					1916	600
0.600									1916	600
1.600									1916	400
	0.600								1916	400
						1.000			1600	200
1.000									1600	270
									1600	500
									1600	100
									1600	600
	2.000								1600	500
2.000									1600	800
									1600	400
1.000									400	160
										50
	2.000									100
1.500										100
0.600										100
										350
		4.000				2.000				30
					1.600	1.000				30
	2.000								200	100
								2600		
										100
								600		
					0.600	1.000		1000		50
1.000						1.000				
					0.500	2.000				180
					1.000	2.500				100
						1.000				
						2.000				
						2.000				
						1.000	1斤			50
										80
		0.300								60
1.000			3.000							100
10.900	10.275	10.300	10.000	1.000	3.700	16.500		4200	24896	8510

表1「天文納帳」百姓別年貢公事

		本年貢（斗）	内いりやう引（斗）	一色分（斗）	こま（斗）	地子大豆（斗）	大豆（斗）	桑地子（斗）
No.1 No.1b	名衆　蔵甚四良 蔵名分 か村四郎二郎	21.000 21.000	▲2	25.00	0.15 0.15	2.625 2.650		
No.2	名衆　かとの太郎三郎	40.000	▲2		0.30	1.000		
No.3	名衆　ひかしかちや太郎三郎	35.000	▲1		0.25	1.250		1.000
No.4	名衆　十蔵大夫	35.000	▲0.5		0.25	0.900		
No.5	名衆　むろ屋弥次郎	31.500		10.00	0.20	1.000	1.000	
No.6	名衆　大まち五郎四郎	31.500	▲2	8.80	0.20	1.200		
No.7	こわ気大上谷大夫	20.000				2.000		
No.8	くぬき三郎太郎	16.000					2.000	
No.9	なか野のきやふ	4.000						
No.10	いの本分 蔵 弥五郎	21.000						
No.11	門之四郎次郎	7.000				1.300		
No.12	しらす中大夫	33.900				0.200		
No.13	うちこし衛門太郎	27.900	▲2			2.000		
No.14	ひろせ大夫	34.000				2.000		
No.15	ひ気谷兵衛三郎	21.900				1.000		
No.16	しらす次郎四郎	8.000				1.000		
No.17	しらつ又次郎	19.000				2.000		
No.18	孫太郎大夫	7.000				1.500		
No.19	せうし太郎五郎	13.000				1.000		
No.20	竹之内	3.000				3.000		
No.21	こん屋	4.000						
No.22	はゝ与次郎					2.500		
No.23	さゝ屋兵へ次郎					2.000		
No.24	ふる殿							
No.25	たふち					0.500		
No.26	田尻大夫							
No.27	二郎太郎分							
No.28	おかの下	2.500						
No.29	下野源二郎	13.000				1.000		
No.30	新衛門方	35.000				4.800		
No.31	藤太郎方	30.000				4.000		
No.32	かんぬしひんこ方						1.000	
No.33	平兵へ方							
No.34	東野恵ゑもん	7.000						
No.35	たうせん	9.000						
No.36	くせ野弥五郎	9.900				0.800		
No.37	中間分							
No.38	あせり弥兵衛方					1.000		
合　計		561.100		43.800	1.500	44.225	4.000	1.000

額と賦課対象であると考えられる。「天文納帳」にはこのような内容が三八単位書き上げられている（表1）。

次に上段Aに記される内容について表1により「天文納帳」全体をみると、全ての単位に対して同一のものが賦課対象とされているわけではないが、多くの場合、地子[8]として、米のほか大豆・麦・粟・胡麻・蕎麦・茶など、多種類の畠作物が賦課対象となっていることがわかる（表1／【史料一】傍線②）。また表1の№1～20にみるように、冒頭に本年貢があげられる場合もある（表1／【史料一】傍線①）。そのほか、公事銭（表1／【史料一】傍線③）と桑代（表1／【史料一】傍線④）は銭納されている。またこれらの記載方法は原則として、冒頭に本年貢・大豆・麦など畠からの地子が配置され、次いで公事銭・桑代の順となっている。

下段B部分に記された人名記載は、「天文納帳」冒頭の「百性中《（ママ）》」という記載からみて、片山氏の賦課対象としての百姓とみてよいだろう。この記載様式としては「地名＋人名」のパターンが多く、そのほか「屋号・肩書＋人名」「地名」「～方」「～分」などがみられる（表1）。ここにでてくる地名は、表1№38（以下№は表1参照）あせり、№2かと、№14ひろせは、和知町の大字（近世の村）の安栖里《あせり》・角・広瀬と比定され、また、№3ひかしかちや（カジヤ）、№4十蔵（十倉）、№5むろ屋（森屋）、№6大まち（下大町）、№9なか野（中野）、№29下野（下野）は大字安栖里の、№15ひ気谷（樋ケ谷《ひげたに》）は大字広瀬の、それぞれ小字名として比定される（括弧内は現行小字名）[9]。このことは、これらの賦課単位が抽象的なものではなく、一定の空間を経営単位とする百姓であることを示す。

屋号・肩書としては、№21こん屋、№23さゝ屋、№32神主のほか、冒頭の六名（№1～6）の人名[10]に付された「名衆」という呼称がある。名衆については、近江国草津において十四世紀半ばに「名衆給」としてみえ、また十五世紀末には泉州で使われていることが報告されているが[11]、その実態は未だ分明ではない。なお「名衆」については、後述する。

また第九紙表に、本文と異筆で「取立の侍　北久太夫　大町茂大夫」という天文六年より後のものと思われる記載がある。「取立の侍」は、年貢の収納に関わるものと考えられる。この点も後述する。
以上、この「天文納帳」に記載されているのは、片山氏が、天文六年に和知下荘内の三八の百姓に賦課し収取すべき年貢・地子・公事等の書き上げと、その百姓の名《な》と在所であるということができる。

2　「和智下庄麦地子・桑代細帳」について

次に、永正十四（一五〇五）年の年紀をもつもう一つの帳簿についてみたい。「和智下庄麦地子桑代細帳」（以下「永正細帳」とする）は、現在では「天文納帳」と合綴されているが、本来各々個別の帳簿である。「永正細帳」は表紙を含めて全一〇紙が綴じられたもので、表紙には、

「和智下庄麦地子桑代　細帳　永正十四年六月吉日」

とあり、なかには麦・桑代・夫銭・公事銭の納付状況が詳細に記載されている。その記載形式は次のようである。(12)

【史料二】

A

一　①東かちや大夫　②同三郎太郎

B

七月三日　五百文　夫銭　三郎太郎
同日　三百文　桑代　同人
同日　五百文　夫銭　大夫
七月十二日　三百文　桑代　大夫

C

三升七合五夕　麦　三郎太郎
三升七合五夕　同　大夫

一つ書きの冒頭A①部分には多くの場合「東かちや大夫」「大町大夫」など、「大夫」あるいは「右近」「兵へ」「衛門」などの官途名をもつ名《な》が比較的大きく記され、その下②の位置に「同三郎太郎」「同彦太郎・又四郎」などと記される。そして内容はほぼ二〜三段に書き分けられ、多くの場合、一段目二段目（【史料二】B）が夫銭・桑代・公事銭についての記載、三段目（【史料二】C）が麦についての記載となっている。夫銭・桑代・公事銭・麦についての記載は「日付・額・人名」がセットで記されており、「永正細帳」にはこのような一つ書きが、合計三六単位書き上げられている（表2）。一つ書きで書き分けられた単位は、「天文納帳」との関係でみれば、片山氏の収取単位としての百姓であると考えられる。

しかし先に検討したように、「天文納帳」は片山氏による年貢公事収取台帳であったとみられるが、「永正細帳」は、それとは明らかに性格が異なった帳簿であることがわかる。それは「永正細帳」の特徴は「日付・額・人名」がセットで書き上げられていることで、この詳細な日付や額の書き分けの様子から、「永正細帳」の記載が、現実の納入状況を記録したものであることがうかがえるためである。つまり例示した【史料二】でみれば、A「東かちや大夫」「東かちや三郎太郎」がその単位の納入者として、七月三日には大夫が夫銭五〇〇文、三郎太郎が夫銭五〇〇文、桑代三〇〇文を納入、七月十二日には大夫が桑代三〇〇文を納入しているとみられるのである（例示した【史料二】の場合、麦の納入日付は記載なし）。もう一つ例をあげよう。

【史料三】

A　一　しらつ大夫

B　七月二日　百八十文　五郎太郎大夫

C　六月十八日　五升　麦　又三郎

表2　「永正細帳」に記載された納入単位と納入者

	納入責任者		その他の納入者
1	萩尾蔵大夫		三郎二郎大夫・中嶋三郎二郎
2	東かちや大夫	同三郎太郎	
3	大町大夫	同彦太郎・又四郎	刑部
4	むろや大夫	同五郎四郎	彦七・大畠二郎九郎
5	むろや又五郎大夫	衛門五郎・彦二郎	田尻二郎太郎
6	ト蔵分		太郎大夫・孫三郎・三郎五郎
7	太郎大夫		弥太郎・九郎太郎・下二人こん／ふう
8	西かちや	同太郎二郎	谷方・弥九郎・西弥太郎
9	中野太郎三郎		栗ヤタ左近
10	門大夫		田尻大夫・又二郎
11	田尻五郎大夫		右近
12	かふし大夫	はき分大夫・二郎太郎	
13	岡下衛門		
14	下野三郎五郎	同孫三郎・同太郎大夫	弥太郎
15	かせ太郎四郎		五郎三郎
16	東をん五郎三郎		
17	新右衛門方		新五郎方
18	大溝田新右衛門方		むかい殿・弥太郎
19	田渕方		四郎兵衛へ方
20	大溝田四郎兵へ方		弥八方
21	ひろせ太郎三郎		岡太郎三郎・刑部・草太郎三郎
22	鬚谷太夫		助
23	打ちこし大夫		四郎三郎・兵へ
24	しらつ大夫		五郎太郎大夫・若大夫・又太郎大夫・又三郎・衛門三郎大夫
25	しらつ三郎五郎	二郎太郎	
26	鬚山右近		又二郎
27	角大夫		
28	栗やタ右近		弥三郎・左近
29	湯心右近	八郎	
30	馬場弥二郎		
31	中村こんや		
32	竹内三郎太郎		
33	大畠兵へ		
34	さゝや兵へ二郎		
35	中間四郎五郎		
36	古殿大工		

同日　三百文　若大夫
七月二日　弐百文　又太郎大夫
同日　五百五十四文　大夫
七月三日　百五十文　五郎太郎大夫
七月九日　十一文　大夫

七月五日　六升　同　衛門三郎大夫
七月二日　五升　同　又太郎大夫
七月十二日　九升　麦　五郎太郎大夫
五升　麦
以上三斗　此内一斗右近分引

D

以上一貫四百文　此内五百文桑代　百文右近分ニ引　八百文　夫銭
皆済

この例では、Aには「しらつ大夫」の名《な》があり、Bは銭、Cは麦の納入状況が記される。Aには「しらつ大夫」の名《な》しかみえないが、B・Cをみると、五郎太郎大夫・若大夫・又太郎大夫・衛門三郎大夫が、日毎に銭と麦を納入している状況がうかがえる。Bの銭を合計すると一貫三九五文となり、Dの「以上一貫四百文」と近似することから、Bで五郎太郎大夫等により日毎に納入された銭は、Dにみるように、桑代五〇〇文、夫銭八〇〇文として「皆済」されたこととなる。麦もまた又三郎以下が随時納入したものが合せられ三斗となり、おそらく「皆済」したものと考えられる（「右近分」については詳細不明）。

以上二つの事例、および「永正細帳」全体からは、次のようなことが看取されよう。

まずこの一つずつの単位は、A部分に大書された人名が、その代表であり納入責任者と考えられる。そしてその者を含む数人がその単位を構成し、随時、銭・麦を納入する。銭の納入名目は桑代・公事銭・夫銭で、【史料二】のように、あらかじめ決められた名目のものを納入する場合もあるが、【史料三】のように、集まった銭を名目別に振り分けている例もある。

A部分には、例えば【史料二】のように、納入責任者である「東かちや大夫」の下部に「同三郎太郎」という名《な》が記されている場合がある（表2№2～5、8、12、14、25、29も同様）。責任者の名が、先にも指摘したように「～大夫」「～衛門」などのいわゆる官途成りした名であるのに対し、その下部に記された者の名のりは「彦太郎」「又四郎」などの仮名《けみょう》である。このことからA部分に記されているのは納入責任者と、その跡を継ぐと目された者である可能性がある。さらにB・Cに記された名《な》をみると、ここには仮名の者と官途成りの者が混在している。つまりこれら納入単位を構成するのは、官途成りしたオトナと仮名のものが混在した、広い意味での「イエ」であると考えられる。さらに麦を納入している「下二人　こん　ふう」（表2№7）という記載からは下人の存在も確認できる。これらのものをも含み込んだ納入責任者が、領主片山氏からは「百姓」として把握された。

3　和知下荘の年貢収納

以上、「天文納帳」「永正細帳」の二冊の帳簿について、記載様式などを中心に検討した結果、この二冊の帳簿の性格の違いが明らかとなった。「天文納帳」に記されているのは、天文六年段階の、片山氏がその所領である和知下荘内百姓に賦課し収取すべき年貢・地子・公事、およびその百姓三八名の名《な》と在所の書き上げである。一方「永正細帳」の成立は「天文納帳」より三〇年ほどさかのぼり、内容としては、和知下荘の三六の百姓が納入する年貢公事について納入責任者ごとの一定の単位（複数の人間で構成されている）のなかで取りまとめられる状況が詳細に記載されているものである。つまり「永正細帳」は、年貢公事を納入するよりも一段階前の状態が記載されているといえる。

グラフ　「永正細帳」日付別納入件数

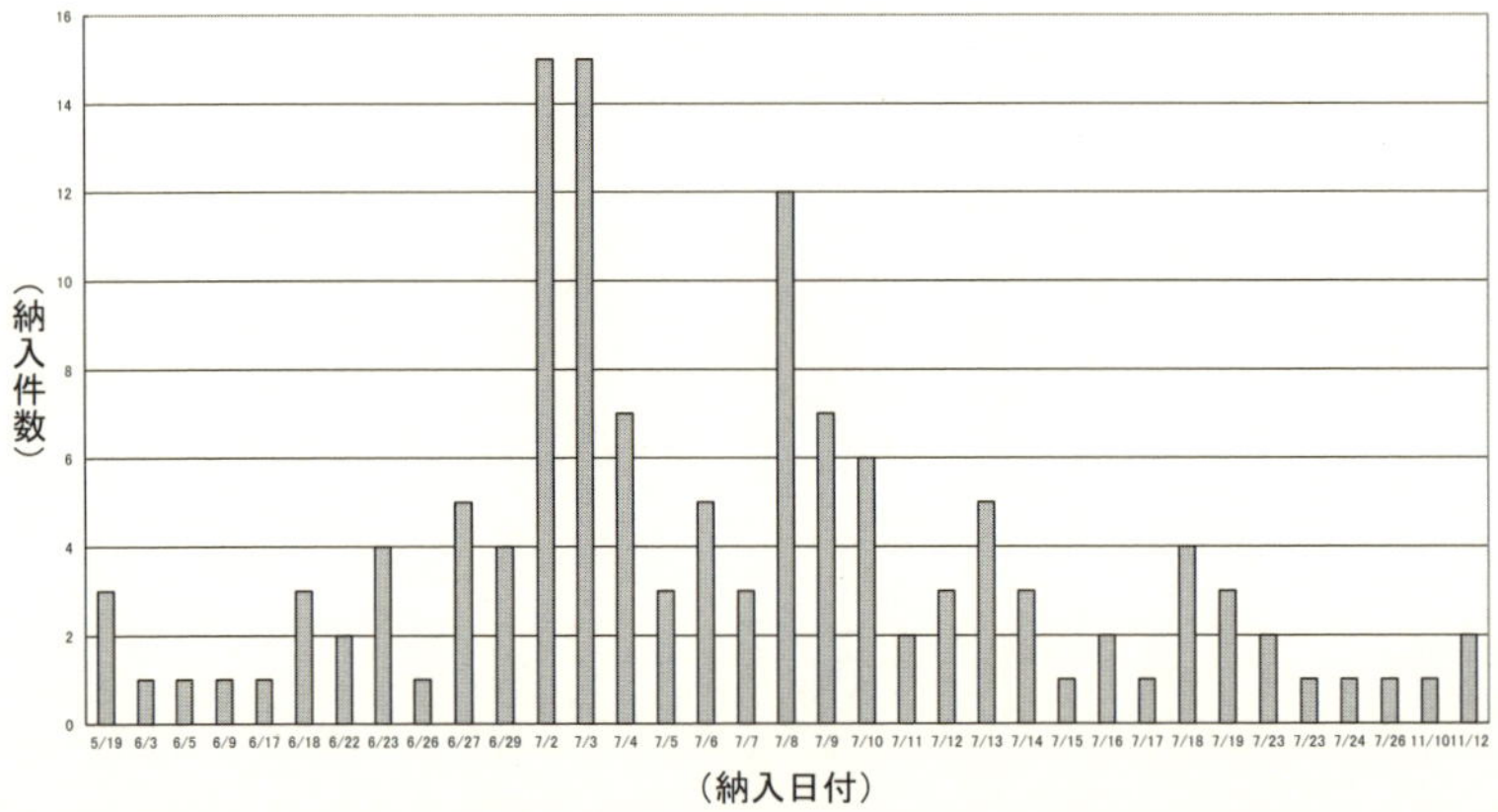

この二冊の帳簿の存在は、片山氏の収取の実際について考える材料を与えてくれる。

まず「永正細帳」は、表紙の六月吉日の日付が示すように、夏年貢についての帳簿であろう。そして先述のようにその記載の特徴は、各納入単位＝百姓ごとに、「日付・額・人名」がセットで書き上げられていることで、この記載が、賦課された年貢公事の現実の納入状況を示したものであることは間違いないだろう。

ここから年貢公事の納入の具体的な動きを考えてみると、例えば【史料三】のB・C部分には、その単位を構成する者が、六月十八日、七月二日、七月三日、七月五日、七月九日、七月十二日の六日間にわたり、さみだれ式に納入を行っている様子がみられる。この日付の示す意味をどのようにとらえたらよいのであろうか。「永正細帳」全体を通覧してみると、納入の日付は五月十九日から十一月十二日にわたり、ピークとなる七月はほぼ毎日、多いときは一日あたり十五件の納入がみられる（グラフ）。

このさみだれ式の納入状況は、いったい何の記録を示しているのであろうか。先に記載形式から、A部分に大書された人名がその単位の納入責任者であると考えた。ここから、各納入単位の構成員は責任者に対してそれぞれ納入し、それを責任者である百姓がとりまとめ、最終的に片山氏に納入するとみるのがまず妥当であろう。

しかし一方では、「永正細帳」が片山家文書中に存在している以上、この帳簿は領主片山氏の名のもとに作成されているとみてよいだろう。その領主が作成した帳簿に、なぜ責任者がとりまとめる前段階の詳細な状況が記されているのであろうか。片山氏にとっては、責任者からの年貢公事が定められた額納入されればよいはずで、本来不要と思われる納入以前のプロセスが記録されているということは、どのような状況を想定したらよいのであろうか。

ここでは史料中の日付記載に注目したい。「永正細帳」の日付記載は、原則的に各単位ごとに日付順で記載されている（例えば【史料三】B）。ところが、例えば【史料三】Cで七月五日が七月二日より前に記載されているように、日付順の原則が乱れている例が「永正細帳」のなかで数カ所確認できる。[13]このことから、「永正細帳」は、別にあった納入記録を元に、それを再構成して作成されたと考えられる。

入間田宣夫は鎌倉前期の高野山領備後国太田荘の収納法について「百姓は年貢をそれぞれ個々バラバラに弁済し、その都度、返抄を受けとる」と推定しているが、[14]和知下荘においてもこのような状況をうかがわれる。つまり納入単位を構成する者は、その責任者ではなく領主―具体的には政所であろう―に対して、個々バラバラに年貢公事を納入しているものとみられる。さらに同じ人物が数日に分けて納入している例もあり、あらかじめ決められた年貢公事額をまとめて納入するのではなく、年貢公事の額に達するまで小分けにして納入しているという状況をみることができる。しかもそれは、納入単位ではなく、その下部レベルでの個別の納入段階においてである。

そうであるならば、次には三六の単位ごとに書き分けられている記載様式との関係をどう考えたらよいかという問題が起きてくるわけだが、ここでは次のように考えておきたい。

まず下荘の年貢公事収納の状況を具体的に構成し直すと、片山氏による年貢公事の賦課は、永正段階では三六の納入単位に対して行われ、それぞれの単位には納入責任者とでもいうべき百姓と、さらにその下に数人の納入者がおり、納入単位を構成していた。その納入単位では、あらかじめ決められた納入額を責任者がとりまとめて納入するのではなく、構成者は責任者も含めて、納入単位ごとの既定の額に達するまで、構成者が個々バラバラに政所へ納めていたとみられる。

政所では、バラバラに納入される年貢公事に対して、その都度返抄を渡し、政所でもその控えを保存していたであろう。先の太田荘の例では、八月～九月に年貢額が決定し、百姓の弁済の後、翌年の六月に百姓が荘政所に召し出され返抄の算勘を受けるとされる。和知の「永正細帳」表紙には「永正十四年　六月吉日」とあるところから、この帳面に即してみれば、永正十三年の五月～十一月にこのようにして政所に納入された年貢公事の内容が、翌永正十四年の六月に帳簿に作成し直されたと考えられる。つまりバラバラに納入された年貢公事は、政所において改めて納入単位ごとに寄せられ、帳簿＝「永正細帳」に記載されたと考えられる。その際、各単位ごとに日付順に記載することを原則としたと思われるが、ところどころの書き損じが、先に指摘した日付順が乱れている部分なのであろう。そう考えると、各納入単位に大書されたAの百姓の名は、確かに責任者ではあったが、その単位の年貢公事の納入を全面的に請け負っているわけではなく、おそらく最終的に未進があった場合などに、はじめてその機能を発揮したのではないだろうか。

4　下荘の政所

前項でみたような年貢公事の収納が想定したとおりであるとするならば、その事務処理はかなり煩雑なものとなる。前項では太田荘の例にひかれて政所をその処理を行う場としたが、実際に和知下荘での政所についての直接的な史料はなく、唯一関わりが想定されるのが、次の史料にある「政所やしき」という地名記載である。(15)

【史料四】

（前略）

卅五代《は、の上》　四斗九升　小作　兵介
卅二代半《あミた堂の下》　四斗五升五合《いしかさこいも》　小作　三六
十七代《政所やしき》　二斗三升八合　同
以上畠四十九代半
此分米六斗九升三合

（後略）

この史料は前欠のため年月日等詳細は不明であるが、「政所やしき　十七代」その他を「三六」が小作していることがわかる。詳細は後述するが、この「小作　三六」は天正八（一五八〇）年に片山兵内から直接土地を預かり耕作していることが判明しており、「小作」という表現は片山直轄地を耕作することを表し、そうであれば「政所やしき」も片山氏が直接把握している地であることが考えられよう。少なくとも「政所やしき」という地名が、天正期までは存在していたことは間違いない。

　では、この「政所やしき」はどこにあったのであろうか。この点についても、当該期の史料は存在しない。ここでは次の二つの状況証拠を提示して、試案を示すにとどめたい。

　まず一つは『丹波志』(16)「安栖里村　片山氏」の部分にある、「①先祖ノ屋敷ハ在中ノ北ノ川辺ニ字ニ諏訪尻ト云所ニアリ、②一方ワ堀ニテ城郭也、先祖ノ除地ノ書アル故今ニ地頭よりノ除地也」という記述である。この記述は当時の片山伊衛門家（丁宣家）についてのものであり、傍線部①の、先祖の屋敷が「北ノ川辺ニ字ニ諏訪尻」にあったという内容を現地に即してみれば、国道二七号線から現在の和知川橋を安栖里に入った辺を現在「字須川尻《すがわじり》」といい、それ

はかつての片山伊衛門家の北側にあたる。「諏訪尻」と「須川尻」の音の相似を許容すれば、この辺りに片山家先祖の屋敷があったとされる場所があり、しかもそれは傍線部②「一方ワ堀ニテ城郭」であるという。現在の地形などからそのことをうかがうことはできないが、由良川辺に、堀をもつような、片山氏に関する建造物があった片鱗が記されている。今一つは、安栖里の和知川橋をわたったあたりは、かつて周囲より高くなった畠であったが、そこは片山氏本家のモトヤシキのあった場所だといわれているという現地調査で得た伝承である。[17]

この二つの伝承が示すものは、どのような史実が変容した姿なのであろうか。地頭片山氏の館は、中村にあった可能性が高い。[18]そうであれば、この安栖里の由良川に面した「モトヤシキ」を、かつての「政所やしき」＝下荘政所と考えることはできないだろうか。[19]仮にこの地に政所があったとすれば、荘の中央に位置し、たびたびの年貢公事の納入にも適当であろう。そして何より、由良川辺にあるという点が、次節で詳しくみるように、流通に依拠していたと考えられる下荘の生産構造にとって、都合のよい場所であるといえる。

二　百姓の生産と負担

1　片山氏の収取と下荘の生産

前節の検討から、「天文納帳」には片山氏が天文六（一五三七）年に和知下荘内の三八の百姓に賦課し収取しようとしていた年貢・地子・公事等と、その百姓の名《な》とについて記載されていることがわかった。和知における農業生産は、以下に述べるように、水田稲作を中心としない多様な畠作物・果樹・養蚕などが複合的に組みあわされたものである。網野善彦によれば、地子とは田畠・屋地などに対して領主が地代として賦課したもので、生産の場たる土地そのものからの収取物（「地」の産んだ「子」）という象徴性が込められており、[20]そのため地子は、山地子・塩浜地子などのように、生産の場そのものに賦課されることになるという。[21] また木村茂光によれば、古代以来存在した畠地が安定的な賦課の対象として把握されるのは十二世紀以降で、荘園制のなかで畠地二毛作がはじまり、十三世紀には一年に二度の畠地子の収取が一般的になっていくという。[22] そう考えれば、この「天文納帳」で地子を賦課されている大豆・麦・粟・胡麻・蕎麦・茶は現物で納められ、同時にこれら賦課対象になった産品は、当該地域の具体的な生産物であるとみることができる。

そこで本節では、「天文納帳」に記された多様な年貢公事について一つずつ検討を加え、和知地域での生産物の特徴を考えてみたい（以下№は表1と対応）。

①米

「天文納帳」では本年貢として合計五六石一斗一升を、№1～21、№28～31、№34～36の二八の百姓に対して賦課する。最も賦課額が多いのは№1名衆蔵甚四良への四石二斗、次いで№2名衆かとの太郎三郎への四石で、総じて「名衆」（後述）への賦課が高くなっているが、№12しらす中大夫、№14ひろせ大夫、№30新衛門方、№31藤太郎方は「名衆」に相当する額となっている。年貢は原則的に田地を基準に賦課され、この場合もおそらく各百姓のもつ田地の状況によって額が決められたものと思われる。また本年貢を賦課される二八のうち、名衆五名（№1名衆蔵甚四良・№2名衆かとの太郎三郎・№3名衆ひがしかちや太郎三郎・№4名衆十蔵太夫・№6名衆大まち五郎四郎）と№13うちこし衛門太郎には「井料」が下行されている（表1および【史料二】A⑤）。

片山文書中の年未詳の検注帳断簡に[23]「田方」「畠方」別にその在所・斗代が記され、また下荘内寺社の免田を書き上げた史料にも[24]「あみた堂田」「あせりくわんをん堂田」などの記載がみられ、ここからも、下和知に賦課の対象としての田地を確認することができる。

先にみた米を賦課された二八のうち、現在の小字名などとの類似から、そのおよその居住地が推定できるのは、№3

名衆ひかしかちや太郎三郎、No.4名衆十蔵太夫、No.5名衆むろ屋弥次郎、No.6名衆大まち五郎四郎、No.9なか野のきやふ、No.29下野源二郎（以上、安栖里）、No.14ひろせ大夫、No.15ひ氖谷兵衛三郎（以上、広瀬）、No.2名衆かとの太郎三郎、No.11門之四郎次郎（以上、角）で、現在の大字安栖里にとくに多く分布している（図1参照）。

『和知町誌　第一巻』によれば、由良川本流により三～四段の河岸段丘が形成され、和知下荘はその段丘上に展開している。そのうち大字安栖里では、由良川に沿った低位段丘、その後背には中位段丘が幅広く展開し、山添いには高位段丘がみられ(25)、耕地となり得る平坦地に比較的恵まれており、先にみた本年貢を賦課されたものが集中することとも関わりがあると考えられる。

現在の地形から、かつての用水体系については推定することしかできないが、段丘上に耕地を開く場合に、由良川から取水することはできず、むしろ山に刻まれた中小の支谷からの水を利用せざるを得ない。そうであれば必然的に、由良川沿いの低位段丘よりも山を背にした高位段丘上の開発が早くはじまるものと考えられよう。そうであれば、山沿いの高位段丘上に位置取ったNo.4十蔵、No.5むろ屋などは、相対的に早くから開発された場所といえるのではないだろうか。

②胡麻

「天文納帳」では、全体で一斗五升を、六名の名衆のみに各々一升五合～三升を賦課する。胡麻は灯油として商品価値のあった荏胡麻であろう。木村茂光は「某国弓削庄田畠検注帳」（傍点筆者）を種々の検討から「丹波国」と比定した上で、すでに平安期には、春蒔き秋収穫の夏作物としての荏胡麻が生産され、さらに秋蒔き春収穫の麦と同一の畠地に栽培される、畠地二毛作が行われていたことを指摘している(26)。近世に菜種が原料となるまで、荏胡麻が灯油などに使用する油の原料であったことはよく知られている。中世前期以来、朝廷や大寺社などが集中する一大消費地である京都や奈良の灯油市場を独占していた大山崎と符坂（奈良）の両油座の地位が、中世後期に至り、地元の荏胡麻生産と直結した新しい油商人の台頭により動揺しはじめたといわれている。(27) このように荏胡麻には商品作物としての一定の価値があると考えられ、片山氏による賦課が名衆に限られていることは、荏胡麻の生産・流通が、名衆などに集中してたという点で注目される。

③大豆

八割以上の二八名に対し、各々四斗八升〜五升、合計四石八斗二升二合五夕の賦課がなされる。突出した特徴がみられないことから、日常的な食料目的での生産が主かと思われるが、近世には丹波黒大豆が当地の特産物として出てくることから、商品化されていた可能性も残る。また、大豆も荏胡麻と同様、春蒔き秋収穫の作物であり、麦との二毛作の可能性も考えられる。

④麦

「天文納帳」では一七の百姓に対し六升〜二斗が賦課され、合計二石一斗一升七合五夕となる。名衆六名は全員負担するが、一名あたりの額はむしろ多くない。突出した賦課がなされないところから、日常的な食料目的での生産が主かと思われる。麦は、荏胡麻・大豆と異なり、先述したように秋蒔き春収穫の冬作物であり、荏胡麻・大豆などと組みあわせての、畠地二毛作が行われていた可能性がある。

⑤栗

「天文納帳」では五名の百姓に賦課されている。No.3ひかしかしや太郎三郎を除いては、いずれも公事銭を負担しない百姓に賦課され、合計四斗七升の賦課となる。

栗は古代より栗林として検注の対象とされ面積で掌握されたが、その果実に対して賦課されていたという。(28) 食料としての利用のほか、朝廷や権門勢家においては、供物などとして重要な貢納物であった。(29) 鎌倉前期には内蔵寮の丹波栗供御人が丹波国の広い範囲に散在し、(30) 京都にはその流れを汲む丹波屋という商人がいたといわれている。(31) 天文期の栗の生産についての詳細は不明であるが、当地域では、天正期には豊臣政権が栗に賦課していることが知られ、(32)その後近世の薗部藩も栗に賦課し、また寛永期の丹波の産物として「父打栗《てうちぐり》」、天保期の和知の産物「大栗」などの存在から、当該期に自家用以外の一定の栗生産が行われていたことを推定させる。(33)

⑥蕎麦

「天文納帳」では一一名の百姓に各々一斗～二斗五升、合計一石六斗七升が賦課されている（№7、№21・22、28～35）が、専ら記載順位が下位のものへの賦課となっていることが特徴的である。鋳方貞亮によれば、蕎麦は他の雑穀と異なり、古代以来当初から国家の祭祀・租税との関わりをもたない穀物であり、また社会上層のものが口にすることのない、専ら民衆の食料であったといい、その生産は、古代以来「土の沃瘠を択ばず」という。(34)そのような蕎麦の属性や、蕎麦を賦課される一〇名の百姓の記載順序が下位であることなどを考えあわせるならば、この一〇名の百姓の生産量は大きくなく、新開発された土地などであった可能性も推定できる。

⑦茶

「天文納帳」では№35の一名のみへ一斤の賦課にすぎない。ただし寛永期には丹波の産物として「煎茶《せんじちゃ》」があり、また天保期の和知の産物としての「茶」がある。(35)また薗部藩が茶年貢を賦課するようになるところから、当該期にも一定量の生産が想像される。

⑧桑代

「天文納帳」によれば、桑代は銭納で、三八名中三一名つまり八割以上の百姓が負担をしており、合計八貫五一〇文の賦課となる。№1名衆蔵甚四良が最多の一貫文、次いで№13うちこし衛門太郎が八〇〇文と続く。負担額を大別すると、№1～6の名衆が四〇〇文～一貫文、その次位に記載される№7～14が一〇〇文～八〇〇文、それ以降の記載分が三〇文～三五〇文、全く負担しないものの四グループとなる。

網野によれば、桑は荘園公領制下においては本数で検注され「桑代（くわしろ）」という名目で賦課された。十三世紀に入ると銭納化がすすみ、十四世紀には銭納が普通になっていくという[36]。

和知においては時代は下るが、天正十九（一五九一）年に上和知の九条家領の「諸物成」として、「くわ代わた　二貫一八二文一分」が賦課され[37]、さらに近世薗部藩へも「綿目」あるいは「桑役」として引き継がれ、小物成のなかの最高比率で賦課されたという[38]。また、十七世紀中頃に出版された『毛吹草』には、丹波国の産物として「和智糸」があげられている[39]。

以上のことから当該期、桑の栽培・養蚕・製糸が、当地域の生産に大きな位置を占め、流通と大きな関わりをもっていたであろうことが推察される。

⑨公事銭

「天文納帳」によれば合計二四貫八九六文が一六の百姓へ賦課される（№1〜15、№23）。その賦課の仕方には特徴があり、「名衆」の肩書きをもつ№1〜6の百姓へは均等に各々一貫九一六文、名衆の次位に記載される№7〜14の八名の百姓へは均等に各々一貫六〇〇文、№15へは四〇〇文、№23へは二〇〇文と、賦課額に一定の基準と格差がある。また二二の百姓への公事銭賦課は行われていない。つまり公事銭賦課は、三八の百姓を、①一貫九一六文を負担する「名衆」グループ、②一貫六〇〇文を負担するグループ、③二〇〇文から四〇〇文を負担するグループ、④公事銭を負担しないグループの四つに大別してなされていたことがわかる。この公事銭については後に詳しく述べるが、「永正細帳」には片山氏賦課の公事銭のなかに夫銭[40]も含まれており、夫銭も含めた公事の代銭納であったことを指摘しておきたい。

以上、「天文納帳」にみられる片山氏の和知下荘百姓に対する賦課をまとめると、年貢五六石六斗一升、桑代八貫五一〇文、公事銭二四貫八九六文、そのほか多彩な地子（胡麻・大豆・麦・栗・蕎麦・茶・米のほか桑地子・地子銭）

となる。そしてこれらの年貢・地子は三八の百姓に対し、品目別に割り振られていた。

ところでこの「天文納帳」には何カ所かの異筆の書き込みがあり、そのうち№13の部分には「天文十四より」とある。このことから「天文納帳」は作成された天文六年以降も使用、参照されていた可能性が高い。そしてこの「天文納帳」は、実際に収取された内容を記載しているのではなく、下和知荘の一定の現実を反映しながらも、その上で片山氏が実現を志向する賦課内容であったと考えられる。

そう考えた場合、この「天文納帳」が「天文六年七月九日」という時期に作成されたことの意味も検討しなければならない。先に検討した「永正細帳」には麦・桑代・夫銭・公事銭の納付状況が詳細に記載されている。日付のあるものに注目すると、五月十九日から十一月十二日の約半年にわたり、とくに七月に八割近くが納入されていることがわかる（グラフ参照）。

木村によれば、平安中期・後期には冬作麦が一般化しており、秋八・九月の播種、三・四月の収穫、五月の乾燥・検注帳の作成、六月領主への納入、という作業過程をとるという。また桑代は、先述のように、おそらく真綿など養蚕関係に賦課されたものとみられ、採桑も加えて四・五・六月が養蚕のピークであったという(41)。つまりこの和知地域でも、麦作・養蚕はいずれも四～五月に収穫期を迎え、それ以降、とくに七月をピークとする時期が進納の時期であったとみられる。「永正細帳」の「十一月十二日衛門五郎」納付分には「但夏分」との注記がみられることからも、当地域では畠地子（麦）、桑代は「夏年貢」であったとみられ、畠作を主体とする当該地域では、領主にとり、この夏年貢の進納こそが、年貢収取の最も重要な機会であったはずである。

以上のことから、この天文六年七月九日に作成された「天文納帳」は、片山氏による年貢公事収取の基本台帳であったと位置づけられるが、そこには当該地域の生産実態が大きく反映しているものと考えられる。

その生産の特徴の一つは稲作、多様な畠作物・果樹・養蚕などが組みあわされていることであろう。一般的に、夏のはじめに麦、その後夏に養蚕のピークを迎え、荏胡麻・大豆・栗などは秋に収穫され、米はそのあとに続き、秋まきの蕎麦は冬のはじめの収穫となる。一名の百姓に対して二～三種類の地子が賦課されていることからも、下和知全体の生産だけでなく、百姓単位の生産もまた複合的な構造となっていたことが推測できる。この点については次項で詳しく検討したい。

今一つの特徴は、養蚕・荏胡麻に代表される、流通を前提とした換貨作物の存在である。詳細は不明ながら、少なくとも養蚕については、桑を育て蚕を飼い、生糸あるいは真綿を生産し、それを売っていたからこそ、「桑代」が銭納であったといえるのであり、和知は地域の商品流通を前提とした社会構造の中に位置づいていたと考えられる。

2　生産単位としての百姓

「天文納帳」の記載から、片山氏の賦課および下和知荘の農業生産について考えてきたが、本項では、「天文納帳」にみられる一人ひとりの百姓の生産もまた複合的な構造となっていたことをみていきたい。

片山文書の次の史料に注目したい[42]。

【史料五】

□(ひカ)ろせ分　従是前ニ六三三《ミミ》六かたへ分

一田六十かりあり、此内より年貢五斗二升二合五夕

一畠　大豆壱斗壱升□□□、茶四百文かほとあり、桑三百文かほとあり、かこ百文かほとあり、栗・かきハ料足ニ成ほとハなし、此内より夏秋ニ三百卌文地子六升納也、三分一の成道取らすニ、田壱石壱斗代、畠あミた堂の下一反いかさこのいつしき分　きた中ニ少なる物かりくつし、栗共ニ其上林《あけくり少あり》たうけを□(衛カ)テ、畠の上のかことらせ候、非奉公無沙汰ニハ、永々不可有相違候、為後日しるし置候、三まち田大草ニ在山畠をうけて預候、

右、

天正八三月十六日　　　　　　　　　　兵内在判

三六かたへやる案文

これは天正八年に、片山兵内が広瀬分を「三六かた」に預けた内容を示すものである。「三六かた」が預かったものは、田六〇刈、畠については、大豆（一斗一升）、茶、桑、かこ（楮）[43]、果樹は栗、柿があった。負担については、田から年貢五斗二升二合五夕、畠からは夏秋に三三〇文、地子六升があった。また茶、桑、楮についてはそれぞれ「料足」[44]、つまり銭に換算されており、栗・柿については「料足ニ成ほとハなし」というのである。つまりこれらの畠作物・果樹については、銭と交換することが前提となっていることがわかる。

片山兵内は「天文納帳」を作成した片山隆康の子康元で、天正八年～慶長五（一六〇〇）年に兵内と名乗り、天正三年以前に明智光秀の被官となり、天正九年には中村・安栖里村を所領としていたことがわかっている[45]。宛所となっている「三六かた」は、田や畠があり桑・楮・栗・柿などの果樹が植えられた、多様な産物を生産することのできる生産の単位を片山兵内より預かり経営することになったと考えられる。「三六かた」を「天文納帳」の百姓と同様の身分としてよいかどうかについては留保せざるを得ないが、少なくとも一つの生産経営単位としての規模、内容については、百姓のあり方を考える際の参考にはなろう。

「天文納帳」にみる各百姓の負担額・負担内容は、それぞれ百姓の経営規模・経営内容に応じていると考えられ、規模の大小、内容の差異はあるが、和知下荘の百姓は、田地・畠地など、それぞれが位置取った在所の立地や地味に応じた多様な産物を生産し、流通を含む経営を行う存在であったと考えられる。

三　和知下荘の構造と名衆

そもそも和知荘は仁和寺領として承平六（九三六）年に立券され、その後、片山広忠が承久四（一二二二）年に地頭に補任、弘安五（一二八二）年には仁和寺との間で下地中分が成立し、下荘は片山氏が領有することになった。これらの経緯については、櫻井彦、蔵持重裕の研究がある[46]。本節では、残された史料から下荘内部の構造を明らかにしつつ、在地にあってその地を支配した地頭片山氏と在地との関係を考えていきたい。

1　下荘の名

永正二（一五〇五）年に出された次の史料がある（記号は筆者）[47]。

【史料六】

和智下庄差出之事

合

A　蔵ノ名半分

一　[a]弐石壱斗　名分

[b]弐石五斗　同一色分

B一　同蔵ノ名半分

[a]弐石壱斗　田尻名分

C（後筆）「一　壱石　同人一色分」

D一　参[a]石五斗　新衛門尉方
　　[b]壱石五斗　めか谷分《同人》
E一　七斗　衛門《東のの》
F一　弐石壱斗　井本分
G一　七斗　門分
H一　壱石九斗　大《下野ノ》夫
I一　九斗　かもん《「とうせん」》
J一　三石五斗　此内一斗いねみそ引　かち屋名
K一　三石五《壱》斗五升　大まち名分
　　八斗四升　一《「同人」》色分
L一　三石壱斗五升　むろ屋名
M一　弐石六斗「壱石六斗」　西かち屋分
N一　二石　太郎大夫《「大かめたに」》
O一　三石五斗　とくら名分
P一　四斗　中野分

永正弐年三月廿日

この【史料六】が作成された永正二年の二月に、片山助次郎[48]（弾正衛門尉）は和知下荘の出野分・沢田分・才原分・広野分を除いた分を細川政元から本領として安堵されており[49]、和知下荘「当所名主百姓中」宛に、年貢諸公事物等を厳密に沙汰すべし、との奉者斎藤元右よりの判物が出されている[50]。この動きは【史料六】と密接に関わるものと考えられる。【史料六】は宛所を欠くが、細川政元による所領安堵の約一カ月あとに出されていることからみて、この指出が、安堵を受ける側（この場合片山氏）が事前に提出する領主指出ではなく、[51]本領安堵とはいえ改めて支配を開始した片山氏が、支配開始にあたって「名主百姓中」から徴したものと考えられる。[52]

この史料から、当該期の下荘の構造をある程度知ることができる。【史料六】では一五箇条（A～P、但しCは後筆と思われるため除外する）が書き上げられているが、そのうち波線を施したA蔵ノ名、Jかち屋名、K大まち名、Lむろ屋名、Oとくら名の五つは、いずれも「～名」と称されており、下荘が名に編成されていたことを物語る。そしてここに記載されている数値は、負担すべき本年貢額であるとしてよいだろう。

この名についてみていくと、まず蔵ノ名は、この時点では「蔵ノ名半分」とあるように、二つ（A・B）に分かれている。蔵ノ名の石高を合計（一色分を除く）すると四石二斗となり、元来最も大きな名であったことが知られる。そしてAは二石一斗のa名分にb一色分がつけられ、合計四石六斗となっている。Bは二石一斗が名分で、これは「田尻」という人物が請け負っているらしい。それは後筆のCに「壱石　同人一色分」とあるからで、この「同人」とは「田尻」のことであろう。[53]ここにも一色分とあり、元来、地頭直属地としての一色田を名に配分したものかと思われる。

Jかちや名は三石五斗で、そのうち一斗は「いねみそ」（稲溝カ）として下行される。

K大まち名分、Lむろ屋名はともに三石一斗五升だが、K大まち名は「同人一色分」として八斗四升がつけられている。Oとくら名分は三石五斗で、Jかちや名と同額である。

以上から、下荘の五つの名は、蔵ノ名四石二斗（二石一斗ずつ）、かち屋名・とくら名が各々三石五斗、大まち名・むろ屋名が各々三石一斗五升で構成され、一色分は蔵ノ名と大まち名につけられており、全体で二一石八斗四升であったことがわかる。

以上の五つの名以外は「～名」という呼称ではなく、〝地名分〟（例・中野分）、〝地名＋人名〟（例・大かめたに太郎

表3　名別年貢負担
（史料6より作成、単位：斗）

A・B	蔵ノ名	42.000
J	かち屋名	35.000
O	とくら名分	35.000
Da	新衛門尉方	35.000
K	大まち名分	31.500
L	むろ屋名	31.500
F	井本分	21.000
N	大かめたに大郎大夫	20.000
H	下野ノ大夫	19.000
M	西かち屋分	16.000
Db	新衛門尉方めか谷分	15.000
I	とうせんかもん	9.000
E	東のの衛門	7.000
G	門分	7.000
P	中野分	4.000

大夫）などの記載となっている。そのなかで最も大きなものはD新衛門尉方で、これはａ三石五斗とｂ一石五斗（めか谷分）の二つからなっている。ａは元来の単位で、ｂは一石五斗という規模や「めか谷分」という記載から、新たな開発地であった可能性もある。

表3は、【史料六】をもとに一色分などあとからつけられたものを除き、分割された蔵ノ名を元の形に戻して、本年貢額の順に並べ替えたものである。これによれば、蔵ノ名の四石二斗を筆頭として、かち屋名・とくら名・新衛門方が各々三石五斗、続いて大まち名・むろ屋名が三石一斗五升とならび、つまり新衛門方を除いては「名」の本年貢が上位を占めていることが看取され、ここから、下荘が元来この五つの名に編成された荘園であったことが推察される。そして「名」以外のものは、その後の開発等で随時成立、増加していった、いわゆる「新名」と考えてよいであろう。

一方、規模は名レベルでありながら「名」とされないD新衛門尉方については、他に明確な史料がない。あるいは片山の庶流のものとも考えられるがこの点は後考をまちたい。

以上の検討から、永正二年の段階において、下荘は五つの本名と九つの新名から編成され、本年貢合計は三七石一斗四升であり、それらはまた下荘「名主百姓中」という一定のまとまりを、それ自体で有していたとみられる。

2　代替わりの指出

次に、年未詳である次の史料をみたい。(54)

【史料七】

上はの長□□（之事カ）

合

一 五百文　蔵名分
一 五百文　田尻分
百文　一《同人》色分
一 百文　井本分
一 八百文　門ふん
一 百六十二文　新衛門尉方
一 弐百文　三郎衛門方
一 百文　兵へ
一 五十文　五郎太郎《おこふん》
一 三百文　東かち屋
一 四百文　大まち
一 四百文　むろや名
一 百八十文　西かちや
一 弐百文　太郎大夫《大かめたに》

一　三百文　　　　とくら名
一　五百文　　　　中の分
一　八十一文　　　五郎四郎
一（茶五本分）　百文　　　のかいち
一　五十文　□□　　とうせん
（異筆）「い上五貫廿八文か」

事書に「上はの長□□（之事カ）」とある。「上は」とは「上葉」、すなわち桑の葉のことであり、事書は「上葉之帳之事」となる。網野によれば上葉畠は史料上、若狭・丹後・但馬など日本海岸の諸国に見出され、これが桑畠であり桑の葉そのものを弁進する畠であるが、鎌倉期以降代銭納されるようになるという。[55]以上からこの史料は、上葉つまり桑の葉の貢進分についての書き上げで、すべて銭納であったことがわかる。これはおそらく先に検討した天文期の桑代に連なるものと考えてよいだろう。

そして【史料六】と比較すると、書き上げの数について【史料六】が一五、【史料七】が一九と異なるものの、【史料六】で出てくる五つの名はすべて【史料七】に出てきており、そのほかの新名も、【史料六】E東のの衛門、E下野ノ大夫だけが【史料七】に対応するものがないだけである。ここから、【史料七】と【史料六】とほぼ同時期、すなわち永正二年の片山氏の代替わりにあたって徴された指出の一つではないかと考えられる。

藤木は、領主の代替わりにあたって村がその多彩な収納の先例申告を指出というかたちで行い、それを「村の側からする代替わりごとの諸権利の確認行為」と述べている。[56]【史料六・七】は、永正二年の細川政元による片山助次郎の下荘安堵に呼応する指出であり、片山氏に対する下荘名主百姓側からの収納内容の申告と位置づけられるのではないだろうか。こののちの「天文納帳」において、本年貢と桑代・公事銭・地子がそれぞれ別に項目立てされていることは、永正の時点で本年貢と上葉（桑代）が別立てで申告されていることと関わるであろう。つまり今は失われているが、永正二年段階での公事銭と地子の指出も存在していた可能性があるということである。

3　下荘への下行

下荘名主百姓側からの指出に対して、地頭側からの下行はどのようになっているのであろうか。下行については、後欠・年未詳の次の史料(57)がある（記号は筆者）。

【史料八】

下庄下行（ママ）長之事

合

a i 正月御せちのはん
人別五合宛

a ii 九月九日同ことく

A □（一カ）　四石六〈二〉斗　　正月入目

a iii 此内十一月四日ゑひす米三升

B □（一カ）　四石八斗　此内　　九月九日入目

b i さるかくかたへ さけ八升

b ii 壱斗三升しゆりや 同 八升

b iii 壱斗三升一御こ

b iv 壱斗三升二御こ

b v いて二四斗

b vi さるかく二四斗

C □（一カ）　四斗　　三月三日入目

D □（一カ）　四斗　　五月五日入目

E □（一カ）　八斗　　夏蔵付入目

F一　四斗　　秋蔵付入目
G一　五升　本庄中のゝ林　しろもちい米　西下さへもん
H一《御ミや》九月八日夜　さけ三斗　米一升　大かわらけ　廿　かわらけ　卌
I一《御ミや》九月十日　さけ二斗　米一升
J一《かり屋へ出》九月九日十日　さけ二斗つゝ八升　折二かう
K一　定使下用　弐石壱斗六升
L一　五升もちい五まい　五人しょく人(58)
（後欠）

事書に「下庄下行長(帳)之事」とあり、下荘に対する下行についてA～Lの一二の項目が書き上げられている。後欠で年号を欠く史料であるが、少し詳しくみてみよう。

まずA～Dは節供に際しての下行である。Aは「正月入目」つまり正月の費用四石二斗である。そのなかから支出するａｉ「正月御せちのはん　人別五合宛」は「正月御節の飯」のことと思われ、片山氏の館へ正月の礼に行った百姓への饗応ではないだろうか。藤木が検討した若狭の例では、刀禰・百姓らが正月十一日に「地頭殿様」へ「御礼」に行き、七合食・汁・菜などが供されている(59)。ａⅱは九月九日の節供の饗応も正月と同様に行うという註記であろう。ａⅲの「此内十一月四日ゑびす米三升」については、正月下行分の四斗二升のうち三升分は「ゑびす米」からのものであるということであろうか。

ついでB「四石八斗」は九月九日つまり重陽の節供にあたっての費用で、そのなかからｂⅰ～ｂⅵを支出するという註記がある。九月九日は後半のH～Jをみると「御ミや」の祭礼日にあたっており、ｂⅰ「さるかくかたへ　さけ八升」はその祭礼で翁猿楽を演じた二人に対して酒を各々八升遣わしたということであろう。猿楽についてはｂⅵでも米を四斗下行している。bⅱ「壱斗三升しゅりや」は仮屋の修理に関わるか。bⅲ・bⅳの「御こ」については、応永二十八（一四二一）年の八幡宮への片山重親寄進状(60)に「此内御せつくにわ、ミこ神人にて御かくらをまいらせ候へく候」とある。下行帳の「一御こ」「二御こ」も節供に神楽を奉納したものかもしれない。

bⅴ「いて二四斗」は「射手」に対する下行であろう。坂原の阿上三所神社の祭礼では近年まで、設けられた馬場までの神輿渡御に先立ち、乗馬の青年が九つの的を射駈ける流鏑馬風の「馬ノリ」神事が行われていたという。あるいはこの「射手」も、そのような神事に関わるものかもしれない(61)。以上Bは、九月の節供で、同時に「御ミや」の祭礼でもあり、そのための費用が下行されている。

C三月三日（上巳）、D五月五日（端午）、はそれぞれ四斗の下行と少ない。節供のなかでも正月と九月が重要であることが知られる。

E・Fは夏・秋の年貢収納に対する下行である。「秋蔵付」よりも「夏蔵付」の方が多くなっているのは、第一節でみたように、当地域では畠地子・桑代など夏年貢の方が主であったためであろう。

Gで白餅米五升を下行されている「本庄中の、林」は、和知上荘内の「本庄」（天正期には「本庄村」(62)）の人物かと思われるが、「西下さへもん」については、人名ともに詳細は不明である。

H～Jは「御みや」の祭礼にあたっての下行である。この神事祭礼は、九月八日夜に「御みや」で宵宮祭、九日に神幸があり「かり屋」での神事が執行され、十日は「かり屋」での神事ののち「御みや」へ還御する、という次第である。その九月八日の宵宮では、酒三斗・米一升・大かわらけ二〇・小かわらけ四〇が下行されている（H）。九日・十日の「かり屋」での神事には「さけ二升」・「つつ八升」・「折二かう（合）－折箱にいれた酒の肴(63)」が下行され、「御みや」への還御後の神事へは酒二斗、米一升の下行（I）がなされている。

Kでは定使への下用分として「弐石壱斗六升」という大きな額が計上されている。この定使が下荘においてどのような役割を担っているのかについては、他に史料がない。多くの場合荘園が遠隔地にあるため、定使は領主の使いとして下向し、現地にいる荘官等と年貢の収納を行ったと考えられている。(64)しかし片山氏は下荘に在荘している領主であり、遠隔地に赴く使いとしてはその必要性がないといえる。一方片山文書中には、公文・沙汰人など荘官はみあたらないことからも、先に検討した下荘政所で年貢公事収納の実務にあたるものがこの定使であった可能性がある。第一節で触れたように、「天文納帳」には「取立の侍」として「北久大夫」「大町茂大夫」の名が記される。大町茂大夫はおそらく大町名の流れをくむ名衆であり、百姓である。つまり、百姓が「取立の侍」とされていたわけで、年貢収取の実務は実際は百姓が行っていたことになる。そうであるとすれば「取立の侍」＝定使の可能性もあり、「定使下用」が下荘百姓に対して下行されていたものと考えられる。

　以上「下庄下行長(帳)之事」について検討してきた。年代は不明ながらここに記されたのは領主片山氏の下荘に対する下行の書上げとみてよい。それらは、正月・三月・五月・九月の節供に際しての下行、夏・秋の年貢収納時の下行、「御みや」祭礼にあたっての下行などであり、片山氏の下荘支配の一端がみえるものである。

　つまり、片山氏による節供・祭礼への下行は、下荘へ賦課された年中行事用途としての公事に対応するものであり、夏・秋の蔵付への下行は地子（年貢）の賦課に対するものである。

　そしてとくに祭礼については、猿楽、弓矢の神事（歩射か流鏑馬か）、神楽などが行われ、仮屋が建てられそこへの神幸があったことが知られ、おそらくその執行にあたっては、公事夫役の負担を通しての、百姓の参加があったことは間違いない。

　藤木は越後の在地領主に伝わる「色部氏年中行事」を分析するなかで、色部領鎮守の秋祭りにおいて、領主一族や家臣などにより執り行われる「御的」「相撲」などの神事のための公事夫役が六人半名の御百姓に賦課され、同時に領主側の規式による御百姓からの「御はつほ」の鎮守社への献上が、色部領域で新穀の収穫を祝う「領主の主導するもっとも公式の、報賽の神事とされていた」ことを明らかにしている。[65] つまりこの片山による祭礼への下行の背景には、祭礼の執行者が片山氏であり、その神事祭礼のための公事夫役は百姓に賦課されるという事実があり、その百姓の神役勤仕に対する下行がここに記されているものと考えられる。

4　公事と名衆

前項の検討では、片山氏の下荘下行は、節供などの年中行事や神事への、百姓の勤仕が前提であると考えた。荘園制下の公事は領主の行う年中行事費用を荘民が負担し、荘民はその負担、勤仕を通じて行事の体系に加わることになるシステムであったとされている。[66] つまり片山氏の場合にも、下行と相互関係をとる公事の存在があったわけである。「天文納帳」では三八名の百姓が年貢公事の負担者として位置づけられていたが（第一節第3項）、そのうち公事銭負担については先にみたように、各々一貫九一六文宛均等に負担しているものが六名、また各々一貫六〇〇文宛均等に負担しているもの八名、そのほか四〇〇文、二〇〇文の負担が各々一名あった（表1参照）。この公事銭負担の格差は何を物語っているのであろうか。

表4は、先にみた永正二年の指出（【史料六】。以下「永正指出」とする）と、「天文納帳」の一部を比較したものである。まず永正指出でみた下荘を構成する五つの名、蔵ノ名・かち屋名・大まち名・むろ屋名・とくら名は、「天文納帳」で一貫九一六文の公事銭を負担する「名衆蔵甚四良」「名衆ひかしかちや太郎三郎」「名衆大まち五郎四郎」「名衆むろ屋弥次郎」「名衆十蔵大夫」と、名の名称と本年貢額がそれぞれ対応していることがわかる。つまり「天文納帳」で名衆の肩書きをもち一貫九一六文の公事銭を負担する六名のうち五名が、永正二年の指出の名にその由来をもつということになる（「天文納帳」の名衆のうち「かとの太郎三郎」だけは永正指出の名が由来ではない）。

また先にも指摘したが、「天文納帳」で本年貢から井料を下行されているのは六名で、名衆のなかでは「永正指出」

の名に由来をもつ「名衆蔵甚四良」「名衆ひかしかちや太郎三郎」「名衆大まち五郎四郎」「名衆十蔵大夫」、由来をもたない「名衆かとの太郎三郎」、名衆ではない「うちこし衛門太郎」である。その後の変遷があったにせよ、「永正指出」の名体制がその後の基礎となっていることがわかる。

同様に、「永正指出」における九つの新名についてみると、H下野ノ大夫、M西かちや分を除く七つについて、本年貢も同様のまま、「天文納帳」に引き継がれていることがわかる（本年貢額も同じまま引き継がれている）。「天文納帳」で公事銭一貫六〇〇文を負担する八名については、半数が、「永正指出」の名にその由来をもっていることがわかる(67)。

永島福太郎は鴨社領摂津国長洲荘の例をあげ、「家屋敷（家構）の大小がなほ端的に冨或は家格を示して」おり公事もそれに応じて賦課されていたとする(68)。また勝俣鎮夫は公事について、公権力が賦課する家役は「一定の家建造物の

本年貢(斗)	井料引(斗)	桑代(文)	公事銭(文)
21.00	2.00	1000	1916
21.00			
40.00	2.00	400	1916
35.00	1.00	600	1916
35.00	0.50	600	1916
31.50		400	1916
31.50	2.00	400	1916
20.00		200	1600
16.00		270	1600
4.00		500	1600
21.00		100	1600
7.00		600	1600
33.90		500	1600
27.90	2.00	800	1600
34.00		400	1600
21.90		160	400
8.00		50	
19.00		100	
7.00		100	
13.00		100	
3.00		350	
		30	
		30	
		100	200
		100	
2.50		50	
13.00			
15.00		180	
35.00		100	
7.00			
9.00		50	
9.90		80	
		60	
		100	

表 4　永正指出と天文納帳　名・百姓対応関係

永正 2（1505）年指出

		本年貢(斗)
A	名分　　蔵ノ名半分　名分	21.00
B	田尻　　蔵ノ名半分　名分	21.00
D	新衛門尉方	35.00
E	東のの衛門	7.00
F	井本分	21.00
G	門分	7.00
H	下野ノ大夫	19.00
I	とうせんかもん	9.00
J	かち屋名	35.00
K	大まち名分	31.50
L	むろ屋名	31.50
M	西かちや分	16.00
N	大かめたに大郎大夫	20.00
O	とくら名分	35.00
P	中野分	4.00

→は対応関係を示す

天文 6（1537）年納帳

A	名衆　蔵甚四良
B	か村四郎二郎
	名衆　かとの太郎三郎
J	名衆　ひかしかちや太郎三郎
O	名衆　十蔵太夫
L	名衆　むろ屋弥次郎
K	名衆　大まち五郎四郎
N	こわ気　大上谷大夫
	くぬき三郎太郎
P	なか野のきやふ
F	いの本分　蔵　弥五郎
G	門之四郎次郎
	しらす中大夫
	うちこし衛門太郎
	ひろせ大夫
	ひ気谷兵衛三郎
	しらす次郎四郎
	しらつ又次郎
	孫太郎大夫
	せうし太郎五郎
	竹之内
	こん屋
	はゝ与次郎
	さゝ屋兵へ次郎
	ふる殿
	たふち
	田尻大夫
	二郎太郎分
	おかの下
	下野源二郎
D	新衛門尉方
	藤太郎方
	神主備後分
	平兵へ方
E	東野恵ゑもん
I	たうせん
	くせ野弥五郎
	中門分
	あせり弥兵衛方

基準をみたす「本家」にのみ課され、この家は「役屋」「公事屋」などとよばれた」とし、「この本家と認められた家に住み、その家建造物に課される家役を負担するものが、中世において、惣百姓、近世において本百姓とよばれた村の正規構成メンバーであった」と述べる。[69] 和知の場合はとくに公事屋（家）という名称をみることはできないが、「天文納帳」にみる公事負担の状況から考えて、三八名の百姓は公事をつとめる一六名と公事をつとめない二二名に編成されており、それは永正の段階で下荘の名として編成されていたか否かということと

深く関連するもので、同時に公事負担の格差は、永正段階で本名か新名かという差異に基づくということが明らかとなった。それは、片山氏が永正段階で把握した下荘名体制は、名主百姓中の指出に依拠していることからも、単なる抽象的な収取単位ではなく、在地レベルでの実際の富裕、家格といったものを反映したものであったと考えられる。

四　在地社会の寺社と地頭

前節でみたように、片山氏は下荘に対して、正月・三月・五月・九月の節供、夏・秋の年貢収納時、鎮守祭礼などにあたり多くの下行を行っていた。そこではこの背景に祭礼の執行者が片山氏で、百姓の神役勤仕に対して下行したと考えた。

この前提となる片山氏と和知荘内の寺社との関係は、十五世紀には形成されていたことが知られている。(70)応永二十八（一四二一）年五月二十八日、片山三郎左衛門重親なる人物は和知荘一宮に宛て、(71)六月二十四日には八幡宮に宛て、(72)相次いで寄進状を認めている。これらの寄進状からは一宮とそれに付随する薬師堂、尼寺、また一宮とは別の社として八幡宮の存在がわかる。

重親は一宮、薬師堂、尼寺へは仏神前の灯明油調達のための田地や修理田も改めて寄進している。尼寺では正月十四日に「おこない」（修正会）、春秋の彼岸等をはじめとする様々な法会も行われており、これら行事へも「よく〳〵た明をまいらせ候」と念を押している。

また八幡宮へも下地を寄進し、それにより神酒や読経（般若心経三巻、尊勝陀羅尼経二一遍、観音経一巻）する法師達への斎酒、節供のときの御子神人の神楽や供物（田楽、酒、白米、枝豆）などを怠らないよう細々と記している。さらに「しゆり田ハ（略）よく〳〵惣りやうもち候ハん物とりさた申へし」、つまり修理田については惣領がよく管理するようにとわざわざ記し、寄進状の最後には「しけちかかしそんとして、あとをつき候ハん物にをいてハ、このむねをちともちかへ候ハヽ、ふきやうの物とあるへし」との一文を添えている。つまり重親の子孫として跡を継ぐ者がこの寄進状の意趣を少しでも違えた場合には不孝の者とみなされるというのである。

　この一宮と八幡宮について松本保は、一宮は「当庄壱宮」との表現からも和知下荘鎮守社であり(73)、一方八幡宮は寄進状の末尾に記された文言の趣旨から「八幡宮への信仰を片山重親家の「家の行事」の一部と位置づけようとしている」と指摘し、八幡宮は片山氏の「家の祭祀」の拠点であったとする(74)。

　確かに八幡宮への寄進状は、その修理田の管理を物領の行うべき重要な義務として敢えて記し、加えて、細々とした八幡宮での法会や節供への指示をした上で、それを間違いなく行い続けることこそが正しい惣領のあり方であることを末尾に記すなど、寄進状という形を取った一種の置文ともいえる内容をもつ。その意味で八幡宮が片山氏の一種の氏神的な存在であったことは間違いないであろう。

　加えて松本は、先にみた【史料八】「下庄下行長之《（ママ）》事」にある「御みや」はこの八幡宮ではないかと慎重に示唆し、八幡宮は氏神的な存在でありながらも同時に地域社会に開かれた存在でもあったと指摘する。この点については、先にみたように片山氏の下荘への下行は下荘へ賦課された年中行事用途としての公事に対応するものであり、そう考えた場合「御みや」はむしろ一宮と考えた方が整合的であるが、いずれとも決め手がない。

　しかし重要なことは、応永段階には片山氏が下荘内の一宮、薬師堂、尼寺、八幡宮に対して手厚い寄進を行い法会や祭祀が十全に行われるよう整えていること、さらに下荘に対し、節供や祭礼など年中行事の費用を下行していることとにみるように、地頭・片山氏が和知下荘という地域を継続的に支配する上で、地域の寺社の経営と維持にことのほか心を砕いていることである。これは八幡宮の祭祀執行の継続に関して厳格な指示を物領の後継者に対して行っていることからも読み取ることができる。元寇で戦功をあげた竹崎季長が肥後国海東郷地頭として海東郷鎮守であった海東社を手厚く保護した事例を想起させる。[75]

以上、十六世紀の丹波国和知荘における片山氏の支配と、和知下荘の在地の実態をみてきた。片山助次郎（弾正左衛門尉）は永正二（一五〇五）年に細川政元より和知下荘を本領安堵されると、下荘名主百姓中から「指出」を徴し、下荘との間に相互に「諸権利の確認行為」を行った。その段階で和知下荘は、五つの本名と九つの新名から編成されていた。その後天文六年に助次郎の子・片山隆康（のち康隆）が一七歳で家督を継ぐと、「天文納帳」を作成した。この「天文納帳」も代替わりに伴う領主としての所領の確認行為の一つであり、この「天文納帳」が暫くの間基本的な賦課台帳として使用されていたものとみられる。

和知下荘の本名は、「蔵ノ名」「かち屋名」「大まち名」「むろ屋名」「とくら名」で、いずれも、蔵、町、室といった都市的・商業的な名《な》をもつことが特徴的である。そして天文期にはいずれも一貫九一六文と均等に公事銭を負担し「名衆」の肩書きをもつようになる。「かち屋名」「大まち名」「むろ屋名」「とくら名」などは、現在の小字などとの類似から、それぞれが集落として由良川南側の段丘上に、展開していたことが確実である（おそらく新名も同様か）。

それらの名―天文期には新名が三八まで増加し「百姓」と位置づけられている―は、それぞれが集落・生産単位としてまとまりをもち、米をはじめ、大豆・麦・蕎麦など多様な畠作物・果樹、そして桑を生産していた。それらの一部は流通にのせられ換貨され、桑代・公事銭などが銭納された。名の名《な》が商業的であることとの関連が想起される。

このような和知下荘に対する片山氏の具体的な支配は、名主百姓中に対する年貢公事の賦課で、百姓は由良川沿いの「政所ヤシキ」に賦課された年貢公事を納めていた。年貢公事はとりまとめられない形で、さみだれ式に納入されたが、最終的にそれらは一定の名主百姓の名の下に寄せられ、収納が確認されたものと考えられる。この状態は一見、片山氏が百姓をその生産内容まで丸ごと直接に把握し支配しているかのようにみえるが、最終的な責任を名主百姓中がもつという意味で、むしろ名主百姓中の存在に依拠しながら支配を行っている片山氏の姿が浮き彫りにされてくる。

そして寺社が結節点となって行う様々な在地の祭礼や行事が、在地社会の自律した秩序を形作っており、地頭は寄進や下行を通じてその秩序を支える在地財の形成に関わることで、地頭として存在することが認められたといえる。

註

（1）和知荘および片山氏、片山文書については、『和知町誌　第一巻』（和知町役場、一九九五年）、『和知町誌　史料集（一）中世・近世（1）』（和知町役場、一九八七年）、および藤木久志・小林一岳編『山間荘園の地頭と村落―丹波国和知荘を歩く』（岩田書院、二〇〇七年）を参照のこと。なお文書番号と文書名は『和知町誌　史料集（一）』および『山間荘園の地頭と村落』巻末の「片山文書一覧」を参照されたい。

（2）湯浅治久は、近江・朽木氏、大原観音寺の帳簿を積極的に位置づけ新たな分析視角を得るほか、帳簿史料論を展開している（「中世後期における在地領主の収取と財政」〔初出一九九八年〕「武家一円領における「指出」の形成」〔初出一九九七年〕いずれも〔『中世後期の地域と在地領主』吉川弘文館、二〇〇二年〕）。

（3）和知地域は平成十七年十月に合併して京丹波町となったが、本論で使用する現代地名については、合併以前の「和知町」のものを使用することとする。

（4）この補修の時期は定かではないが、おそらく昭和十年に東京大学史料編纂所が他の片山文書を巻子に整理装帖した際に行われたものと推定される。

（5）黒田基樹「室町～戦国期の和知荘と片山氏」（藤木・小林編前掲註（1））。

（6）弘安五年二月三日平盛親・藤原行綱和与状案（「片山文書」一五）、弘安七年二月九日六波羅執行状案（同一六）、弘安五年八月平盛親・藤原行綱和与状案（同一九）等。

（7）記載形式については藤木・小林編前掲註（1）巻末に掲載の史料写真を参照されたい。
（8）天文納帳のなかでは、〈大豆と地子大豆〉〈麦と麦地子〉〈栗と栗地子〉が書き分けられている。大豆・麦、栗が公事で、～地子とあるものが地子とすることも考えられるが、この場合はおそらく記載方法の差異と考えられ、実態は同じもので、いずれも「地子」として検討する。
（9）小字名は『和知町誌　第一巻』所収の「和知町内小字名一覧」および和知町役場所蔵の字切図によった。
（10）貞治五年十二月二十五日上庄名衆給売券（「井口家文書」一）。なお井口家文書については本書第Ⅱ部第七章を参照のこと。
（11）藤木久志「名衆中感状とその背景」（『開発・環境の変化による山村・里村間の情報・交流と摩擦の研究』平成十二年～平成十四年度科学研究費補助金　基盤研究（c）研究成果報告書〔課題番号12610344〕）。藤木によれば、泉州・水間地区の村々を包摂する木島荘は、その鎮守である稲荷明神を結節点として結合しており、その祭祀組織は「木島庄上下」に対応する形で「上の名衆中」「下の名衆中」各々九名を神事代表成員としていたといい、この「名衆中」という呼称は少なくとも十五世紀末頃には使われはじめていたという。
（12）記載形式については藤木・小林編前掲註（1）巻末の史料写真を参照されたい。
（13）萩尾蔵大夫「…七月廿六日・七月十六日…」、むろや又五郎大夫「…七月八日・七月五日…」、ひろせ太郎大夫「七月廿三日・六月廿六日・七月六日・七月十八日…」、打ちこし大夫「…七月八日・七月五日・七月七日…」など。
（14）入間田宣夫「鎌倉前期における領主的土地所有と「百姓」支配の特質」（初出一九七二年、のちに『百姓申状と起請文の世界』東京大学出版会、一九八六年）。
（15）年末詳斗代注文（「片山文書」一三七）。
（16）寛政六（一七九四）年に編著された地誌。本章では『和知町誌　史料集（三）』（和知町役場、一九九〇年）所載の「山本勇家文書」1を参照した。
（17）遠藤ゆり子「株のある村―和知荘安栖里村に関する一考察」（藤木・小林編前掲註（1））。
（18）長谷川裕子「和知下荘中村にみる片山株と村落」（藤木・小林編前掲註（1））。
（19）久留島典子「領主の倉・百姓の倉―収納の場と請負人」（『朝日百科週間日本の歴史』別冊、一九九四年）には荘園の政所とそこでの年貢収納についての具体像が示されている。
(20)『講座日本荘園史1　荘園入門』(吉川弘文館、一九八九年)「荘園関係基本用語解説」の「地子」の項。
(21)網野善彦『日本中世の民衆像』(岩波書店、一九八〇年)。
(22)木村茂光『ハタケと日本人　もう一つの農耕文化』(中央公論社、一九九六年)。
(23)年未詳斗代注文(「片山文書」一三三、一三四、一三五等)。
(24)年未詳所領注文(「片山文書」一二八)。
(25)『和知町誌　第一巻』第一編第一章図8「由良川段丘面の分布」。
(26)木村「中世成立期における畠作の性格と領有関係」(初出一九七七年、のちに『日本古代・中世畠作史の研究』校倉書房、一九九二年)。
(27)佐々木銀弥「荘園領主経済の諸段階」(初出一九六九年、のちに『中世商品流通史の研究』法政大学出版局、一九七二年)。
(28)木村「日本古代の「林」について」(初出一九八六年、のちに前掲註(26))、網野「栗と漆」(初出一九九七年、のちに『網野善彦著作集第九巻』岩波書店、二〇〇八年)。
(29)木村前掲註(26)。
(30)網野善彦「天皇の支配権と供御人・作手」(初出一九七二年、のちに『網野善彦著作集第七巻』岩波書店、二〇〇八年)。
(31)脇田晴子「都市の成立と住民構成」(『日本中世都市論』東京大学出版会、一九八一年)。
(32)和智村諸物成注文(「九条家文書」一四〇五)。なお本章では『和知町誌　史料集(一)』所載の「九条家文書　丹波国和智村関係文書」九を参照した。
(33)『和知町誌　第一巻』前掲註(1)。
(34)鋳方貞亮『日本古代穀物史の研究』(吉川弘文館、一九七七年)。
(35)『和知町誌　第一巻』前掲註(1)。
(36)網野「桑と養蚕」(初出一九九七年、のちに網野前掲註(28))。
(37)前掲註(32)。

(38)『和知町誌　第一巻』前掲註(1)。
(39)『和知町誌　第一巻』前掲註(1)。
(40)「夫銭」は天文納帳にはみられず、永正細帳に公事銭とならんで出てくることから、公事銭のなかに夫銭も含まれている可能性がある。
(41)木村前掲註(26)、「中世農村と盂蘭盆会―農事暦とのかかわりで―」(初出一九八四年、同前掲註(26))
(42)天正八年三月十六日田畠注文写(「片山文書」一五一)。
(43)『日本国語大辞典』(小学館)「かご」の項に、丹後地方で楮の方言を「かご」という例がひかれており、当面かご＝楮と理解しておきたい。
(44)『日葡辞書』「Reosocu(リョウソク)。ゼニ。〈訳〉銭、あるいは銅貨」。
(45)黒田前掲註(5)。
(46)櫻井彦「仁和寺・九条家と和知荘」、蔵持重裕「和知荘における下地中分と地頭片山氏」、いずれも藤木・小林編前掲註(1)。
(47)永正二年三月二十日断簡(「片山文書」一一二)および和智下庄年貢指出(「片山文書」一一三)。なお『和知町誌　史料集(1)』では一一二号と一一三号とはともに断簡として取り扱われているが、原本調査の所見から一一三号のあとに一一二号が接続するものと判断した。
(48)永正二年二月二十七日斉藤元右奉書(「片山文書」七九)、永正二年二月二十四日飯尾秀兼奉書(同八六)、永正二年二月二十七日斉藤元右奉書(同一〇三)。
(49)永正二年二月二十七日斉藤元右書状(「片山文書」九六)。
(50)黒田前掲註(5)。
(51)指出については藤木久志「村の指出」(初出一九九二年、『村と領主の戦国世界』東京大学出版会、一九九七年)、湯浅治久「室町〜戦国期の地域社会と「公方・地下」」(初出一九九四年、湯浅前掲註(2))、池上裕子「指出と検地」(初出一九九八年、のちに『戦国時代社会構造の研究』校倉書房、一九九九年)。

(52)　藤木「村の公事」（初出一九九〇年）、「村の指出」（初出一九九二年）、「村の世直し」（初出一九九六年）。のちにいずれも改題して藤木前掲註（51）。
(53)　但しCは、字の大きさなどから行間に後から書き込まれたものとみられる。
(54)　年未詳和智上庄下行帳（「片山文書」一二四）・年未詳某所年貢指出（同一二五）。なお本史料も註（47）と同様に、原本調査の所見から一二四号のあとに一二五号が接続するものと判断した。
(55)　網野「畠地と農民」（初出一九七八年、のちに『網野善彦著作集第二巻』岩波書店、二〇〇七年）。
(56)　藤木前掲註（52）「村の指出」。
(57)　年未詳和智下庄下行帳（「片山文書」一三一）。
(58)　『和知町誌　史料集（一）』で「しょく人」とするが、後考を待ちたい。
(59)　藤木前掲註（56）。
(60)　応永二十八年六月二十四日片山重親寄進状（「片山文書」四四）。
(61)　竹田聴洲「庄園地頭家とその同族祭の変遷」（初出一九五五年、のちに『村落同族祭祀の研究』吉川弘文館、一九七七年）。
(62)　天正十五年十月二十五日和智村諸村年貢送状（「九条家文書」一、『和知町誌　史料集（一）』）。
(63)　『日本国語大辞典』（小学館）「おり」「おりの物」の項。
(64)　久留島前掲註（19）。
(65)　藤木「在地領主の勧農と民俗」（初出一九七六年、のちに『戦国の作法—村の紛争解決』平凡社、一九八六年）。
(66)　網野前掲註（21）、藤木前掲註（52）「村の公事」。
(67)　「天文納帳」で公事をつとめるそのほかについては、永正指出との関連は不明である。
(68)　永島福太郎「公事家考」（『史学雑誌』六三—三、一九五四年）。
(69)　勝俣鎮夫「戦国時代の村落」（初出一九八五年、のちに『戦国時代論』岩波書店、一九九六年）。
(70)　竹田前掲註（61）、松本保「室町期片山氏と一宮・八幡宮」（藤木・小林編前掲註（1））。
(71)　応永二十八年五月十八日片山重親寄進状（「片山文書」四三）。

(72) 前掲註(60)。
(73) 松本は一宮を現在も旧和知町坂原に鎮座する阿上三所神社であるとしている(前掲註(70))。
(74) 松本前掲註(70)。
(75) 本書第Ⅱ部第五章。

結　語

以上、本書においては一〇章にわたり、人々が日々の生活を営む在地社会における寺社と寺社にまつわる財について考察をすすめてきた。最後に、全体を通して明らかになったことと今後の課題について述べたい。

第Ⅰ部では在地財の形成について、その契機となる寄進や勧進について検討した。

寄進状はパターン化された文言の史料であるが、とくに在地寺社への寄進対象や寄進内容などの分析からは、信仰に集まる財と、それと重なりあう自律的な在地社会が形作られるさまを解明することができる。在地社会では、寄進の契機の多くは親族や自身の死後の安穏への希望というきわめて個人的なものであるが、この希望を契約内容として在地寺社へ財を寄進することで、その財は「仏物」「神物」「惣物」となり、在地社会共有の「在地財」となっていく。

その在地財の特徴の一つに、当初の一件あたりの財の「小ささ」がある。例えば第三章で検討したように、勝尾寺では如法経供養の勧進にあたり長大な法華経を一品単位に分割して一件あたりの奉加額を下げ、結縁者の範囲を拡大していた。そして本来は「志」によるべき奉加に「単価」を設定して、在地社会の「格差」にも対応していた。このように一人ひとりから集まった、まさに一紙半銭の集積が在地財を形成していた。

このような在地財については、中世前期の村落財政、中世後期の惣有財産との関わりを含めた、形成過程の内実への掘り下げが本書の検討では十分ではなかった。

このことについて、勝俣鎮夫は戦国期の村が維持・存続のために荘園内の免田が村の管理・運営にゆだねられ村の所有物（惣有地）へと移行し村独自の財政が確立したとし[1]、これを受け藤木久志も「もともと村抱えの惣物（堂社・用水・職人）を控除の対象にしたものに相違なく（略）村堂とその免田は、まさに「村の惣物」の原型であった」と述べ、惣有財産は村落研究の重要な課題とすべきとしてる[2]。

このようななか薗部寿樹は、中世前期村落の財政は荘園公領制の在地財政システムと村落との相即関係がその前提となり、その内実は、免田・荘家立用、政所非公式財政（非公式だが永続的な経費蓄積）、宮座役で、それらは十二世紀には村落財政として確立したとする[3]。そのため今後は、中世前期の仏神田等の免田と「惣物」、さらに在地寺社を核とした在地財の関係を明らかにする必要がある。

第Ⅱ部ではこのような在地財の管理、運営のシステムについて具体的に明らかにした。

在地の寺社で行われている出挙についてはこれまでその実態が明らかではなかったが、十三～十四世紀に、肥後国海東社、大和国下田村、山城国多賀郷、近江国大嶋社奥津嶋社などでは、出挙が行われていた。その出挙は「神物」「寺米」など仏神物として蓄積された米を原資として「五把利」程度の利率で貸し付け、増資させるものであった。

これまでの出挙研究では、出挙米借用状を主な史料としたことにより、借用する側からみた実態はある程度明らかになっているが、本書の検討により実施する側からの出挙の具体像が明らかとなった。

実態としての出挙の主体は寺社を紐帯とした在地の「座」である。そして出挙には貸しつけた米が「倍々」するという特性があることから、在地社会では出挙により財を運用して増資し、それを蓄積して共有の在地財として、寄合時の酒飯や神事祭礼、宮の造営、修造料などに用いていた。在地社会では、出挙という古代以来の方法により、勧農という再生産維持のみならず、在地社会が継続的に維持されるシステムをも構築していたといえる。

また憑子について、従来は、仲間が寄り合って講を結び米銭を拠出し、籤や順番法で講中のものにまとまった額の米銭を融通した金融システムで、相互扶助・営利の両面でその研究が蓄積されてきたが、本書で扱った近江国小槻神社の憑子は、衆中で拠出した米を利子つきで貸しつけ運用し、一定額まで増加すると衆中に配当し、返済できない場合は講中が下地を買得しそれは講有財産となるというものであり、史料の残存状況から六〇年間ほど継続して行われていたことがわかる。つまりこの場合は、憑子という金融システムを取り入れ、地域の紐帯である神社の神事を安定的に存続させたものである。

出挙や憑子はそれ自体の研究は古くからの蓄積があるが、近年ではそれらを含む中世の債権債務の法や慣習を詳細に検討し、中世社会の社会経済のあり方に一石を投じている井原今朝男の研究が提示されている(4)。本書で検討したような在地の寺社を拠点として行われた出挙や憑子のあり方は、在地社会で広く行われてきた民間の慣習に依拠しているようにも思われ(5)、今後さらに事例を渉猟して実態を明らかにしていかねばならないという課題がある。

第Ⅲ部では、山城国禅定寺、能登国岩倉寺、丹波国和知荘に関する論考によって、在地財を形成する拠点としての寺社の機能や、在村する地頭の支配のありかたについて検討した。

山城国綴喜郡禅定寺での堂社造営の費用調達には、免田のほかに在地への勧進奉加、出挙利銭、杣の産物の売買や座を通じた費用負担などが「在地の沙汰」として行われ、同時に造営・修理のための材木は禅定寺在地で調達され、堂社造営が在地財を生み出す契機となったといえる。また奥能登岩倉寺の場合でも堂社の再興や開帳に財が集中し、近世に移行しても岩倉寺を支える中世的な仕組みが残されていた。いずれの場合も寺社が在地財が形成される場としての機能をもっていたといえる。

本書の最後に置いた「在地社会における地頭支配と寺社」は、地頭支配のもとでも年貢や公事は、在地社会の中心メンバーとしての名主百姓中が、責任を持つ形で納められたこと、そして在村する地頭は、寄進・下行を通じて在地寺社における在地財の形成に関与していたことが明らかになった。

以上、古いもので発表時より二〇年を経た論考を含めたため、課題に答え得る一書として整っているのかどうか心許ないが、ここでこれまでの研究の歩みを一旦まとめて大方の叱正を請い、今後の方向性を得たいと思う。

註

（1） 勝俣鎮夫「戦国時代の村落」、本書序章註（12）。
（2） 藤木久志「村の惣堂」、本書序章註（37）。
（3） 薗部寿樹『日本中世村落内身分の研究』、本書序章註（47）。
（4） 井原今朝男『日本中世債務史の研究』（東京大学出版会、二〇一一年）、同『中世日本の信用経済と徳政令』（吉川弘文館、二〇一五年）。
（5） 石母田正は本書第五章で検討した竹崎季長置文の出挙に関する規定について養老儀制令の「春時祭田」における出挙の記事を想起させるとし（本書第Ⅱ部第五章註（20））、さらに井原今朝男も「春時祭田」の酒肴料調達のための社会システムとして、出挙が機能していたと指摘する（同註（48））。

初出一覧

第一章　村の寄進状（春田直紀編『中世地下文書の世界―史料論のフロンティア』〈アジア遊学二〇九〉、勉誠出版、二〇一七年五月）。
第二章　寄進状にみる在地寺院と地域（原題「戦国期の在地寺院と地域社会」〔神奈川大学日本常民文化研究所編『歴史と民俗』一五号、平凡社、一九九九年三月〕）。
第三章　如法経信仰と在地寺院の収取（左記論文を元に再構成した）。
「中世後期在地寺院の収取の特質について―二つの天台系寺院を素材として」（國學院大學大学院史学専攻大学院会編『史学研究集録』第三五号、二〇一〇年三月）。
第四章　如法経信仰と在地財（原題「如法経信仰をめぐる財と村落―近江国蒲生郡を中心として」〔立教大学史学会『史苑』第七五巻第一号（通巻一九二号）二〇一五年一月〕）。
第五章　在地社会における寺社の出挙（原題「村の出挙」〔小林一岳編『日本中世の山野紛争と秩序』同成社、二〇一八年四月〕に加筆し再構成した）。
第六章　中世村落における宮座と出挙（原題「中世村落における宮座とその機能―大嶋奥津嶋社を事例として」〔国史学会『国史学』第一八四号、二〇〇四年一一月〕）。
第七章　戦国期在地社会における憑子の機能（原題「戦国期地域社会における憑子の構造」〔蔵持重裕編『中世の紛争と地域社会』岩田書院、二〇〇九年五月〕）。
第八章　寺社造営にみる在地財の機能（原題「寺社造営にみる禅定寺在地社会の動向」〔藤木久志編『京郊圏の中世社

会』高志書院、二〇一一年九月）。

第九章　中近世移行期における荘鎮守の復興と在地社会（①②を元に再構成した）。

①「棟札にみる観音堂再興と地域―奥能登岩倉寺を題材にして」（西和夫編『建築史の回り舞台：時代とデザインを語る』彰国社、一九九九年一〇月）。

②「奥能登岩倉寺の復興と地域社会」（神奈川大学日本常民文化研究所　奥能登調査研究会編『奥能登と時国家　研究編2』平凡社、二〇〇一年八月）。

第十章　在地社会における地頭支配と寺社（原題「和知下荘の百姓と片山氏」に加筆し再構成した。藤木久志・小林一岳編『山間荘園の地頭と村落―丹波国和知荘を歩く』（岩田書院、二〇〇七年一二月）。

いずれにも必要な加筆、訂正を施した。

あとがき

立教大学史学科に入学した一年生の私は、一般教養科目でいくつも開講されていた「歴史」のなかから、友人に誘われて藤木久志先生が担当されている講義を選んだ。柳田國男をテーマにした受講生五人のこじんまりした講義であったが、私以外の受講生は、みな同じ一年生とは思えないほど知識が豊富で、すでに『遠野物語』は読了して遠野も訪れていて、柳田について藤木先生と議論を交わす、そんな講義だった。民俗学って面白そう、という程度の私にとっては、ついていくのが精一杯だけれども、非常に刺激的な講義だった。そしてそこで藤木先生のお人柄と語りにすっかり魅了され、日本中世史という分野にはじめて関心をもった。

二年生では「日本史実習」というフィールドワークの授業を履修、迷わず藤木ゼミの調査を選び、越後高田の真宗寺院の古文書調査に参加した。本堂いっぱいに、継ぎ目がはがれてバラバラになってしまった戦国期の文書が並べられ、古文書が読めない私たち二年生はそれらを眺めて、「あの筆跡とこの筆跡が似てる!」などと、生き別れになった文書の断簡をパズルよろしくつなぎ合わせる役目だった。三年生で正式に藤木ゼミの一員となり、最初に講読したのは『鵤荘引付』であった。史料読みでは、一文字たりとも無駄にすることなく徹底的に辞書を引き語句を調べて、情景が浮かぶ生き生きとした解釈をすることの大切さと難しさを体験した。

また何度もご一緒したフィールド調査では、藤木先生の手にかかると、目の前に広がるなんの変哲もない農村風景に一瞬で中世の村の輪郭が現れるのだった。そのような瞬間に何度も立ち会うことができたことが、最終的に在地社会をテーマにしたことの源泉である。いつも私の気持ちを汲みながらご指導下さる藤木先生には感謝以外の言葉が見つからない。

卒業して三年たったとき、ご縁があって現在の職場に勤務することになった。憧れの網野善彦先生も所員として在籍している研究所の事務局として、研究を支えるたくさんの仕事に携わった。なかでも所員が中心となって行う古文書や民具の現地調査に帯同する機会をいただいたことは本当にありがたいことであった。奥能登、伊予二神島など、一〇年単位で継続される研究所の基幹となる現地調査に、宿の手配から資料整理の進め方、地域の方々との話し合いなどマネジメント担当として携わった。地域には古文書や民具、写真、石造物など多種多様な資料が積み重なっており、その総体が地域の歩んできた歴史を形づくっていることを実感させ、自分自身のなかの中世在地社会のイメージを醸成する得がたい機会となった。東日本大震災をきっかけとした気仙沼大島との資料保全活動を通じての繋がりは、いまも大切な出会いである。いずれも多様な専門をもつ所員の先生方や同僚の方々、そして地域の方々、お一人お一人のお名前は挙げられないほど多くの温かい手助けとご指導をいただいた。

三〇代後半になったころ本格的に自分自身のテーマを追求してみたいと思うようになり、社会人入試で國學院大學大学院に入学し、勤務しながら千々和到先生のご指導を仰いだ。午後六時からのゼミに滑り込むために、定時にはさっと立ち上がりたいところだったが、来客や電話が多い職場ではなかなかそうもいかず、遅刻の常習であった。『久我家文書』や『看聞日記』などの史料講読の予習や自分自身の研究は、勤務から帰った夜間と休日に準備をあてた。つねに「やらなくてはならないこと」を抱え、仕事をしながらの大学院生活は想像していたものよりずっと慌ただしかった。そのような状況の私に対して、千々和先生はいつも温かくご配慮を下さった。仕事の都合で休学を挟みながら結局ぎりぎりいっぱいの年数で博士論文をまとめることができたのも、先生のご指導のおかげであると深く感謝申し上げたい。あわせて、非常勤講師でいらしていた井原今朝男先生の中世債務関係史ゼミでの報告がきっかけで、本書のテーマである「在地財と寺社」にたどり着いたことにも感謝したい。

歴研などの研究会には全く顔を出すことがなかった私にとって、村落交流史研究会はとても大切な研究の場であった。とくに毎夏の調査合宿では、信州虎岩村、伊勢小倭郷、丹波和知荘、和泉日根野荘など各地の調査に出かけ、仲間と住宅地図を手に村を歩き回り、石造物の調査に汗を流した。本書に収載した論文の多くが、この研究会での成果であり、筆頭格の蔵持重裕氏をはじめとする多くの仲間に助けられて私の研究が出来上がっていることに改めて感謝し、これからも一緒に活動していきたいと願っている。

また博士論文審査の副査をつとめて下さった榎原雅治氏には、本書出版のきっかけを作っていただいた。博論提出からずいぶんと時間がかかってしまったが、推薦者の顔に泥を塗らないような内容になっていることを祈りたい。

私事にわたるが、二〇一〇年秋に急逝した父には審査前の簡易製本の博士論文を見せることができた。いま八〇代半ばで新しいテーマで次々と作品を描く母と、長年家事全般を引き受けて私のわがままな生活をあきれながらも応援してくれる夫にも感謝したい。

なお最後に、同成社の佐藤涼子氏と山田隆氏に、心より感謝申しあげたい。

二〇一九年四月

窪田　涼子

中世《ちゅうせい》在地《ざいち》社会《しゃかい》の共有財《きょうゆうざい》と寺社《じしゃ》

■著者略歴■

窪田涼子（くぼた　りょうこ）

1960年　東京都に生まれる

1983年　立教大学文学部史学科卒業

1986年　神奈川大学日本常民文化研究所職員として勤務（現在に至る）

2006年　國學院大學大学院文学研究科日本史学専攻博士課程後期単位取得退学

2011年　博士（歴史学）取得

主要著書論文

『日本中世の山野紛争と秩序』（共著）同成社、2018年。『地域と人びとをささえる資料—古文書からプランクトンまで』（共著）勉誠出版、2016年。『京郊圏の中世社会』（共著）高志書院、2011年。『中世の紛争と地域社会』（共著）岩田書院、2009年。「虎岩村絵図をよむ」（『信濃』第48巻第11号、1996年）など。

2019年6月30日発行

著　者　窪　田　涼　子

発行者　山　脇　由　紀　子

印　刷　三報社印刷㈱

製　本　協栄製本㈱

発行所　東京都千代田区飯田橋4-4-8（〒102-0072）東京中央ビル　㈱同成社

TEL 03-3239-1467　振替 00140-0-20618

ISBN978-4-88621-823-0 C3321

同成社中世史選書

①日本荘園史の研究
阿部　猛著　三二八頁・本体七五〇〇円
荘園の成立過程から古代国家の財政機構、政治過程まで、半世紀にわたり荘園史研究に取り組んできた著者による多面的論集。袋小路に陥りがちな中世史研究に一石を投じる。

②荘園の歴史地理的世界
中野栄夫著　四一〇頁・本体九〇〇〇円
史料の悉皆調査と共に荘園史研究に欠くことのできない現地調査において、空中写真などをも利用する研究法の嚆矢ともいえる諸論文を集めた。今後の歴史地理研究への指針となるべき論集。

③五山と中世の社会
竹田和夫著　二八〇頁・本体六〇〇〇円
政治・外交・文化の諸分野に関わる人材を輩出した中世の五山。本書は、『蔭凉軒日録』を丹念に読み込むことで五山のシステムや五山僧の活動を解明し、中世社会を浮き彫りにする。

④中世の支配と民衆
阿部　猛編　三〇六頁・本体七〇〇〇円
編者の傘寿を祝して、表題のテーマのもと気鋭の執筆人が一堂に会し、中世の地方権力と民衆の支配・被支配をテーマとする諸論文を連ねて、日本中世史の一側面を鮮やかにえぐり出す。

⑤香取文書と中世の東国
鈴木哲雄著　三七〇頁・本体六〇〇〇円
中世東国の史料群として希有の分量を有する香取文書を、書誌学的・史料史的な方法で調査分析。膨大な文書群を整理・復原することによって、東国社会の歴史的特質を浮き彫りにする。

⑥日本中近世移行論
池　享著　三三〇頁・本体七〇〇〇円
戦後歴史学の研究蓄積と問題意識を受け継ぎつつ、なおその限界を厳しく見据え、中世から近世への時代転換のダイナミズムに内在する論理を抽出し、総体的な歴史像の再構築を模索する。

⑦戦国期の流通と地域社会
鈴木敦子著　三三八頁・本体八〇〇〇円
戦国期、中央から遠隔の九州地域ではどのような流通経済が展開されていたのか。鉄砲の調達、町場の成立や貨幣流通など具体的な社会動向を追究し、その地域特性と流通構造を明らかにする。

⑧中世後期の在地社会と荘園制
福嶋紀子著　三二二頁・本体七〇〇〇円
中世後期の自律的な村の形成に着目。前期とは異なる荘園経営方式を、地域社会の変容の中で把握し直し、研究の新機軸を打ち立てる。

同成社中世史選書

⑨紀伊国桛田荘
海津一朗編　三一〇頁・本体六五〇〇円

和歌山県紀ノ川河川敷で発掘された堤防跡の調査を含む、中世荘園桛田荘の全容究明にとり組んだ15年間に及ぶ歴史学、考古学、地理学研究者による学際研究の成果を総括する。

⑩中世社会史への道標
阿部　猛著　三三八頁・本体七五〇〇円

古代史の視点をふまえつつ、中世社会の土台をなす「荘園制」追究にとりくみ、そうした中から荘園世界に生きる人々の営みを多方面からとらえてゆく。中世の社会史構築の道標ともなる諸論考。

⑪初期鎌倉政権の政治史
木村茂光著　二三四頁・本体五七〇〇円

挙兵から征夷大将軍就任までを区切りとする従来の研究への批判的問題意識を軸に、頼朝死後の幕政も見据えて、内乱を勝ち抜いた武人政権が統治権力の主体として発展してゆく諸相を活写する。

⑫応仁の乱と在地社会
酒井紀美著　二七四頁・本体六八〇〇円

応仁の乱中、東西両軍の道筋となった京近郊の山科・西岡地域の村々の動きに焦点をあて、動員されるばかりでなく、自らの意志で行動することの多かった中世村落の側から応仁の乱を描き出す。

⑬中世都市根来寺と紀州惣国
海津一朗編　三六八頁・本体七三〇〇円

中世の一大宗教都市、根来寺。保存運動の過程で明らかになった重要遺跡とその構造的な特色、新たに発見された文書の解析を通じて、中世根来寺の全容を明らかにする。

⑭室町期大名権力論
藤井　崇著　三七八頁・本体八〇〇〇円

南北朝・室町期大内氏の研究から、大内氏分国の実態を通史的に解明し、室町幕府—守護体制論の批判的検討を進め、新たな視点からの大名権力論を構築する。

⑮日本中世の学問と教育
菅原正子著　二五〇頁・本体六〇〇〇円

高い識字率を支えた庶民教育の実相と、武士、公家および天皇と知識人たちとの交流をたどりながら、当時における学問のあり様を検証。中世を規定した思想の根源を追究する。

⑯鎌倉府と地域社会
山田邦明著　三六〇頁・本体八〇〇〇円

中世後期、鎌倉府の支配下にあった関東における政治史を鳥瞰するとともに、地域社会の民衆・武士・寺院各々の、時に緊迫する相互関係を多様な観点から検証する。

同成社中世史選書

⑰国東六郷山の信仰と地域社会
飯沼賢司著　三二六頁・本体七〇〇〇円

大分県国東半島に位置する六郷山地域。独特の山岳仏教文化の成立と展開の史的過程を明らかにし、山岳の開発によって拓かれた地域社会の支配と信仰を、総合的に検証する。

⑱武家権力と使節遵行
外岡慎一郎著　四七四頁・本体九〇〇〇円

不動産訴訟に際し公的な裁定を執行すべく各地に遣わされた特命使節。その遵行の「現場」で公権力と在地社会の意思が切り結ぶさまを、膨大な資料を渉猟し緻密に分析。使節遵行の意義を問う。

⑲東国武士と京都
野口　実著　二四二頁・本体五〇〇〇円

東国武士は京都にも拠点を置き西国との間に「一所傍輩のネットワーク」を築いた。東西を移動する武士像を提示し、在地領主制論をふまえ職能論的武士論を発展させ、中世武士を鮮やかに描き出す。

⑳中世の武家官僚と奉行人
森　幸夫著　二七八頁・本体六〇〇〇円

鎌倉時代の六波羅探題や室町時代の奉行人を中心に、武士が「文」を兼備して、吏僚として支配機構を支えるに至った様相を明らかにし、従来十分に評価されてこなかった奉行人の実像を照射する。

㉑鎌倉時代の足利氏と三河
松島周一著　二五〇頁・本体五五〇〇円

足利氏は、鎌倉幕府の有力者として如何にして勢力を築いたのか。東の幕府と西の貴族・院権力とが対峙する要衝三河の地から、建武政権を崩壊させ室町時代へと至る揺籃期を精彩に描く。

㉒ジェンダーの中世社会史
野村育世著　二三四頁・本体四八〇〇円

古文書や説話集などの史料に基づいて中世の社会にとって基本的な事柄をジェンダーの視点で分析し、中世の日本を読み解こうと試みる。

㉓中近世移行期の公儀と武家権力
久保健一郎著　三三〇頁・本体七〇〇〇円

中近世移行期武家権力を、正当性の標榜、地域権力、権力内部の構造と編成原理等から、「公儀論」に重点を置き、移行期の権力論を展望する。

㉔室町幕府の外様衆と奉公衆
木下　聡著　三七〇頁・本体八〇〇〇円

足利将軍直轄の軍事力として、室町幕府の支柱となった外様衆・奉公衆の構成や役割を、政変や動乱に伴う変動を踏まえて詳細に論述。

同成社中世史選書

㉕女院領の中世的展開

白根陽子著　二九〇頁・本体六六〇〇円

女院領の領有・伝領と天皇（院）の追善仏事との関係性等を再検討し、女院の自律性を解明。中世前期から後期にかけてその長期的転成と終焉を総体的に追究する。